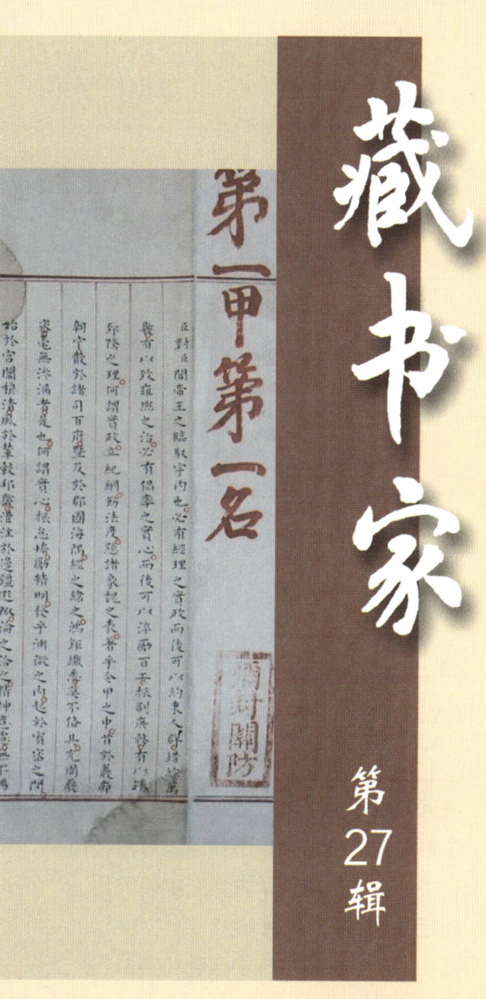

藏书家

第27辑

主编　王路
执行主编　傅光中

齊魯書社
·济南·

图书在版编目（CIP）数据

藏书家. 第27辑 / 王路主编. -- 济南 : 齐鲁书社, 2025. 1. -- ISBN 978-7-5333-5090-1

Ⅰ. G253-53

中国国家版本馆CIP数据核字第2024010U63号

封面题签 顾廷龙
责任编辑 傅光中
装帧设计 亓旭欣

藏书家 第27辑
CANGSHUJIA DI 27 JI
王 路 主编 傅光中 执行主编

主管单位	山东出版传媒股份有限公司
主办单位	山东齐鲁书社出版有限公司
协办单位	山东大学古典文献研究所
出版发行	齊魯書社
社 址	济南市市中区舜耕路517号
邮 编	250003
网 址	www.qlss.com.cn
电子邮箱	qilupress@126.com
营销中心	（0531）82098521 82098519 82098517
印 刷	山东新华印务有限公司
开 本	787mm × 1092mm 1/16
印 张	16.25
字 数	240千
版 次	2025年1月第1版
印 次	2025年1月第1次印刷
标准书号	ISBN 978-7-5333-5090-1
定 价	78.00元

《藏书家》编委会

目　录

琅嬛琐录

版本考论

雪泥鸿爪

书界撷英

蠹虫杂忆

缥缃纪闻

域外书情

如何认识张元济校史

杜泽逊

今天中华书局移交商务印书馆《百衲本二十四史校勘记》稿本四种24册，是一件值得纪念的学林佳话。商务印书馆张元济先生主持影印《百衲本二十四史》的工作，创始于1930年。这年7月成立“校史处”，地点在张元济先生家附近极司菲尔路（今万航渡路）中振坊。校史处主任汪诒年，副主任蒋仲茀，张元济先生亲自主持。这时王绍曾先生无锡国专毕业，经校长唐文治先生介绍，到商务校史处工作，同去的还有赵荣长、钱钟夏。校史处约十人，主要任务是校勘。其基本办法是以《百衲本》选定的底本为校勘底本，最重要的对校本是清乾隆武英殿本，用印好的红格纸填写校勘记。红格纸版心下方印有“校史处”字样。参校本则有明南监本、北监本、毛氏汲古阁本，宋元版也不少。例如《三国志》底本为南宋绍熙福建刻本（前三卷配南宋衢州州学本），对校本为武英殿本，参校本为晋抄本（新疆鄯善出土）、大字宋本、宋补本、另宋本、元本、明南京国子监本、北京国子监本、汲古阁本，还有两个重要校本汪校（不知其名）、孔校（孔继涵），共11个版本。《旧唐书》底本为日本静嘉堂文库藏宋刻本，残缺部分用原北平图书馆同一版本配补，对校本是武英殿本，参校本是嘉业堂藏闽刻大字本、明北监本、毛氏汲古阁本。1932年初，上海一·二八事变爆发，校史处暂行解散；当年秋恢复工作，校史处迁入张元济先生家中。王绍曾先生在一·二八事

* 本文为杜泽逊先生于2024年8月7日在北京中华书局移交商务印书馆《百衲本二十四史校勘记》稿本四种仪式上的发言。文字略有删改。

变后不得不离开商务印书馆，去了母校无锡国专图书馆担任主任。所以，校史处虽然机构恢复，但成员减少了。到1937年校史工作结束，校勘记已积久成帙，蔡元培、胡适都建议整理出版，但整理工作比较复杂，一时难以完成，于是张元济先生择其精要撰写了一册《校史随笔》出版行世。在影印过程中，张元济先生撰写的各史跋文，具有很高的学术价值，也是以繁琐的校勘记为依据的。没有这一批校勘记，高水平的跋文是不可能写出来的。我们看《新唐书》校勘记稿本，第十四册题为《新唐书校勘记跋材》。什么是“跋材”？就是张元济先生为撰写《新唐书跋》准备的校勘实例。这一册是校史处专门从众多校勘记中摘出来的。当然，张元济先生也有计划整理出版全部校勘记，并命校史处副主任蒋仲茀陆续整理。《旧唐书》校勘记稿本共14册，其中前六册为“定本”，上面记的时间是1958年5月13日。张元济先生一直努力整理校勘记，商务印书馆也排印过校勘记定本的“样张”，目标就是正式出版。但是，这件事因种种原因没有完成。原始的校勘记，封皮上写了“参考本”字样，或“仅存备参考”字样。1959年8月张元济先生去世，校勘记定本的整理工作也就停止了。

商务印书馆的《百衲本二十四史校勘记》稿本共173册，其中包括原始校勘记（封皮标“参考本”）、定本、跋材等。1960年中华书局标点《二十四史》，向商务印书馆借用《百衲本二十四史校勘记》，分配给承担点校任务的专家，我看到有一部校勘记上有郑天挺先生印。另外，中华书局标点本《二十四史》的校勘记也有的直接引用张元济校勘记。当然，张元济校勘记更多的是采用死校法罗列各本异同，案断是非的条目并不多。所以，中华书局直接引用张元济校勘记的条目不是很多。张元济先生的判断，主要表现在校勘记批语上的一个“修”字，修改的修。批注上这个修字，表示这个底本的有关字错了，要修改。这个修字，都是张元济先生亲笔，并且张元济先生对修改错字要求十分谨慎和严格，有眉批“请工友办”，就是请丁英桂这样的专门人才去办。还有批语说：“应当来问，何可擅自做主！”这是针对改字不合要求的地方说的。我统计《史记校勘记》，批“修”并且《百衲本二十四史》改了字的有2000余处。《三国志校勘记》是程远芬教授整理的，据她统计，该书改了1300余处。应当说，《百衲本二十四史》对于改字工作的态度还是十分严谨的，主要依据武英殿本，而且改的都是明显错误。《史记·司马相如列传》重复49个字，影印黄善夫本删去了这段重复。对于影印本改字，很多人不理解，但从历史发展来看，清代胡克家影刻尤袤刻本《文选》李善注，是顾千里经办的，其明显错字是有改动的，其他的黄丕烈、汪士钟等影刻宋版也是改字的。阮元重刻《十三经注疏》，声明"明知其误亦不令改"，但是最终还是改了不少错字，如《礼记注疏》就大面积补充了底本的墨丁缺字。到了民国年间，柳诒徵先生主持陶风楼影印了一批明代史料，大都是明抄本，柳诒徵先生在影印跋文中说该书中明显的错字已经改正。但究竟改了什么字？柳诒徵先生没有说明，也没有出校勘记。可见到了民国年间，影印古书改字还是一个常态，延续了清代影刻宋元本改字的传统。真正影印书不改字，可能是20世纪80年代以来才成为特别自觉的规范。张元济先生为影印《百衲本二十四史》改字，应当是有两个方面的考量使然：一个是向读者展示宋元旧本的面貌，尤其是长处；另一个则是出于出版家的责任心，他是想向读者提供错误少的读本。保存宋元本之长与提供错误少的读本，这两个角度促成了《百衲本二十四史》影印宋元旧本改字的结果。所以，《百衲本二十四史》是用影印方式整理的一个新版本，这个新版本我们叫"百衲本"。中华书局标点《二十四史》，为什么要大量选用百衲本作为底本？因为百衲本集合了宋元旧本和武英殿本的长处，形成了在文字上胜于宋元旧本和武英殿本的后来居上的新版本，其校勘水平达到了历史的新高度。

张元济先生委托蒋仲茀先生整理的校勘记定本，较之校勘记原稿本有个变化，那就是校勘记的原稿本的底本是百衲本的底本，而蒋仲茀定本的底本则换成了影印后的百衲本。百衲本因为改字而错误大大减少，凡是百衲本已经改字的，蒋仲茀定本不再出校勘记，校勘记原稿的条目也被删除，张元济先生批的"修"字也不再呈现。假如按蒋仲茀定本出版校勘记，那读者会不容易发现百衲本改字的情况。另外，校勘记原稿参校版本颇多，蒋仲茀定本也删去了大部分。所以，王绍曾先生主持整理《百衲本二十四史校勘记》时，实际上没有采用张元济、蒋仲茀定本，而是把改字的条目全部保留在校勘记中，同时全部保留了参校本异文，张元济先生批的"修"也放在了备注栏，从而全面保存了张元济校勘记成果，可以使读者对百衲本根据殿本改字的情况一目了然。我们使用《百衲本二十四史校勘记》，可以全面认识百衲本的底本、改正成果和各本异文，其效果应当不亚于阮元《十三经注疏》加《校勘记》。

王绍曾先生提出整理出版《百衲本二十四史校勘记》，是在1987年浙江海盐举办的纪念张元济先生诞辰120周年学术研讨会上。顾廷龙先生也在《我与商务印书馆》一文中，主张整理出版《百衲本二十四史校勘记》。这件事引起了中华书局赵守俨先生的高度重视。赵守俨先生在中华书局整理《二十四史》时是历史编辑室主任，当年中华书局从商务印书馆借用《百衲本二十四史》校勘记稿本，就是赵先生签的借据。赵先生发动中华书局同人清理校勘记，先后清理出16种133册，用后归还了商务印书馆。未找到相关校勘记的，有《晋书》《周书》《北齐书》《北史》《旧五代史》《辽史》《元史》7种（《明史》本无校勘记）。大约是在1992年，商务印书馆总经理林尔蔚先生邀请王绍曾先生到商务印书馆，张元济先生之子张树年先生也从上海来到北京，与商务印书馆领导林尔蔚、李思敬、胡企林、历史编辑室主任陈应年，在王府井萃华楼会见王绍曾、张树年先生，我和山大刘光裕先生作为王绍曾先生来京的陪同，也一同参加了会面。当时张树年先生还回忆，第一届全国政协会他陪父亲张元济来京参会，文化部长茅盾就是在萃华楼宴请了他的老领导张元济先生。那次会面，商务印书馆领导林尔蔚先生亲自约请王绍曾先生整理《百衲本二十四史校勘记》，因为那时候唯一存世的参与百衲本校勘的人就是王绍曾先生。王先生面对张树年先生和商务印书馆领导，勉强答应了这个任务，因为那时他已经80多岁了。那次来商务印书馆，王绍曾先生也到了中华书局，见到赵守俨、傅璇琮、程毅中、张忱石几位先生。赵守俨先生表示："王先生，您的心情就是我的心情，校勘记还要继续找。"其后王先生邀请十几位同志分工整理校勘记，用了8年时间完成，由商务印书馆陆续出版。我在这期间多次往返于济南、北京之间，把《百衲本二十四史校勘记》原稿用旅行包一包一包背回济南，把整理本一趟一趟送到陈应年先生那里（后期陈应年先生退休，由任雪芳老师负责），原稿也分批送还了商务印书馆。王先生建议，有关校勘记稿本应交海盐张元济图书馆收藏。近年听到中华书局又发现了《百衲本二十四史校勘记》稿本四种——

图1　从左到右依次为在中华书局发现的《北史校勘记》《周书校勘记》《北齐书校勘记》《晋书校勘记》手稿原件

《晋书》《北齐书》《周书》《北史》，共24册。张树年先生、王绍曾先生都不在了，我和我爱人当年都在王先生指导下整理过若干校勘记，了解整理的方法，对张元济先生主持的校史处有较多的了解。我主持《十三经注疏汇校》，印的校勘红格纸就是商务校史处稿纸的翻版，商务印书馆叫“校史处”，我们叫“校经处”，我的文献学工作受到张元济先生的深刻影响。整理校勘记稿本，让我们真正认识了前人校勘工作是如何做的，这个是看多少遍校勘学概论也看不明白的。顾青先生说把新发现的四种校勘记，仍交给我们山东大学整理。我无论如何忙，也没有理由推辞。我和我爱人程远芬都过来，就是领这个任务的。

我们一定按王先生制订的办法，把这四种校勘记整理好。我们也真切期望另外三种校勘记还能重现于人间。如果条件允许，我们还愿意承担其整理工作。我们中国文化是要传承的，《百衲本二十四史》的影印、校勘和校勘记的整理出版，可以说是一种传承。中华书局标点《二十四史》，毫无疑问也是某种程度上对张元济先生《百衲本二十四史》影印、校勘事业的传承与发展。在这里，我们向老一辈古籍整理出版专家致以崇高的敬礼！

2024年8月6日起草于济南至北京高铁，当晚续写毕

（杜泽逊，山东大学《文史哲》编辑部主任兼主编、文学院讲席教授。国家古籍整理出版规划领导小组成员，国务院学科评议组成员。先后主持国家级项目等多项。出版专著《文献学概要》《四库存目标注》等，主编《尚书注疏汇校》古籍整理图书等数十部，创办并主编学术刊物《国学茶座》等；发表学术论文300余篇）

关于《亭林周迪前先生纪念册》

吴 格

图1 《亭林周迪前先生纪念册》封面

《亭林周迪前先生纪念册》(以下简称“《纪念册》”),施蛰存等撰,周东壁辑,稿本。册页装一册,凡十二开(双面书写,合24开,48页),册高21厘米,宽13.5厘米。载诗文联语25首,近八千言。《纪念册》由高式熊老人书签,首冠周大烈先生自撰于20世纪60年代之《述庐自叙》(友人刘惜闇代书),后附哲嗣东壁先生跋语,继揭友人黄隽之所绘《后来雨楼图》,并载施蛰存《处士周迪前先生诔并序》等友朋之纪念文字,为今人留下迪前先生之学行记录,至可宝贵。时移事易,后学有幸获知现代有“处士周君迪前,吾乡饱学君子也。束发受书,耽于坟典。韦编三绝,老而弥笃。讷于言,不事交游。绝于俗,亦不与世忤。亲朋而外,人罕能窥其蕴”者(施蛰存语),应感谢东壁先生十年辛劳以辑此《纪念册》也。

先生(1901—1976)名大烈,字迪前,号述庐,室名后来雨楼、小书种堂等,世居沪郊金山亭林镇。因系清乾隆间《四库全书》馆征书时“进呈一百种以上之江苏周厚堉”来雨楼后人,故以“后来雨楼”名其藏书处。先生人品高洁,克己劬学,聚书读写,昕夕不辍,身经家国变乱,中年流寓沪上,“颠沛之余,佣书为活,啜菽饮水,免于污染”,

乃以木讷无华，不善应世，毕其生隐于里闬，家居著述以终。据先生自述，其“学术宗仰王而农氏，近儒则瑞安孙氏、余杭章氏。论文语取仁和谭氏复堂。文笔嗜宋齐人，不甚爱浩瀚之篇。所作平实，略近东京，上规中垒，时复沾沾自喜。说诗亦主夕堂”。撰著有《书目考》《知见辑佚书目》《补南史艺文志》《清代校勘学书目》《南齐书校注》《清代词人征略》《松江文钞》《松江诗钞》《云间词征》《述庐文录》诸稿。先生虽未大用于世，而楹书万卷，先后捐赠于上海图书馆、静安区图书馆、金山区图书馆，以及复旦大学图书馆，内多珍稀文献，遗著有关乡邦文史及流略之学者多种，亦陆续刊布于身后，遂令先生之学行，犹及播惠于今世。《中庸》云：“故君子之道，暗然而日章；小人之道，的然而日亡。”于此实足征焉。

图2　周大烈（1901—1976）小影

己亥岁末，笔者有幸识东壁先生于金山区张堰古镇之南社纪念馆。九十健叟，精光矍铄，孜孜以光大先人潜德为念，而其馆址正南社名人、先生母舅姚石子之旧宅耳。未几，晋谒先生于沪寓，白发翁媪，软语相亲，四壁萧然，图书无存。承先生不弃，慨然以箧藏南社名贤诗笺稿分批赠予复旦图书馆收藏。检点之际，又郑重以《纪念册》见饷，高谊隆情，惠我实多。《纪念册》撰者皆一时胜流，读诸老辈诗文，委婉周挚，力透纸背，于迪前先生之学行，众口一词，同声赞叹，参以卷首周氏父子文字，既益慕迪前先生之笃学畸行，又深佩东壁先生孝思不匮之久长焉。《纪念册》迄未流布，阅者无多，爰与同人据原稿迻录文字，亟谋刊传，以飨世之关心传统文化继承者。

庚子岁末古乌伤后学吴格谨识于复旦大学光华西楼。

（吴格，复旦大学中华古籍保护研究院特聘教授，中国古典文献学博士生导师，全国古籍整理出版规划领导小组成员）

《双照楼景刊宋金元明本词》印本经眼漫录

艾殊仁

近代四大词学丛刻中，版本最为精善者当属《景刊宋金元明本词》。吴昌绶双照楼肇其端，陶湘涉园毕其役。搜罗名椠精抄，影写上版，由当时名刻工陶子麟执刀。善本原貌，纤毫毕见，灵动可爱。名为影写，意在留真。令深藏内阁大库、私家之孤本善本，化身千万，使数百年不一见之秘籍，仆得手执一编于研北。此编之胜不在于搜罗广备与校勘精审，而是以影写精椠旧抄，力求保留古本真面为特色。而宋刻毛钞，如在目前，诸家藏印，朱墨灿然，既饱眼福，复可寻绎源流。积学储宝，学者至此，不能不爱也。

《艺风堂友朋书札》中，收有吴昌绶与缪荃孙的书信213通，适在1911年后刊刻词集的几年间，故于其间颇可见出双照楼主咨访师友故旧，博稽古刊善本，从影写上版，到纸墨采买，无不用心。如《芦川词》为缪荃孙假自张元济而代为影写，《梅屋诗馀》与《石屏词》则为邓邦述破例相借，《渭南词》亦缪氏由南中摹写，《酒边集》乃董康向耆龄借得，后终以善价由吴氏收之。宋本《于湖集》乃盛伯希旧藏，为景朴孙据有居奇，必欲售数千元，几番还价不成，虽发愤“看于湖面上，竭蹶收之”，却终因“无闲款餍景朴孙之欲”而归袁寒云（袁克文字寒云）。此集争购之况，傅沅叔亦有述，见《张元济傅增湘论书尺牍》。后由袁氏夫人刘梅真代为影摹，重写上版。总之，双照楼之景刊，既有汲古阁毛钞之甲（如《酒边词》），亦有元刻最精之册（如《云山集》），且多为世所罕传者，又摹写精善（写手饶星舫、刻工陶子麟，均为一时之选），一仍原刊之旧。

徐珂《清稗类钞·鉴赏类二》“吴印丞影刊古本词”云：成矣，以须绝精之奏折纸，最上之御制墨印之，所费不赀，犹有待也。闻尝印一种，仅七十叶，已值银币三圆矣。黄裳《前尘梦影新录》则记道：“伯宛刊双照楼词极精，儿时于津沽见之，叹赏不置，不敢问价。生平好旧本书，实基于此。”[①]吴氏后因资绌中辍而将已椠之板片与未刻之稿本售与陶湘，而陶氏正是收藏与刊刻皆以美善著称之藏书名家，故续刊数种亦不逊色。其所据版本俱佳，有宋本20种80卷，金本1种1卷，元本14种22卷，明本8种39卷，均为罕见之善本，且不乏世间仅存者。尽管其影宋之册所据并非全为宋本，而多出毛钞（汲古阁影宋钞本），然原本今亦尽在善本之列，未可轻易翻检，故整理词籍者，多以是刊为宋本之据。只是严格说来，景刊毕竟不同于原本，影摹之误或属难免，又非仅“下真迹一等”而已。

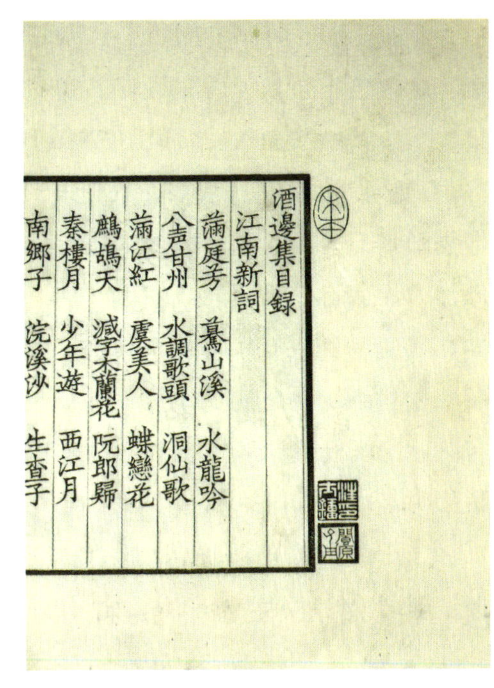
酒邊集目録
江南新詞
滿庭芳 驀山溪 水龍吟
八聲甘州 水調歌頭 洞仙歌
滿江紅 虞美人 蝶戀花
鷓鴣天 減字木蘭花 阮郎歸
秦樓月 少年遊 西江月
南鄉子 浣溪沙 生查子

图1 乾隆内府高丽纸印影宋本《酒边集》目录

现据各家文字著录、题跋、书札等信息，汇以笔者历年所见，遍计双照楼刻词未刻完汇印前之抽印、特印或自留、赠送本，并及正式刷印后之流通本与陶湘续刊后之印本如下：

一、明装书中衬纸乾隆御制墨精印本：已知袁寒云抽印《于湖居士文集》，仅印一本，见袁跋，附后。宋刊《于湖居士文集》第31卷至第34卷为乐府。民国初年，文集入袁克文手，时吴伯宛正汇刻宋元人词，乃假袁藏本景写刊入。此景写本系袁妻刘梅真乙卯（1915）写

① 黄裳：《文字偏留不尽缘》，扬之水：《脂麻通鉴》，沈阳：辽宁教育出版社，1995年3月，第123页。

成。袁氏丙辰（1916）手跋云："吴子伯宛搜集宋元人长短句，景写重雕。所得已十余家，皆宋、元、明三朝精椠。比间余获宋刊《于湖全集》，泥余付之寿梓。遂属内子梅真摘取乐府影写受之，备南渡大家之一。"现列入仁和吴氏双照楼景刊宋元本词第七目之《于湖乐府》四卷，即据刘影写本转刻者。刘写本力摹原刻，使笔颇有风致，且纸墨精良，俨然宋镌面目。吴刻词成书后，别有抽印本，予得两册。一袁氏特印本，其庚午（1930）手跋云："梅真影写宋本，伯宛监刻，此最初用明装书中衬纸、清乾隆御制墨精印，仅此一本。"①袁氏复手跋云："伯宛刻此词既成，深喜其拙雅而能掩影写之弱媚，因取旧楮，摹印一帙，颇似明嘉靖时所刊书。"②一白宣纸本，袁氏特加印以赠人者。③

二、白棉纸印本：已知李一氓旧藏《花间集》，见附后李跋。双照楼景刻词，他种亦有抽印本，如《花间集》。于汇刻外，余另得红印本

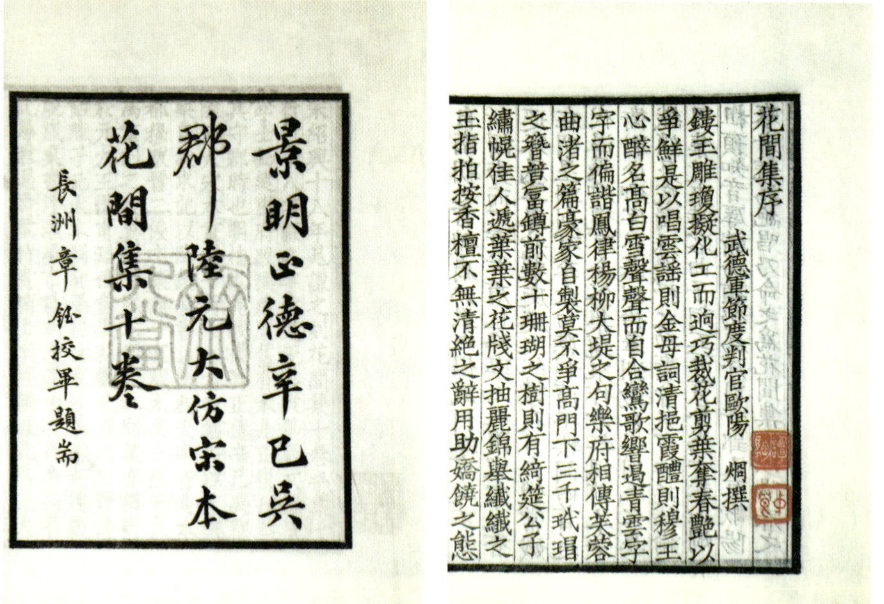
景明正德辛巳吳
郡陸元大仿宋本
花閒集十卷
長洲章鈺校畢題耑

花間集序　武德軍節度判官歐陽　炯撰
鏤玉雕瓊擬化工而迥巧裁花剪葉奪春艷以
爭鮮是以唱雲謠則金母詞清挹霞醴則穆王
心醉名高白雪聲聲而自合鸞歌響遏青雲字
字而偏諧鳳律楊柳大堤之句樂府相傳芙蓉
曲渚之篇豪家自製莫不爭高門下三千玳瑁
之簪競富樽前數十珊瑚之樹則有綺筵公子
繡幌佳人遞葉葉之花牋文抽麗錦舉纖纖之
玉指拍按香檀不無清絕之辭用助嬌饒之態

图2　耆龄（寿民）旧藏美浓纸本景刊明正德仿宋刻本《花间集》十卷本扉页

图3　耆龄（寿民）旧藏美浓纸本景刊明正德仿宋刻本欧阳炯《花间集序》

① 蒋哲伦、杨万里编撰：《唐宋词书录》，长沙：岳麓书社，2007年7月，第416页。

② 蒋哲伦、杨万里编撰：《唐宋词书录》，长沙：岳麓书社，2007年7月，第416页。

③ 李一氓著，吴泰昌辑：《一氓题跋》，北京：生活·读书·新知三联书店，1981年。

一，白棉纸蝴蝶装本一。纸、墨、装均力求精雅，足以媲美古本。总之，较之近年扬州刷本，好过百倍矣。论词，世每称苏、辛为一派，与婉约派对举，实则苏自苏，辛自辛。辛自为一派，自有其特殊内容和气势，同调者为刘过、张元干、陈龙川、张孝祥等人。于湖词首阕《六州歌头》“长淮望断，关塞莽然平”，其雄迈处，与并世词人较，亦绝伦超群也。[①]

三、内府库纸印本：旧见《精选名儒草堂诗馀》书衣题跋，言吴伯宛曾以乾隆内府库纸并明墨精印，仅刷印两部。或即《清稗类钞》中所言奏摺纸御墨印本。

四、乾隆内府高丽纸印本：经眼初刻于武昌者四种一函——影宋本《醉翁琴趣外篇》六卷，影宋本《闲斋琴趣外篇》六卷，影宋本《晁氏琴趣外篇》六卷，影宋本《酒边词》一卷。书内陶子麟刀粲痕迹宛然在目，亦当年试印之本，纸墨极精，疑即前种。

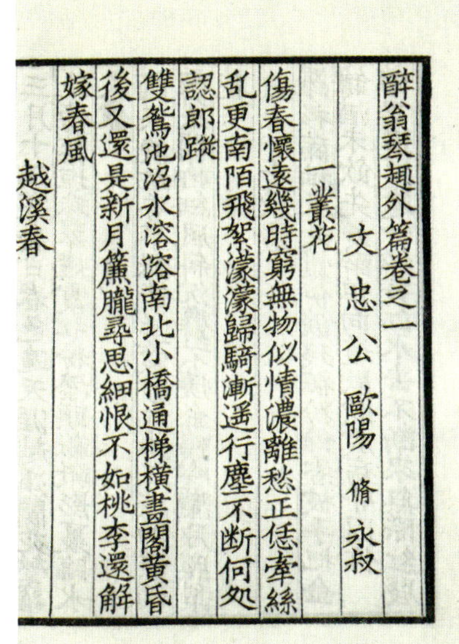
醉翁琴趣外篇卷之一
文忠公歐陽脩永叔
一叢花
傷春懷遠幾時窮無物似情濃離愁正恁牽絲
乱更南陌飛絮濛濛歸騎漸遥行塵不断何处
認郎蹤
雙鴛池沼水溶溶南北小橋通梯横畫閣黄昏
後又還是新月簾朧尋思細恨不如桃李還解
嫁春風
越溪春

图4 乾隆内府高丽纸印影宋本《醉翁琴趣外篇》之一

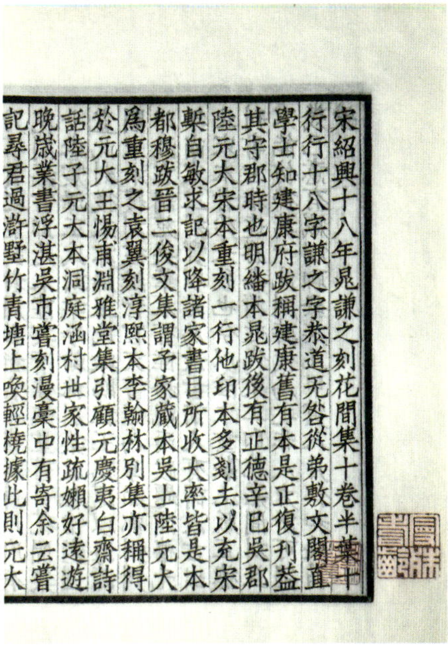

宋紹興十八年晁謙之刻花間集十卷半葉十
行行十八字謙之字恭道元咎從弟敷文閣直
學士知建康府跋稱建康舊有本是正復刊益
其守郡時也明繙本晁跋後有正德辛巳吳郡
陸元大宋本重刻一行他印本多刻去以充宋
槧自敏求記以降諸家書目所收大率皆是本
都穆跋晉二俊文集謂予家藏本吳士陸元大
爲重刻之袁翼刻淳熙本李翰林別集亦稱得
於元大王惕甫淵雅堂集引顧元慶夷白齋詩
話陸子元大本洞庭涵村世家性疏嬾好遠遊
晚歲業書浮湛吳市嘗刻漫稾中有寄余云嘗
記尋君過滸墅竹青塘上喚輕橈據此則元大

图5 耆龄（寿民）旧藏美浓纸本景刊明正德仿宋刻本晁谦之刻《花间集》内文页

① 李一氓著，吴泰昌辑：《一氓题跋》，北京：生活·读书·新知三联书店，1981年。

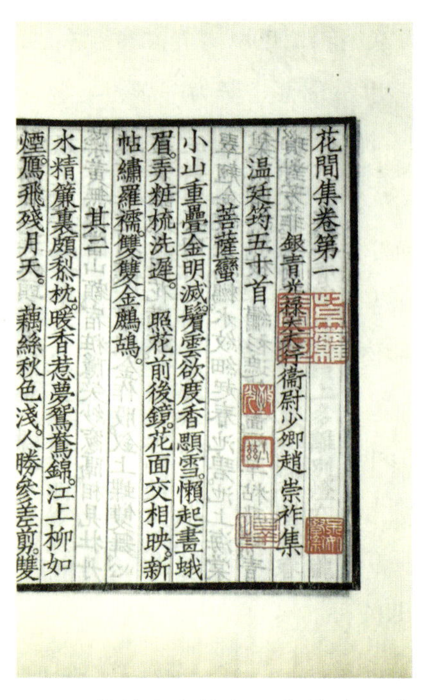
花間集卷第一
銀青光祿大夫行衛尉少卿趙崇祚集
温庭筠五十首
菩薩蠻
小山重疊金明滅。鬢雲欲度香顋雪。懶起畫蛾眉。弄粧梳洗遲。照花前後鏡。花面交相映。新帖繡羅襦。雙雙金鷓鴣。
其二
水精簾裏頗黎枕。暖香惹夢鴛鴦錦。江上柳如煙。鴈飛殘月天。藕絲秋色浅。人勝參差剪。雙

图6　耆龄（寿民）旧藏美浓纸本景刊明正德仿宋刻本《花间集》第一卷温廷（庭）筠五十首第一页

五、美浓纸印本：北京小残卷斋曾有朱祖谋手校《片玉集》一种，天地稍短，后于北京泰和嘉成拍卖公司拍卖；另经眼耆龄（寿民）旧藏《花间集》二册全，美浓纸初印本。或为吴氏特印持赠者，有耆龄题签并以宋本校异文。耆寿民与吴伯宛光绪末同为内阁中书，亦与袁寒云友善，初期为吴氏提供底本者，《酒边集》与琴趣三种皆其旧藏。[①]

六、日本皮纸印本：2013年西泠印社拍卖公司春拍上拍五种，内含《景宋本酒边集》一卷、《景宋本石屏词》一卷、《景宋本梅屋诗馀》一卷、《景元至大本中州乐府》一卷，所用日本皮纸较美浓纸既粗且厚。

七、罗纹纸印本：藏书家黄裳文中曾记民国年间初买书时所见，渠以价昂，未得。流通中未及见。

八、朱印本：经眼零种料半纸朱印《可斋词》等，另朱印《花间集》见拍不同开本、册数者三部。又嘉德等曾上拍数种，亦有题袁寒云持者，朱印诸种较前所列者稍多。原装皆古色纸书衣，双丝线装，未包角。

九、六吉棉连纸印本：通行之初印本，曾见《花间集》等数种，书品较后刷者略大。

十、料半纸印本：双照楼刻词之发售本与17种词之汇刊印本，曾见赵元方与杨千里两家藏本，皆订为20册。有当时书铺重订书衣与续刊后23种合为一部者，更有外裹以镌刻书名之旧制樟木书箱者，皆非当年原装。

十一、单宣纸印本：前17种词书板归陶涉园后续刊后23种，并

① 《艺风堂友朋书札》吴伯宛致缪艺风信。

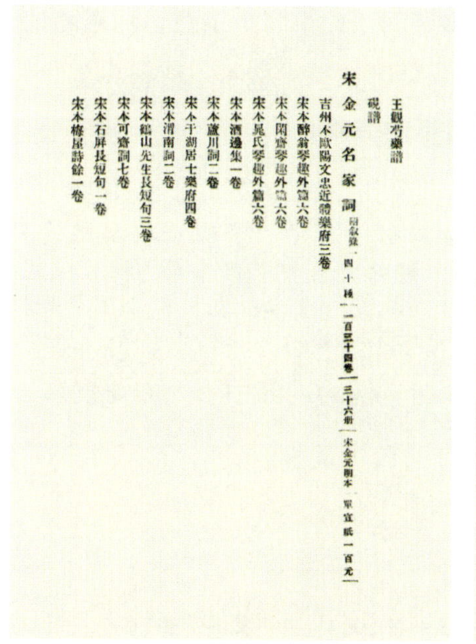

王觀芳樂譜
硯譜
宋金元名家詞 附叙錄一 四十種 一百三十四卷 三十六册 宋金元明本 單宣紙 一百元
吉州本歐陽文忠近體樂府三卷
宋本醉翁琴趣外篇六卷
宋本閑齋琴趣外篇六卷
宋本晁氏琴趣外篇六卷
宋本酒邊集一卷
宋本蘆川詞二卷
宋本于湖居士樂府四卷
宋本渭南詞二卷
宋本鶴山先生長短句三卷
宋本可齋詞七卷
宋本石屏長短句一卷
宋本梅屋詩餘一卷

图7　20世纪20年代排印本《武进陶氏涉园精刻印书籍目录（庚午冬订定）》部分内容及售价信息

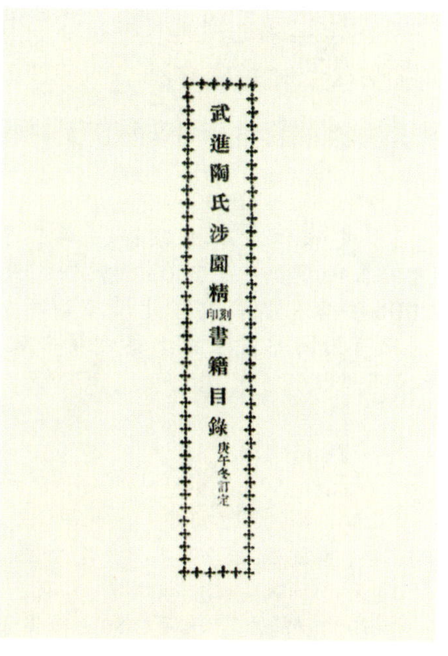

武進陶氏涉園精刻印書籍目錄 庚午冬訂定

图8　《武进陶氏涉园精刻印书籍目录（庚午冬订定）》篇章页

汲古阁景钞词7种，共47种，有以单宣并六吉棉连刷印之初印本，见德宝拍卖施蛰存藏本（40种30册）、博古斋本（47种32册）、中安太平本（47种32册）。又曾见陶湘涉园自留本，有“涉园”（朱圆）与陶氏印多方，另有王静庵、郑沅题名处皆钤二人私印，为通行本所无，亦47种原装32厚册全，前有20世纪50年代末北京书业公会定价签，时价320元。原装皆天青笺书衣，无包角。后有再刷本装为36册者，见20世纪20年代排印本《武进陶氏涉园精刻印书籍目录（庚午冬订定）》（图8），售价实洋100元。

以上所列前7种印本印量极小，旧见前人题跋皆称每种只印一二部。限于所用纸张尺幅，书品亦较后者略短，然流通中绝难一遇。朱印及以后印本皆流通本。至20世纪三四十年代，陶氏殁后藏书四散，几种重要专藏更在其身前东渡扶桑，所刻雕版亦归别家。而20世纪30年代刷印时已阙《景元本汉泉乐府》一卷，目录亦改刻。曾见豫中有书铺洗板后重刷之朱印本，板片已略见漫漶。1949年新中国成立后，全部书板收归国有，北京中国书店自20世纪60年代初至近年多次刷印，惜纸墨不佳，兼有数种板片丢失配以影印本，原版精神已失，与初印本相去甚远。

余生也晚，识见有限，鬻书廿多年间于此书特加措意，随遇随记，积此小文，飨于同好。

己亥霜降后三日艾殊仁于苕西留不住书斋。

（艾殊仁，本名顾铮，毕业于杭州师范大学，资深古籍收藏爱好者，自由撰稿人；2003年底任“天涯”网络社区“天涯书局”栏目版主，2006年初在新浪博客开设“留不住书斋札记”博客；在《藏书家》等报刊及有关网站发表数十篇古籍书跋类文字）

新书快讯

《脂砚斋评批〈红楼梦〉》（典藏版）
〔清〕曹雪芹 著〔清〕胭脂斋 评批 黄霖 校点
16开 布面精装圆脊 纸面护封 双色印刷
1-1000册编号 正文用纸80克纯质 齐鲁书社2024年7月第1版第1印
ISBN 978-7-5333-4973-8
定价：600.00元

这部《红楼梦》典藏版将各脂本的评语汇总、配齐、校订，旨在为读者呈现一部完整、统一、简便的脂评本《红楼梦》，以便读者阅读、欣赏和研究。今年恰逢齐鲁书社1994年版《脂砚斋评批〈红楼梦〉》出版30周年，其出版具有特殊意义。

本典藏版在之前“齐鲁红”的基础上进行了一系列改进和升级。内容上，典藏版依然为120回本，后40回以附录形式呈现。正文前80回以庚辰本为底本，其中《凡例》及第一回采用甲戌本，第64、67、68回有关缺文，据戚序本补配。后40回据程甲本配齐，同时修订之前版本的错讹。另外，按照前言中冯其庸先生所提的甲戌本、己卯本、庚辰本、戚序本等11种底本以及靖藏本，对彩插顺序进行了调整。版式上，依然繁体横排，将注号由阿拉伯数字改为汉文数字。其他方面仍然延续了上一版“齐鲁红”之优点，正文用80克纯质纸，版面疏朗。封面装帧采用了优质双色棉布面精装配纸质护封。配色采用黑、红、金搭配，典雅厚重，凸显收藏价值。点校者黄霖，现任教育部重点研究基地复旦大学中国古代文学研究中心主任、复旦大学中国语言文学研究所所长，教授、博士生导师，兼任上海市古典文学会会长、中国古代文学理论学会副会长、中国近代文学会会长等。主要从事中国古代文学批评史和文学史的研究工作。

从先贤著述谈三原刻书

李欣宇

三原，属北方传统旧县，地处陕西关中地区渭河北境，民风淳朴，尚文多礼。自北魏建县一千多年来，名人众多，加之明清两代在陕境重要独特的位置，故名士辈出，贤德之士众多，刻书藏书之风浓厚，留下了涉及天文、地理、方志、文学、历史、农业、科技、时政等社会各方面的大量著作，至今保有大量的典籍文献。这些文献反映了三原县千百年来的社会生活状况，印证了本地先贤的文化业绩和家国情怀，是研究三原文化历史的珍贵资料。

地方先贤著述与刻书的关系历来密切，现就这个话题，谈几点感想：

（一）著述与雕版印刷、古籍版本之关联

著述雕版刊刻成书，可以传诸后世，传递思想、促进交流和延续文化。历代中央政府和地方衙署均有刻书活动，各地书院、坊间、私家紧随其后，刊刻了大量的典籍。先贤渴望自己的著述被刊印成书，见解被充分认同。雕版印刷业的出现，满足了他们的精神需求。

从现存公私图书馆所藏三原先贤著述的典籍实物来看，最早的版本是唐代三原人韩瑗参与编纂的《故唐律疏议》三十卷，为中国国家图书馆所藏元代建阳崇化余志安勤有堂刊本，经季振宜、汪士钟艺芸书舍、瞿氏铁琴铜剑楼递藏，如片麟星凤，弥足珍贵。而现存最早的三原本地雕版刊刻古籍，是明代正德时期三原王恕所刻《王端毅公奏议》十五卷，其选用陕西本地棉纸，雕版、印刷、用纸、装订均在三原地区，是名副其实的“正宗”的三原地方古籍文献。

明嘉靖时，三原马理编撰《陕西通志》四十卷，内容涵盖陕西境内山川、地貌、河流、古迹、金石、风物等，绘各州、府、城、县、镇，附图二百余幅，详备之足，可谓“前无古人精修陕志，上下古今括囊殆尽”。此志于嘉靖二十一年（1542）由陕西布政司主持刊刻初印，选用上等白棉纸，良工椠刻，开本宏阔，字体俊朗，纸墨精良，校勘精审，端庄大气，是目前所见明代陕西官刻雕版古籍中之白眉，遍查海内公私藏书机构，仅三原县图书馆藏此部两函十六册全帙，称之为孤本亦不为过。清乾隆八年（1743）三原刘氏传经堂所刻刘绍攽（bān）著《九畹古文》十卷，堪称清初西北家刻本典范，其校勘、刻工、造纸、用墨、刷板、装订等均在本地完成，虽无江浙雕版之剔透隽秀，但也刊刻工整，字体清丽，版面舒朗，天头地脚开阔，让人展卷称赞，欣慰三原亦有佳刻善本。以上几种珍贵版本，皆为三原先贤所著，三原本地刊印，一扫版本界早年评价西北刻工“北地手民，鲜工剞劂（jī jué）”的误解，拿出了已刊行出版的著述实物，增加了三原刻书发展史的含金量。

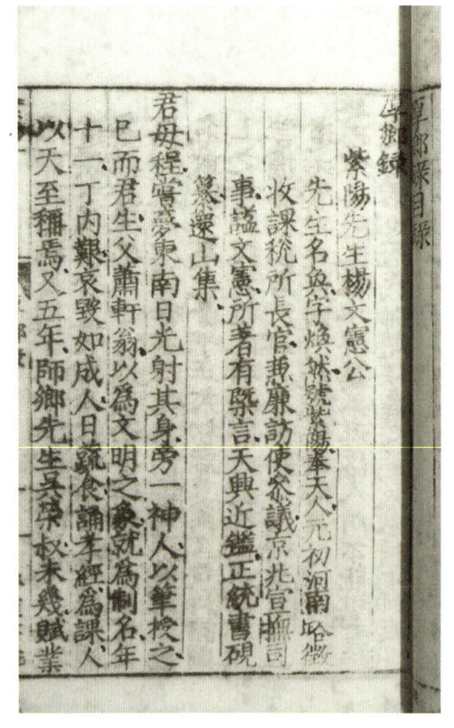

厚鄉錄

紫陽先生楊文憲公

先生名奐字煥然號紫陽奉天人元初河南路徵收課稅所長官兼廉訪使參議京兆宣撫司事謚文憲所著有槩言天興近鑑正統書硯纂還山集

君母程嘗夢東南日光射其身旁一神人以筆授之已而君生父蕭軒翁以爲文明之象就爲制名年十一丁内艱哀毀如成人日蔬食誦孝經爲課人以天至稱焉又五年師鄉先生吳榮叔未幾賦業

图1　明正德十六年（1521）三原王承裕刊《厚乡录》内文页

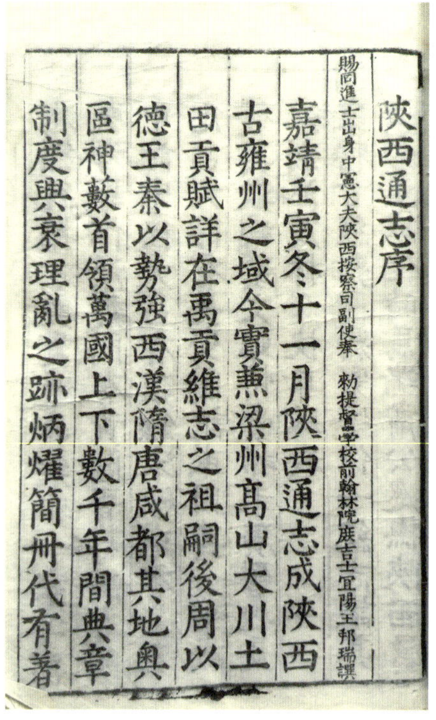

陝西通志序

賜同進士出身中憲大夫陝西按察司副使奉勅提督學校前翰林院庶吉士宜陽王邦瑞譔

嘉靖壬寅冬十一月陝西通志成陝西古雍州之域今實兼梁州高山大川土田貢賦詳在禹貢維志之祖嗣後周以德王秦以勢強西漢隋唐咸都其地輿區神藪首領萬國上下數千年間典章制度興衰理亂之跡炳燿簡冊代有著

图2　明嘉靖二十一年（1542）陕西布政司刊三原马理撰《陕西通志》序首页

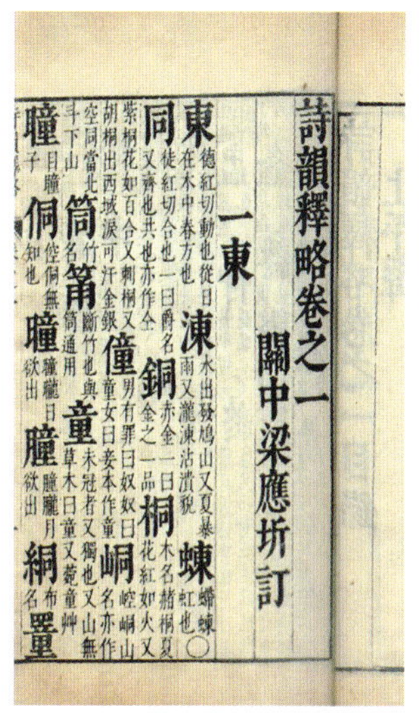

图3　明崇祯九年（1636）三原梁应圻订《诗韵释略》第一卷“一东”页

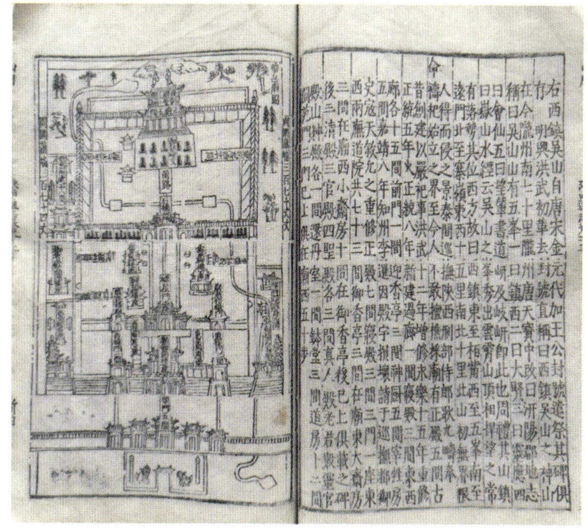

图4　明嘉靖二十一年（1542）陕西布政司刊三原马理撰《陕西通志》卷之二“土地二·山川”部分文字及插图页

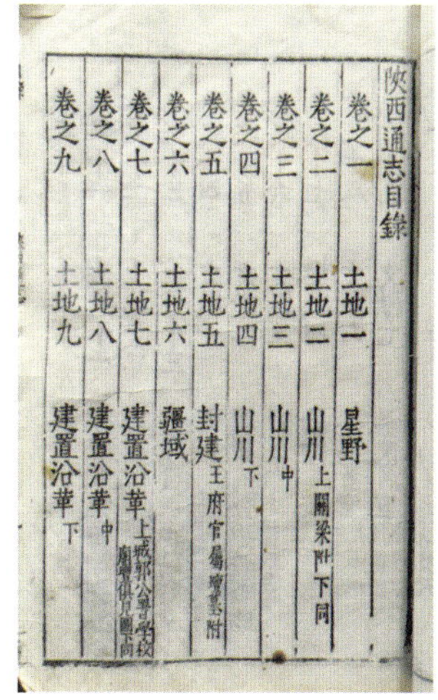
陝西通志目錄
卷之一　土地一　星野
卷之二　土地二　山川上
卷之三　土地三　山川中
卷之四　土地四　山川下
卷之五　土地五　封建
卷之六　土地六　疆域
卷之七　土地七　建置沿革上
卷之八　土地八　建置沿革中
卷之九　土地九　建置沿革下

图5　明嘉靖二十一年陕西布政司刊三原马理撰《陕西通志》目录页

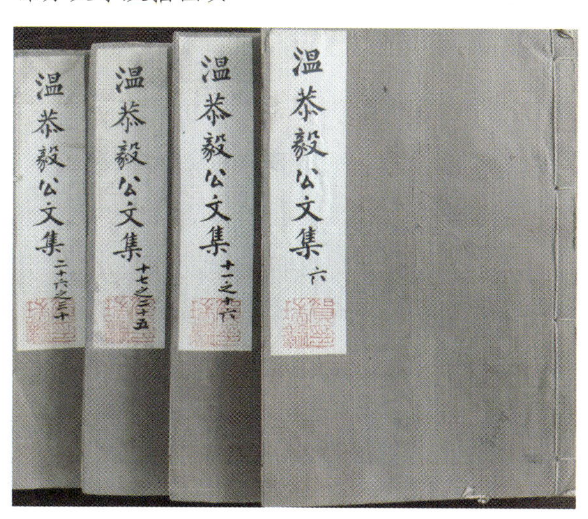

图6　清末贺瑞麟题签、三原温纯著《温恭毅公文集》部分卷次书影

（二）著述与三原的文化教育事业密不可分

三原县自古重视教育，讲究历史文化传承，明代即修建书院，至清季已有学古、嵯峨、宏道、正谊四大书院誉满西北，加之邻县泾阳味经、崇实两所书院，形成了以泾阳、三原六大书院为中心的除省府西安以外的最大教育圈，所在地区各乡、镇、村私塾遍布，学子广稠。

当时周边泾阳、礼泉、高陵、淳化、彬州、乾州、铜川等州县学生，受三原发达的教育影响，多来此地求学。渭南、陕北乃至更远的晋南、豫西、冀、鲁等地的青年人，也有负笈千里就读三原者。一时间，三原名师会聚、书院林立，传经讲学、刊刻书籍之风大盛。

清末三原的教育家，排第一者非复斋先生贺瑞麟莫属。贺瑞麟是一位学识渊博的理学家，精思厚学，看重思想上的反省与进境，穷一生之力弘扬程朱理学，从而推动了关中学派的飞速进步。他在陕西众多书院讲学，重视书籍的收集和庋（guǐ）藏，倡导书院要建立自己的藏书体系和规模，要有大量的书籍作为教学支撑，才有利于书院未来发展。近代著名书法家于右任先生是陕西三原人，青年时期就读于宏道书院，曾有感而言："关中学者有两大系，一为三原贺复斋先生瑞麟，为理学家之领袖，二为咸阳刘古愚先生光蕡（fén），为经学家之领袖。贺先生学宗朱子，笃信力行。我幼年时偶过三原北城，见先生方督修朱子祠，俨然道貌，尚时悬心目中。"由此可见，于先生也受到贺瑞麟理学观念的影响。

贺瑞麟曾主讲三原多个书院，后将自己创办的清麓精舍改为正谊书院，也经常亲自校勘、刻印书籍，对前贤的典籍精心注解。他支持刊刻了在陕西乃至西北地区都堪称规模庞大的《清麓丛书》。这部丛书对关中学派的理念和精义的表述，对研究陕西文化史、思想史有很大的参考价值。其中比较出名的有《程朱行状》《清麓文集》《清麓答问》《清麓训词》《诲儿编》《女儿经》《原献文录》《原献诗录》《学古书院杂文偶录》等。皇皇数百册，几乎每单刻一种书，贺瑞麟都亲自作序，题写书名，监督校印，精益求精。贺瑞麟还为官方主持编撰了《三原县新志》《三水县志》等方志图书，又帮助北城东里村的乡绅刘映箐、刘升之父子刊刻了许多濂、洛、关、闽学派的数十种书籍，如《养蒙书》《朱子语类》《朱子文集》《朱子遗书》《名臣言行录》《小学》《近思录》等，使清末三原刘氏传经堂名扬书林，所刊之书皆为当时学子所研读。

刊书不能缺少技艺高超的刻工。贺瑞麟为曹月卿撰写的墓志铭中，赞扬了一位长期在三原从事刻书的陕西蒲城籍工匠，即曹月卿之子曹震铄："余以校刻朱子及先儒诗书，蒲城曹生震铄，其一也。震铄刻字于三原几十年矣，技精而孝于亲。"从贺瑞麟以上的只言片语，可以清

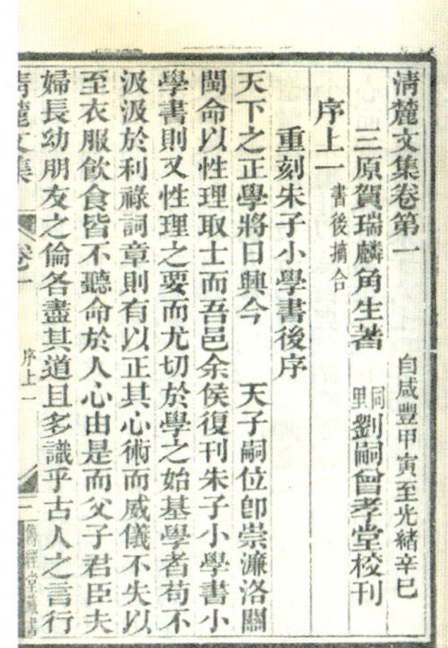
清麓文集卷第一　自咸豐甲寅至光緒辛巳
三原賀瑞麟角生著　同里劉嗣曾孝堂校刊
序上一　書後摘合
重刻朱子小學書後序
天下之正學將日興今　天子嗣位即崇濂洛關
閩命以性理取士而吾邑余侯復刊朱子小學書小
學書則又性理之要而尤切於學之始基學者苟不
汲汲於利祿詞章則有以正其心術而威儀不失以
至衣服飲食皆不聽命於人心由是而父子君臣夫
婦長幼朋友之倫各盡其道且多識乎古人之言行

图7　清光绪二十五年（1899）三原传经堂刊贺瑞麟撰《清麓文集》第一卷序上一第一页

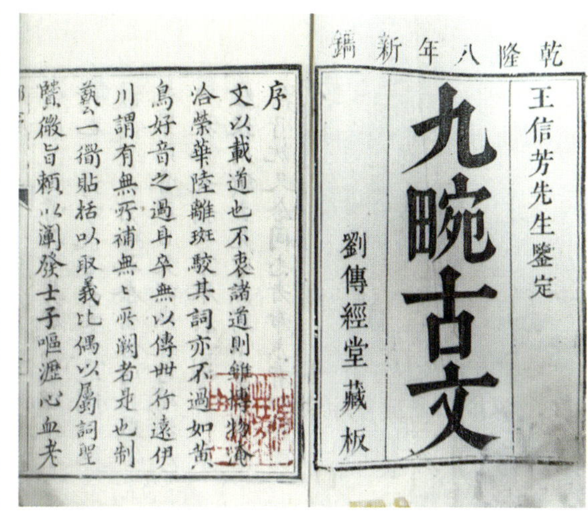
乾隆八年新鐫
王信芳先生鑒定
九畹古文
劉傳經堂藏板

序
文以載道也不衷諸道則雖
洽榮華陸離斑駁其詞亦不過如黄
鳥好音之過耳卒無以傳世行遠伊
川謂有無所補無亦闕者是也制
藝一獨貼括以取義比偶以屬詞聖
賢微旨賴以闡發士子嘔瀝心血考

图8　清乾隆八年（1743）三原刘氏传经堂刊本《九畹古文》扉页

晰地看到清末三原雕版工人曹震铄的人生轮廓，然而像曹震铄这样的刻工，在当时的三原一定还有许多。他们默默无闻的工作，成就了三原地区如火如荼的雕版印刷业。

三原、泾阳地区的私家刻书坊为数不少，如述荆堂、履诚堂、同文斋、三友堂、三省堂、柏经正堂、九畹书屋等，在清中晚期都刊刻过许多书籍。清末光绪帝于光绪二十七年（1901）五月甲申谕内阁，对三原、泾阳地区刊印书籍的各界人士予以褒奖：

> 陕西学政沈卫奏呈进书籍，请将校刊各员绅恳恩奖励一摺。据称，三原、泾阳两县官绅，刊刻书籍不下二百余种，均关典要。该员绅等捐集经费，校刊精勤，有功学校，深堪嘉尚。国子监学正衔举人刘光蕡，着赏加五品衔……已故五品衔、国子监学正衔、孝廉方正、恩贡生贺瑞麟，着追赠五品卿衔。已故湖北试用知府刘升之、已故候选知府刘质慧、已故道衔增贡生刘昌复，均着追赠三品衔……均着传旨嘉奖。以示鼓励。[①]

① 王炜编校：《〈清实录〉科举史料汇编》，武汉：武汉大学出版社，2009年9月，第1076页。

三原县图书馆至今仍存有《清麓丛书》《传经堂丛书》数千册之多，可以说贺瑞麟立足书院，知行并重，四方奔走，在刊刻先辈名贤书籍的体量上达到了前所未有的高峰，为三原的教育、出版、文化以及社会生态等多领域的发展进步，起到了重要的推动作用。教育家成为藏书家，著书者成为刻书者，乡绅成为学究，生于斯长于斯的文化人不经意间成为本地名贤，且著述丰足，泽被后学。收藏、研究乡邦文献的人员，能够秉承前辈重视文教的风气，系统整理三原先贤著述进而汇集成书，乡邦先贤的言传身教是一个重要的成因。

（三）著述与文脉传承

著书立说，刊行于世，缘起都是比较复杂和曲折的。将先贤著作刻印成书，最初不是以贩卖盈利为目的。从人类学和社会学的角度来看，著书者的主观意愿是希望得到更多人对自己学识、思想、理念的认同，从此大而化之，让书籍和文脉代代传承。中国封建社会动荡不定，典籍命运多舛，如何保护和继承先贤的著述，是千百年来人们一直求解的难题。惧怕文献沉沦消亡，为前人经典续命；搜秘籍中之精要，开后来者之迷顿；录圣贤遗训名章，为后人树立身之本；一生学问，尽在诗文集内彰显。总之，著书刻书可以实现读书人为天地立心、为往圣继绝学的理想。这些都是极妥帖的刊刻书籍的理由。

晚清张之洞所著《书目答问》，为读书者不知“何书应读”“何为善本”，开列了诸多历代名贤所著重要经史子集书目。卷末《劝刻书说》中提到：“凡有力好事之人，若自揣德业、学问不足过人，而欲求不朽者，莫如刊布古书一法。但刻书必须不惜重费，延聘通人，甄择秘籍，详校精雕，其书终古不废，则刻书之人终古不泯……且刻书者，传先哲之精蕴，启后学之困蒙，亦利济之先务，积善之雅谈也。”这段话就是在鼓励时人尽量去刻印好书，重校勘，精纸墨，广流传。清末学者叶德辉在《书林清话》中也说：“文襄（张之洞）倡此言，故光绪以来，海内刻书之风几视乾嘉时几倍。”刻书者期望所刻图书能流芳百世，著书者亦盼自己的著作流芳百世，文脉与乡情亦如涓涓细流，在无形中传承。

宏道书院于道光二十六年（1846）刊刻了三原李锡龄所辑《惜阴轩丛书》。李锡龄是清代著名的藏书家和刻书家，该丛书选善本汇刻成书四十种、三百余卷，内容遍及四部，对经学和金石学有所偏重，皆为《四库全书》中未收录或版本不同者。《惜阴轩丛书》尚未刻完，李锡龄即病故，其表弟张树续刻完成，后惜阴轩将书板租卖至长沙，当地刷印了不少，使该丛书在南方多省流传甚广。这部丛书的学术价值和版本价值很高，是陕西地方所刻丛书中的荣誉产品，填补了三原地区刻书在金石、考据、小学等方面的空缺。

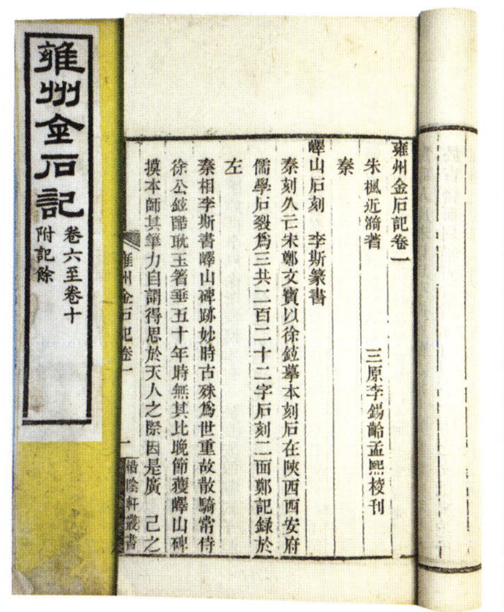

雍州金石記 卷六至卷十 附記餘

雍州金石記卷一
朱楓近漪著　三原李錫齡孟熙校刊
秦
嶧山石刻　李斯篆書
秦刻久亡宋鄭文寶以徐鉉摹本刻石在陝西西安府
儒學石裂爲三共二百二十二字石刻二面鄭記錄於
左
秦相李斯書嶧山碑跡妙時古殊爲世重故散騎常侍
徐公鉉酷耽玉箸垂五十年時無其比晚節獲嶧山碑
摹本師其筆力自謂得思於天人之際因是廣　已之
雍州金石記卷一　一　惜陰軒叢書

图9　清道光时三原李锡龄刻《惜阴轩丛书·雍州金石记》第一卷首页

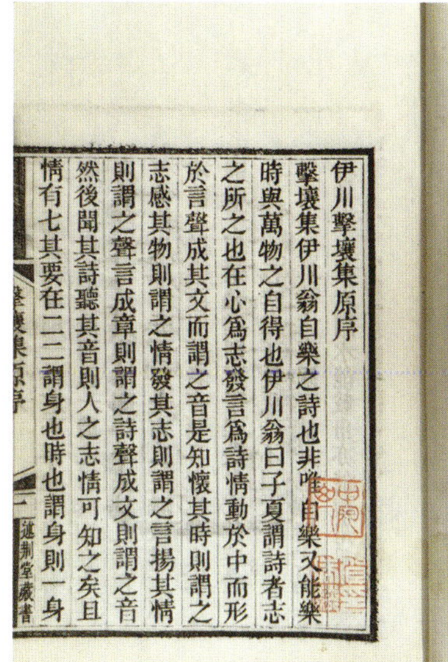

伊川擊壤集原序
擊壤集伊川翁自樂之詩也非唯自樂又能樂
時與萬物之自得也伊川翁曰子夏謂詩者志
之所之也在心爲志發言爲詩情動於中而形
於言聲成其文而謂之音是知懷其時則謂之
志感其物則謂之情發其志則謂之言揚其情
則謂之聲言成章則謂之詩聲成文則謂之音
然後聞其詩聽其音則人之志情可知之矣且
情有七其要在二二謂身也時也謂身則一身
擊壤集原序　二　述荆堂藏書

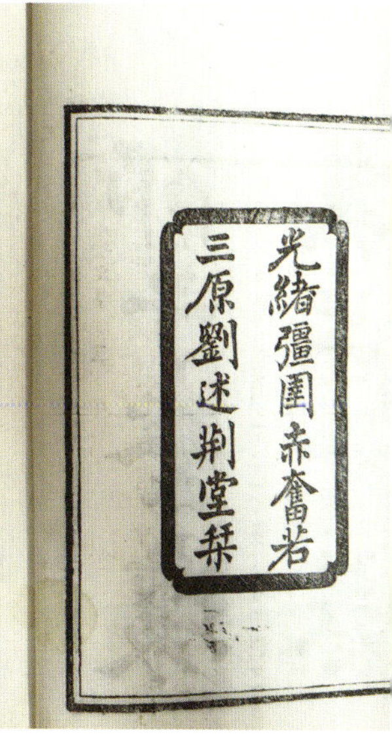

光緒彊圉赤奮若
三原劉述荆堂梓

图10　清光绪三原述荆堂刊本《伊川击壤集》原序页

三原温氏是陕西名门望族，明清两代族人多官宦，所刻书籍繁多。清咸丰七年（1857）宏道书院刻温日知著《屿浮阁诗赋集》十四卷，民国二十五年（1936）陕西通志馆印《温氏丛书》三函十八册，全面抗战时期（1937—1945）又印《温氏丛书》续编，以及《海印楼诗集》等。尤其是《海印楼诗集》序言中提到，时局不稳，环境恶劣，物资紧缺，无奈用本地土纸仅印二百部。此书流传至今已十分罕见，是非常好的版本。温氏后人在极差的条件下坚持印书，对三原先贤著述的赓续起到了不可磨灭的作用。文化自信，民族自强，因这一部又一部的典籍问世和传播而得以实现。

从所印图书的内容看，三原先贤著述多以诗文、方志、理学等内容为主，刻书以署衙、书院、家塾刻本较多，而江南一带的藏书楼、

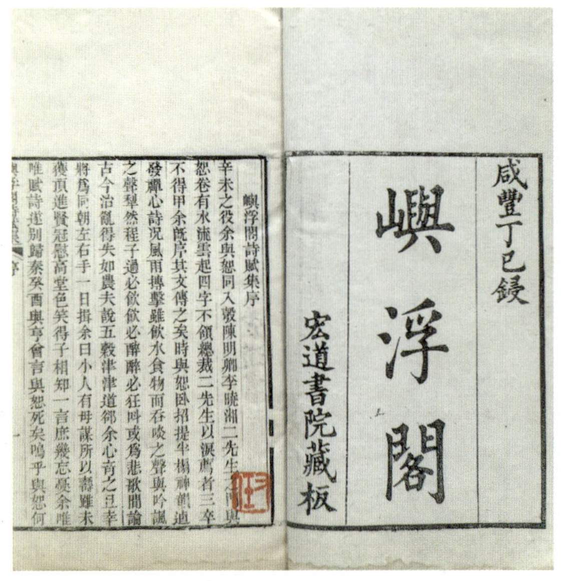

图11　清咸丰七年（1857）三原宏道书院刊《屿浮阁》扉页及其诗赋集序首页

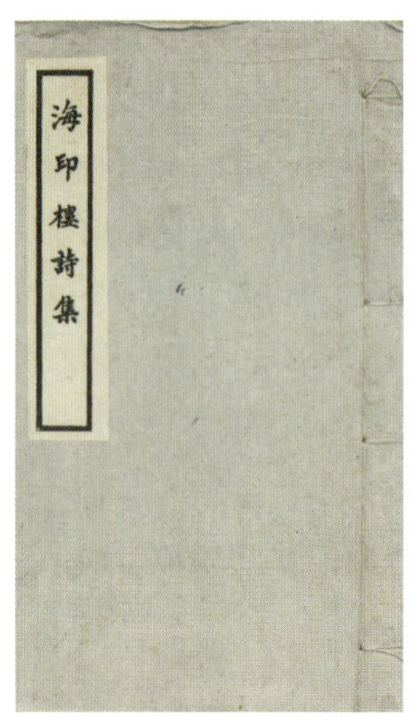

图12　民国三十年（1941）三原温氏《海印楼诗集》土纸单印本书影

藏书家以及私家坊间的校勘重刻重视珍本秘籍等，两者多有差别。刊印内容的局限，这是造成三原地区明代至清中叶刻书数量少、影响小和未能形成大规模刻书产业，以及本地先贤著述古籍实物较少的原因之一。时至今日，三原地区著述及刻书史实，还有许多问题有待深入探索和研究。

书籍对一个国家、一个社会、一方水土、一个家庭的重要意义，是不言而喻的。读书不仅能开阔眼界、增长知识和提升智力，亦可从中学到为人处世的道理；阅读前人的著述和观点，可以弥补自身的缺憾和不足，做到与时俱进和学以致用。也就是说，遍读经籍，博览群书，才能造就饱学之士、书香门第和文明之邦。因此，只有做到敬仰乡贤而不神化乡贤，阅读古籍而不拘泥于古籍，借助现代便利条件，挖掘整理地方古籍文献，并从中发现新题材，迸发新思想，才能传承好、发扬好三原文脉。

（李欣宇，陕西省收藏家协会古籍碑帖专委会副主任，西安市图书馆古籍专家，三原县图书馆特聘古籍专家。出版《趣味藏书》等著作十余部，发表文章百余篇）

铁琴铜剑楼印书考（二）

柳和城

金石书画精品化身千百

铁琴铜剑楼收藏的金石书画精品纷呈，一部分由商务印书馆代印，以瞿氏家塾本形式印行传世；另一部分则提供底本，交商务正式出版。兹介绍数种，以观概貌。

1919年10月13日《张元济日记》“天头”，记同月9日开始的常熟古里之行，提及阅看瞿氏藏书，“并得见所藏铁琴、铜剑，又见瞿忠宣数代遗像，并属代估印价，又以所拓旧藏金石一册见示，代估印价”。[①]这里张元济代估印价的两种瞿氏家塾本，即瞿启甲编《瞿氏四代忠贤遗像》与《铁琴铜剑楼金石录》。特别是前一种，在商务印书馆印制时，由孙毓修“转恳诸巨公题咏佳章”，瞿氏深深感激[②]。在另一封信中，瞿启甲告诉孙毓修，“前所惠印忠宣公遗像，装订时请加连四衬纸及书签，俾壮观瞻”[③]。忠宣公，即瞿氏先祖、明代著名诗人瞿式耜。南明朝时，瞿式耜任大学士兼兵部尚书职，驻守桂林，抗击清军，后城破被俘，坚贞不降，慷慨就义，清谥忠宣。

翁同龢，号叔平，晚号松禅老人，常熟人，晚清著名政治家、书法家。他的书画作品流传众多。20世纪30年代，商务印书馆出版过多

---

① 张元济：《张元济全集》第7卷，北京：商务印书馆，2008年12月，第140页。

② 1920年5月8日瞿启甲复孙毓修书，原信照片，马骥编：《孙毓修友朋手札》，北京：国家图书馆出版社，2020年9月，第129页。

③ 1920年6月4日瞿启甲复孙毓修书，同上，第137页。

种翁氏手迹，有《翁常熟家书》《翁松禅家书》与《翁松禅手札》等，其中1933年出版的《翁松禅家书》底本即铁琴铜剑楼瞿氏所藏，经手人为瞿启甲幼子瞿凤起。1933年4月22日，张元济在一封致李拔可的信中说："翁家书拟留印。可送书若干册？祈示知，当转商物主。"[①]几天后，李回复云：

菊生先生大鉴：昨奉手书，并示下翁文恭公家书数十通，承示系瞿君凤起欲交敝馆印行流传，印成后但索赠印本若干，敬已诵悉。当经核议，可以付印，将来拟亟优待之惯例，送去五十册，做为酬报。乞转商瞿君，示复为荷。此颂

道安。　　　　拔　二十二年四月二十六日

云公阅过。[②]

信中提到以书代酬，与之前辑印《四部丛刊》时不同。云公，指商务印书馆总经理王云五。这年9月，《翁松禅家书》一册出版。[③]

1935年4月，商务印书馆又出版了一种名人手迹《黄石斋先生榕坛问业真迹》一册，一元六角。广告云："铁琴铜剑楼收藏。黄石斋先生孤忠亮节，炳照千古，其学问文章，宏博深厚，超出明季诸贤之上。先生主讲漳峻紫阳讲舍时，自此所条答，名曰'榕坛问业'，考古证今，探微抉奥，尤为先生精神所寄托。此稿真迹，世所罕见。兹从铁琴铜剑楼假印，以广流传，诚为海内黄书第一。"[④]黄石斋，即黄道周，福建漳浦人，明末政治家，福王时任吏部尚书，率兵抗清，战败后不屈而死，以文章气节高天下。

1935年、1936年，商务出版了两部铁琴铜剑楼藏印谱：一部《汉铜印丛》，广告云"良士收藏"；一部《西京职官印录》，广告云"良士收藏，二册，三元五角"。"上卷为侯相国、太尉、御史等十五类，下卷为少府、中尉、太子、将作等十八类，凡六百余方。兹用铁琴铜

---

① 1933年4月22日张元济致李拔可书，原件照片。

② 1933年4月26日李拔可复张元济书，原件照片。

③ 《申报》1933年9月18日，《商务印书馆本周初版新书》。

④ 《申报》1936年4月16日。

剑楼瞿氏所藏原本为之印行，大小悉仍其旧，与钤本真相，不差类黍。”[①]估计为瞿氏家塾本《集古印谱》与《秦汉魏六朝唐宋金元官私印谱》的选印本，今天也是难得一见的珍本。

中国的扇子本是消暑的生活用品，却集书画、工艺于一身，成为文人墨客施展才华的艺术园地。明清以来，无数书画大家都留下过扇面佳作。铁琴铜剑楼藏扇相当丰富，文征明、董其昌、王翚、蒋廷锡、瞿式耜、钱谦益等人的作品都有，从行书、楷书、草书墨宝，到山水、花鸟、人物绘画，应有尽有，品味高雅。这批藏扇与善本古籍一起被转移至上海保存，瞿启甲为了这批珍贵文物不致湮没于世，再度与商务印书馆合作，编印《铁琴铜剑楼藏扇集锦》出版。共选收82人、100件珍品，珂罗版印行，1936年4月出版。广告云：“明清书画扇集分上下二册，上册为文征明、董其昌、陈继儒、钱谦益及四王吴恽，无不具备，下册为顾文渊、杨晋、黄鼎、何焯、蒋廷锡、马元驭、蔡嵒、

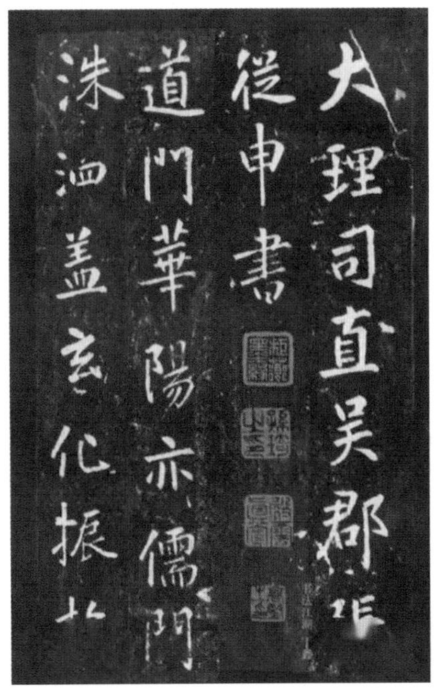

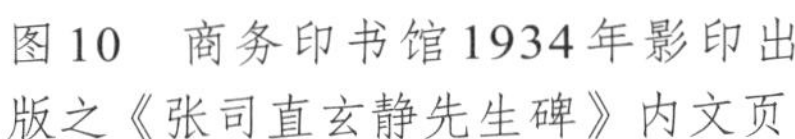
图10　商务印书馆1934年影印出版之《张司直玄静先生碑》内文页

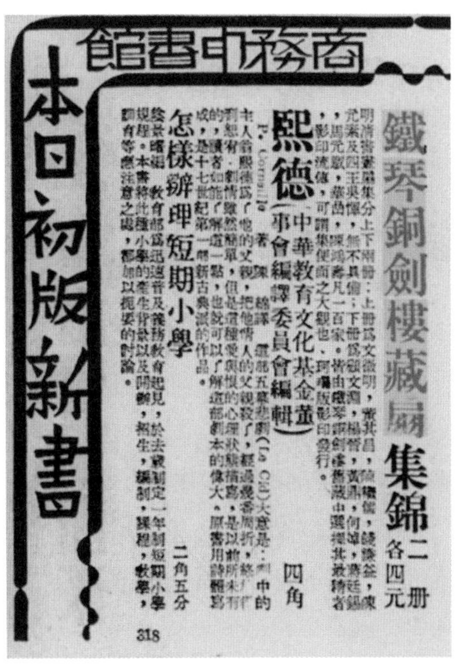

图11　商务印书馆刊发的《铁琴铜剑楼藏扇集锦》初版新书出版广告，《申报》，1936年4月16日。

① 《申报》1935年9月4日，商务印书馆广告。

陈鸿寿，凡一百家。皆由铁琴铜剑楼旧藏中，选择其最精者影印流传，可谓集便面之大观也。”“共二册，各四元。”[①]

金石拓片是研究古代历史的重要文献。铁琴铜剑楼拥有丰富的石刻碑帖拓片，瞿镛编有《恬裕斋碑目》稿本，未曾印行。此稿收录汉魏至宋金诸碑340多种。今天这批文献基本上归北京国家图书馆收藏，钤有“瞿氏鉴藏金石记”“铁琴铜剑楼”“启甲审定”“良士审定”等藏印的藏品达1107种[②]。上溯战国秦汉，下至隋唐，藏品种类繁多，从石鼓、摩崖石刻，到墓志、碑刻、画像、经幢、法帖等，大多为清乾嘉时期拓本，均系未经割裱的整张全拓，文物价值极高。如经幢拓片，一般只拓经文，而瞿氏所藏百余幅经幢拓片，除了经文，还包括经幢底部的花纹与文字。就碑刻一项，有东汉《裴岑纪功碑》《景君碑》《武班碑》《百石卒史碑》《李孟初神祠碑》《孔君墓碑》《礼器碑》《郑固碑》《仓颉庙碑》等，均为隶书，书法精湛，被誉为古隶佳品，有的还附有篆书碑额，十分罕见。魏晋南北朝碑刻有《孔子庙碑》《上尊号碑》《范式碑》《谷朗碑》《孙夫人碑》《吕望表》《嵩高灵庙碑》等，隶书、楷书兼而有之，反映书体的变化。隋唐碑刻有《隋仲思那等四十人造桥之碑》《龙藏寺碑》《曹植庙碑》《澧水石桥碑》《等慈寺碑》《姜行本纪功碑》《九成宫醴泉铭》，等等。

整理并流传这批金石拓本，是瞿氏几代人的心愿。然而，数量众多，整理编目已经不易，印行更属难事。1933年，铁琴铜剑楼第五代主人瞿凤起在曾祖瞿镛《恬裕斋碑目》基础上，编定《铁琴铜剑楼碑帖目录》稿本六卷，收录历代碑刻1516种、法帖500种。同时，瞿启甲请商务印书馆陆续影印出版了几种，数量似不多，笔者查到两种：

一是《张司直玄静先生碑》。一册，八角，1934年11月出版。广告云：“瞿良士收藏。《张司直玄静先生碑》，论唐碑者无不推重，凡学李北海，尤不能不兼及之，但石亡已久，精拓难得。此为铁琴铜剑楼瞿氏家藏，洵佳本也。”[③]张司直，名从申，唐吴郡人，著名书法家，

① 《申报》，1936年4月16日。

② 仲伟行等编：《铁琴铜剑楼研究文献集》，上海：上海古籍出版社，1997年7月，第200页。

③ 《申报》，1935年1月6日。

师法王羲之。玄静先生即李含光，唐江都人，后行度出家为道士，玄宗皇帝赐号玄静。

二是《唐小本释氏碑二十种》。四册。广告云：“铁琴铜剑楼收藏。此旧拓《唐小本释氏碑二十种》，首有道光四年顾千里校记，核其年代，计贞观一种，万岁通天一种，开元八种，天宝四种，大历二种，元和二种，太和一种，开成一种。书法结体，大小不一。或作瘦硬屈金之势，或具丰润拟玉之姿，极便学者临习。至其碑文，大半为古德塔志，所叙行化事迹，纤悉靡遗，而佛典梵书多未著录，尤足补唐代宗教史之阙云。”[①]对研究唐代佛教流布与影响，史料价值很高。

由于当时条件所限，不久又全面抗战爆发，瞿启甲去世，处于这样的环境下，铁琴铜剑楼藏碑刻拓本不可能继续印行。所幸这些藏品，现已被收录《北京图书馆藏中国历代石刻拓本汇编》(中州古籍出版社1989年版)一书。瞿氏先贤们定当含笑九泉！

《金山卫志》与《武溪集》

铁琴铜剑楼有两部藏书的印行，与时代风云紧密相联，值得一书。

20世纪30年代初，上海有一家叫“传真社”的印书机构，郑振铎、陈乃乾等为发起人。传真社与其他开业经营的书局不同，只是几个志同道合的书友以此名义印书，所印之书似不很多。1933年3月《申报》一则《传真社出版孤本古书》的“书讯”，披露了该社第二次出书的消息：

> 传真社专印孤本古书。前印传奇三种，深受学者欢迎，兹第二次出版为松江府县旧志两种。一为正德《卫志》，乃顾氏秀野草堂，瞿氏铁琴铜剑楼藏本，今归北京图书馆；一为嘉靖《上海县志》，乃毛氏汲古阁、徐氏春晖堂旧藏，今归吴兴周氏。两原本皆为世间绝无仅有之孤本。金山、上海为明季倭寇出没之地，故数种记兵制、防御甚详。尤为要学史籍，非平常府县可比。惟该社出版皆限印一百部，欲得者须速与上海白尔培路五十五号该社接洽。[②]

---

① 《申报》，1937年8月5日。

② 《申报》，1933年3月12日。

松江古称华亭、云间，元代设府，乃是上海之“根”。各种松江府县旧志，向来是研究上海历史沿革的重要文献。传真社印行的正德《卫志》，全名《金山卫志》，六卷，张奎、夏有文修纂。明正德十二年刊。卫，明代军队屯田、驻防的地点，后代用作地名。设置金山卫，始于明初，为备防倭患，于华亭县之筱馆筑城置戍。因与海中金山相对，故名金山卫。其地东南际大海，卫区西抵浙江海宁，北抵吴淞。考其卫城，即今南汇县城。卫志自此志始。

《金山卫志》作者张奎，正德年间驻守金山卫的最高长官，夏有文为其幕僚。按该书凡例所订，以兵制为主，故记明时卫制军政条例，及军法定律甚详。全书分为二志、十纲，凡六十目。上志卷一“边域”、“建设”，卷二“栋宇”，卷三“将校”、“兵政”。下志卷一“险固”、“学校”，卷二“祠祀”、“人物”，卷三“土产”。其书重于记事实，所载皆足征信焉。不立艺文志，有关卫事之诗文，附入于各门。该书是传世地方志中卫所志的代表性著作，从中可以了解明代的军制、卫所的建设、官兵的操练及卫城的人文生活，具有重要的文献价值。此书向以稀见罕秘著称，瞿氏铁琴铜剑楼收藏前，原为顾氏秀野草堂之物。至于怎样为当时的北平图书馆所得，内情不详。时值一·二八淞沪抗战不久、华北危急之际，郑振铎等选择这样一部书印行，其寓意不言而喻。

全面抗战爆发后，叶恭绰（誉虎）离沪赴港，以中国文化协进会名义发起组织《广东丛书》编印委员会。其宗旨为“以国家民族处此生死存亡之际，冀发扬表彰先贤之气节，以淬励鼓舞民族之精神。”[①]该丛书拟交商务印书馆印行。1940年夏，张元济赴香港与商务总经理王云五磋商馆务，其中就有编印《广东丛书》一事。叶恭绰委托张在沪主持印制事宜，并商定书目。第一集共八种：

1. 唐张九龄《张曲江集》
2. 宋余靖《武溪集》
3. 宋余靖《余襄公奏议》（后编入《武溪集》附录）
4. 明陈子壮《礼部存稿》

---

① 1940年6月23日《〈广东丛书〉编印委员会致张元济书》，原件。

5. 明梁朝钟《喻园集》

6. 明黎遂球《莲须阁文钞》

7. 明屈大均《翁山佚文辑》(后改名《翁山文钞》，佚文作附录)

8. 明黄公辅《北燕岩集》

张元济返沪后，叶恭绰致信告知已向铁琴铜剑楼瞿氏借印《武溪集》。1940年初瞿启甲去世，藏书由三子瞿凤起继藏。瞿凤起很快将《武溪集》送到张元济案头，并表示不要报酬，印成后送几部样书即可。

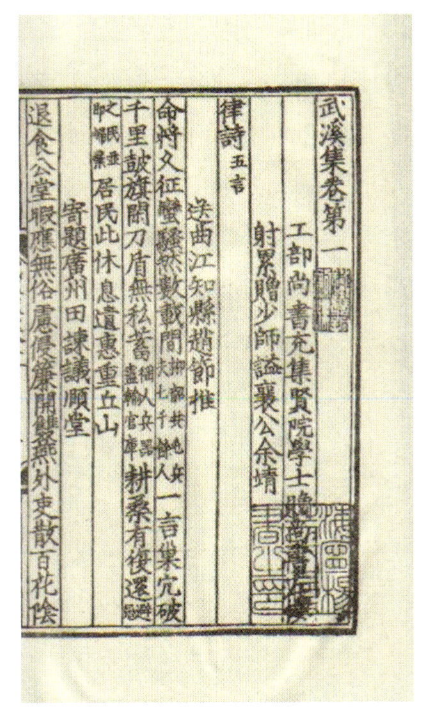
武溪集卷第一
工部尚書充集賢院學士贈
射累贈少師謚襄公余靖
律詩五言
送曲江知縣趙節推
命將久征蠻騷然歎載間一言集冗破
千里鼓旗間刀盾無私蓄耕桑有後還
居民此休息遺惠重丘山
寄題廣州田諫議順堂
退食公堂暇應無俗慮侵簾開饑燕外吏散百花陰

图12 《广东丛书·武溪集》第一卷“律诗五首”页

《广东丛书》的辑印工作历尽波折。单说《武溪集》二十卷，明成化九年(1473)刻本，瞿氏书目记《武溪集》：“宋余靖撰，其子仲荀编。《四库》著录即是本也。旧日与欧阳公所撰悉合。明成化间，邱文公得其本于馆阁，属开郡太守刻制郡斋。有屯田郎中周源序。[①]遗憾的是瞿藏有缺页，张元济致函北平藏书家傅增湘商借其藏本补配：

> 叶玉虎兄在香港辑印《广东丛书》，以《武溪集》列入第一编。已借到瞿氏成化本，惟缺去序(三至九)、卷六(起十五页以下)、卷八(第十一、十二页)、卷十(第一、二页)、碑铭(起七页以下)。闻邺架亦有此书。如能补配，祈检出，交伯恒兄转付京华印书局，用湿片照出，制胶纸寄下。事关文献，想公必乐为玉成也。[②]

---

① 瞿镛编纂，瞿凤起覆校，瞿果行标点：《铁琴铜剑楼藏书目录》，上海：上海古籍出版社，2000年9月，第536页。

② 1940年7月4日张元济致傅增湘书，《张元济全集》第3卷，北京：商务印书馆，2007年9月，第415页。

余靖（1000—1064），字安道，号武溪，广东韶州曲江人。北宋政治家，“庆历四谏官”之一。曾出使契丹，任桂州知府、集贤院学士等职。他曾于景祐元年（1034）、二年（1035）两次上疏，奏请刊正前后《汉书》，叶恭绰拟此两篇疏文补入《余襄公奏议》，函询张元济有无善本可辑。张复书，告以涵芬楼曾藏有几种《历代名臣奏议》，现均已毁，查瞿氏书目，有《诸臣奏议》两部，遂函托瞿凤起查核。1940年9月下旬，《广东丛书》第一编各书底本已汇集上海，叶恭绰希望年内出书，并与张元济商讨第二编书目。不料这年冬天张元济病倒，后住院两次动手术，《广东丛书》第二编辑印事遂延搁下来。1941年，第一编已影印六种，部分成书陆续寄到香港。年末太平洋战争爆发，日寇侵占香港，已抵港的书籍全部被毁，上海商务各厂被封，存书和大量设备资材遭劫，正在印制中的《广东丛书》损失严重，出书更无望了。

抗战胜利后，经过《广东丛书》编印委员会与商务印书馆共同努力，重新启动这项工程，《广东丛书》第一编7种28册，至1946年秋终于出版。该书出版后受到学术界一致好评，被盛赞为抗战后出版界典范之作之一。《广东丛书》编印委员会常务委员陆丹林，撰文介绍编印宗旨与坎坷经历，逐部介绍内容与价值，其中评述《武溪集》：

> 《武溪集》，宋余靖撰，常熟瞿氏铁琴铜剑楼藏明成化刻本，二十卷，六册。附中山黄佛颐辑《武溪集补佚》一卷、《余襄公奏议》二卷。余氏同张曲江同为韶州唐宋间杰出人物，余氏之才，长于应变，文章也同此风格，不名一体。邱濬在成化本的序文，把他与张曲江并列，是有他的原因在的。[①]

至于于1948年出版的丛书第二、三编，则规模小得多，且与原计划内容不同，不在本文讨论范围，从略。

综上所述，铁琴铜剑楼或以家塾本，或被选入友朋辑录的丛书，或提供底本由书局出版发行，在晚清民国年间先后印行书籍约有143种

① 陆丹林：《谈〈广东丛书〉，《申报》1947年6月12日“出版界周刊”。

（或有遗漏，望研究者补正），为我国近现代出版史谱写了光辉的一页。具体书目，详见下面附表。

附表：

晚清民国期间铁琴铜剑楼刊印丛书目录表（1883—1946）

丛书名	原书名	原版本	丛书刊印年
瞿氏家塾本一	学古斋集（四卷）	瞿俊撰	铁琴铜剑楼明嘉庆刊本
	吹月填词馆、铁琴铜剑楼诗词合刊（四卷）	瞿绍坚、瞿镛著，瞿启甲校，瞿氏排印本	
	天启崇祯宫词	清秦兰徵、王誉昌著	嘉庆瞿绍基刊本
	容安斋诗集	牌记“铁琴铜剑楼藏板”，乾隆中刊民国修补印本（刻本）	
	秋影楼诗集	牌记“光绪丁酉秋铁琴铜剑楼瞿氏重刊”刻本	1897
	瞿氏诗草（五卷）	瞿启甲编，铁琴铜剑楼刊蓝印本	1936
	启祯宫词合刻（二卷）	瞿启甲编，刻印本	
	铁琴铜剑楼藏书目录（二十四卷）	刻本	1898
	铁琴铜剑楼藏书志		1915
	铁琴铜剑楼宋金元本书影（二册）		1922
	晋石厂丛书（十种六册）	姚慰祖辑，瞿启甲修补、印行	1934
瞿氏家塾本二	集古印谱	瞿镛编，刻印钤印本	道光年间
	续金石萃编	瞿镛编印	
	秦汉魏六朝唐宋金元官私印谱		1915
	铁琴铜剑楼金石录	瞿氏所藏古器物拓本，瞿启甲编	
	瞿氏四代忠贤遗像	瞿启甲编印	1920
瞿氏家塾本三	方泉诗集（三卷）	宋周文璞竹□老人手写，海虞瞿氏影印宋本	

续表

丛书名	原书名	原版本	丛书刊印年
瞿氏家塾本三	洪氏集验方（五卷）	宋刊本，珂罗版影印	
	离骚集传（一卷）	宋刊本	1918
	歌诗编（四卷）	金刊本	
	李丞相诗集（二卷）	宋刊本	1918
	周贺诗集（一卷）	宋刊本	1918
	中原音韵（一卷）	元刊本	1922
	杨太后宫词	宋潜夫辑，铁琴铜剑楼影宋写刻本	1924
	朱庆馀诗集（一卷）	宋刊本	1925
	注鹤山先生渠阳诗（一卷）	宋刊本，珂罗版影印	1925
铁华馆丛书	冲虚至德真经（八卷）	宋刊本	1883
	通玄真经（十二卷）	宋刊本	1884
江刻书目三种	铁琴铜剑楼藏宋元本目录	苏州振新书社	1897
随盦徐氏丛书续编（徐乃昌辑编）	刘涓子鬼遗方（五卷）	宋刊本	1916
	广成先生玉函经（一卷）	宋刊本	1916
	三历撮要（一卷）	宋刊本	1916
	忘忧清乐集（一卷）	宋刊本	1916
	酒经（三卷）	宋刊本	1916
	白虎通德论（十卷）	元刊本	1916
	风俗通义（十卷）	元刊本	1916
	续幽怪录（四卷）	宋刊本	1916
密韵楼影宋七种	曹子建集（十卷）	宋刊本	1922
广东丛书第一集	武溪集（二十卷）	明刊本	1946
四部丛刊初编	毛诗（二十卷）	宋刊本	1920
	春秋公羊经传解诂（十二卷）	宋刊本	1921
	春秋谷梁传（六卷）	宋刊残本	1923
	中说（十卷）	宋刊本	1920
	六韬（六卷）	影宋钞本（武经七书之一）	1921
	吴子（二卷）	影宋钞本（武经七书之一）	1921
	司马法（三卷）	影宋钞本（武经七书之一）	1921

续表

丛书名	原书名	原版本	丛书刊印年
四部丛刊初编	管子（二十四卷）	宋刊本	1920
	风俗通义（十卷）	元刊本	1923
	冲虚至德真经（八卷）	宋刊本	1922
	陶渊明集（二册）	宋刊本	1920
	寒山诗（一卷）、丰干拾得诗（一卷）、附慈受录寒山诗（一卷）	明刻本	1920
	吕和叔文集（十卷）	旧钞本	1921
	李贺歌诗编（四卷）	金刊本	1920
	李文饶文集（二十卷）、别集（十卷）、外集（四卷）	明刊本	1923
	李义山文集（五卷）	钞本	1921
	甲乙集	宋刊本	1920
	王黄州小畜集（三十卷）	补钞宋本（再版）	1920
	温国文正司马公文集（八十卷）	宋刊本	1920
	增广笺注简斋诗集（三十卷）	宋刊本	1923
	金华黄先生文集（二十三卷）	元刊残本（再版）	1923
	九灵山房集（三十卷）	明刊本	1922
	铁崖先生古乐府（十六卷）	明刊校本	1920
	古文苑（二十一卷）	宋刊本（再版）	1920
	皇朝文鉴（一百五十卷）	宋刊本	1922
四部丛刊续编	吕氏家塾读诗记（三十二卷）	宋刊本	1934
	春秋传（三十卷）	宋刊本	1934
	左传类编（六卷）	旧钞本	1934
	读四书丛说（八卷）	元刊本	1934
	切韵指掌图（一卷）	影宋钞本	1934
	礼部韵略（五卷）、附韵略条式（一卷）	宋刊本	1934
	汗简（七卷）	旧钞本	1934
	尽言集（十三卷）	明刊本	1934
	孔氏祖庭广记（十二卷）	蒙古刊本	1934
	作邑自箴（十卷）	影宋钞本	1934
	张子语录（三卷）、后录（二卷）	宋刊本	1934

续表

丛书名	原书名	原版本	丛书刊印年
四部丛刊续编	龟山先生语录（四卷）、后录（二卷）	宋刊本	1934
	程氏家塾读书分年日程（三卷）	元刊本	1934
	图画见闻志（六卷）	宋本配元钞	1934
	容斋续笔（十六卷）	宋刊本	1934
	愧郯录（十五卷）	宋刊本	1934
	云溪友议（三卷）	校宋本	1934
	云仙杂记（十卷）	明刊本	1934
	清波杂志（十二卷）	宋刊本	1934
	桯史（七卷）	宋刊残本	1934
	续幽怪录（四卷）	宋刊本	1934
	括异志（十卷）	旧钞本	1934
	东皋子集（三卷）	旧钞本	1934
	宋之问集（二卷）	明刊本	1934
	朱庆馀诗集（一卷）	宋刊本	1934
	李丞相诗集（二卷）	宋刊本	1934
	周贺诗集（一卷）	宋刊本	1934
	雪窦四集（五卷）	宋刊本	1934
	韦斋集（十二卷）附玉澜集（一卷）	明刊本	1934
	范香溪先生文集（二十二卷）	明刊本	1934
	石屏诗集（二卷）	明刊本	1934
	平斋文集（三十二卷）	影钞宋本	1934
	叠山集（十六卷）	明刊本	1934
	萧冰厓诗集拾遗（三卷）	明刊本	1934
	许白云先生文集（四卷）	明刊本	1934
	存复斋集（十卷）	明刊本	1934
	青阳先生文集（九卷）	明刊本	1934
	蜕庵诗（四卷）	明刊本	1934
	张光弼集（七卷）	明钞本	1934
四部丛刊三编	宋太宗实录（八卷）	钞本	1935
	律十二卷音义（一卷）、《四部丛刊三编》书名《故唐律疏议》（三十卷附二卷）	影钞宋本	1935

续表

丛书名	原书名	原版本	丛书刊印年
四部丛刊三编	潜虚（一卷）、潜虚发微论（一卷）	影钞宋本	1935
	图画考（七卷）	旧钞本	1935
	独断（二卷）	明刊本	1935
	小字录（一卷）	明活字本	1935
	景德传灯录（三十卷）	宋刊本	1935
	老子道德经（四卷）	宋刊本	1935
	通玄真经（十二卷）	宋刊本	1935
	新雕洞灵真经（五卷）	宋刊本	1935
	皇甫冉诗集（七卷）、附皇甫曾诗集（一卷）	明刊本	1935
	新雕注胡曾咏史诗（三卷）	影钞宋本	1935
	镡津文集（二十二卷）	明刊本	1935
	夷白斋稿（三十五卷）、外集（一卷）	旧钞本	1935
	张光弼诗集（二卷）	旧钞本	1935
	乐府新声（三卷）	元刊本	1935
续古逸丛书	老子道德经（四卷）	宋刊本	1922
	曹子建集（十卷）	宋刊本	1922
	中说（十卷）	宋刊本	1923
	孔氏祖庭广记（十二卷）	蒙古刊本	1928
	张子语录（三卷）、后录（二卷）	宋刊本	1928
	龟山先生语录（四卷）、后录（二卷）	宋刊本	1928
	酒经（三卷）	宋刊本	1928
	清波杂志（十二卷）	宋刊本	1928
	续幽怪录（四卷）	宋刊本	1928
	通玄真经（十二卷）	宋刊本	1928
	新雕洞灵真经（五卷）	宋刊本	1928
	陶渊明集（二册）	宋刊本	1928
百衲本二十四史	旧唐书（六十一卷）	宋刊残本	1936
古籍刊行社影印本	史记集解（一百三十卷）	宋刊本	
	史记（十四卷）	宋刊残本	
传真社印行	金山卫志	明正德刊	1933

续表

丛书名	原书名	原版本	丛书刊印年
商务印书馆印行	翁松禅家书（一册）		1933
	黄石斋先生榕坛问业真迹		1935
	汉铜印丛		1935
	西京职官印录（二册）		1935
	铁琴铜剑楼藏扇集锦（二册）		1936
	张司直玄静先生碑（一册）		1934
	唐小本释氏碑（二十种）		1937

2023年7月于上海浦东明丰花园南窗下
2023年10月修改

（柳和城，上海市作家协会会员、浦东文史学会会员，中国近代出版史研究者，出版《橄榄集——商务印书馆研究及其他》《张元济年谱长编》《孙毓修评传》等）

新书快讯

郑玄全集（全四册）
平装 32开 纯质纸 带函套 齐鲁书社2024年8月第1版第1印
ISBN 978-7-5333-4852-6
定价：660.00元

郑玄是集今古文经之大成的经学家、文献学家、教育家和语言学家。他遍注群经，统一经学，为中华优秀传统文化的传承做出了重大贡献。《郑玄全集》收录了郑玄的四部传世著作（《毛诗笺》《周礼注》《仪礼注》《礼记注》）和全部辑佚著作（包括十三经、论文、纬书等）。传世著作以武英殿《十三经注疏》本为底本；辑佚著作以袁钧《郑氏佚书》为主，参以黄奭《汉学堂丛书》、马国翰《玉函山房辑佚书》等，并广泛吸收新的研究成果；纬书据《古微书》等辑补。另附录《郑康成年谱》《郑玄别传》等传记资料。

辑校者吴庆峰，江苏沛县人，山东师范大学文学院教授。主要研究方向为训诂学、音韵学、文献学等。出版学术专著《音韵训诂研究》等，点校《两汉全书》本《周礼注》等，发表论文50余篇。多次荣获山东省社会科学优秀成果奖。王其和，山东青州人，山东师范大学国际教育学院教授。主要研究方向为训诂学、文献学等。出版学术专著《俞樾训诂研究》、古籍整理《群经评议》等10余部，在国内外学术期刊发表论文50余篇。近年来主持国家及省部级项目等10余项。

赵熙藏书印初考

陈伦敦　肖璐瑶

赵熙（1867—1948），字尧生，号香宋，四川荣县人。光绪十八年（1892）进士，授编修，转江西道监察御史。赵熙为蜀中“五老七贤”之一，总纂《荣县志》，著有《香宋诗》《香宋词》《香宋日记》等，在书法、绘画、戏曲等方面也造诣颇深。《四川省志 · 人物志》称赵熙书法“出入颜、王、苏，参以篆隶，行楷尤有功力”[①]。

赵熙号香宋的原因，据《赵熙年谱》“民国十一年壬戌（1922）五十五岁”记载：“自甲寅返荣，赁居城中。至是，始买得桂林街原把总署旧址，培修定住，榜曰‘香宋’。宋居也。取义《离骚》，盖清末以此自署。”[②]荣县是四川省自贡市辖县，县政府驻旭阳镇，赵熙自称“旭阳赵子”。

赵熙藏书丰富，有多方藏书印与较多题识、批点等。据李树民《赵熙文学论稿》[③]考证，赵熙于民国年间发表诗文多署“雪王龛”“雪王堪”“雪龛”，亦署“天山逸民”，别号“孤臣”“横溪叟”等，其书斋名“金光明经室”、“万松深处”。晚年发生车祸，体力衰竭，目力渐弱，《香宋诗集 · 鼓叟印》言“守黑今知学老君，自镌小石印朱

---

① 四川省地方志编纂委员会编：《四川省志 · 人物志》，成都：四川人民出版社，2001年，第490页。

② 赵熙著，王仲镛主编：《赵熙集》下册，杭州：浙江古籍出版社，2014年，第1128页。

③ 李树民：《赵熙文学论稿》，成都：西南交通大学出版社，2012年，第1-3页。

文”[①]，嘱刻“瞽叟”印。赵熙的藏书印，多以名号、籍贯、堂号等为主要内容。

学界对赵熙的书法、文学多有讨论，但其藏书印却未曾有人关注，今以笔者所见四川省图书馆馆藏赵熙藏书印，做初步考证与阐发，以飨书法爱好者及书文化研究者。

一、赵熙藏书印

（一）《靖康传信录》三卷、《建炎进退志》四卷、《建炎时政记》三卷　存一册

是书为宋代李纲撰，清光绪十年（1884）邵武徐氏刻本，版式为九行二十二字，白口，左右双边，单黑鱼尾。共有藏书印7方，钤印7次。《靖康传信录》内封钤印“旭阳赵子”（图4.2）。序言首页有2方钤印，分别是“金光明室”（图1.1）、“赵熙尧生”（图1.2）。卷上有3方钤印，分别是“香宋”（图1.3）、“天山逸民”（图1.4）、“赵熙”（图1.5）。《建炎进退志》卷一首叶有钤印“尧生之书”（图1.6）。赵熙《香宋词》有《八犯玉交枝》序言：“盛树人大令工刻印，今陈鸿寿也，刻‘天山逸民’见馈，盖别十二年矣，感寄此词。”[②]可知“天山逸民”一章，由蜀中近代著名书法家、篆刻家盛光伟（字树人，号壶道人）刻。

图1.1　图1.2　图1.3

图1.4　图1.5　图1.6

① 赵熙著，王仲镛主编：《赵熙集》下册，第837页。

② 赵熙著，王仲镛主编：《赵熙集》下册，第967页。

（二）《山海经》十八卷　二册

是书为晋郭璞撰，明代杨慎补注，清光绪浙江书局重刻本，九行二十一字，小字双行同，白口，左右双边，单黑鱼尾。共有藏书印7方，钤印7次，有赵熙墨笔批注。内封页钤印“赵熙尧生”（图1.2）。卷前首页《山海经新校正序》下有钤印2方，分别是“乾坤中处”（图2.1）、“荣县赵熙尧生甫印信”（图2.2）。卷五卷端处有钤印4方，分别是“西皇山客”（图2.3）、“天真皇人山馆”（图2.4）、“赵熙”（图2.5）、“司至之氏”（图2.6）。“西皇山客”一印见于赵熙多本藏书，《峨眉山志》记载峨眉山被传为道教教主天真皇人论道之地，又引《三皇经》，证峨眉山曾名“西皇人山”。[①]赵熙作《仙皇台记》状峨眉之概，又书《峨眉山行杂诗》数首，陈衍称其“游峨眉最久”[②]；学生周善培也说赵熙“爱峨眉焉，盖尝七八游，故咏峨眉及夔巫巴峡中景物诗颇多”[③]；向楚《祭香宋诗文》云“既客峨眉，师从临止”[④]。诸如此，皆证明赵熙与峨眉山有难解之缘，“西皇山客”“天真皇人山馆”二章命名恐源于此。

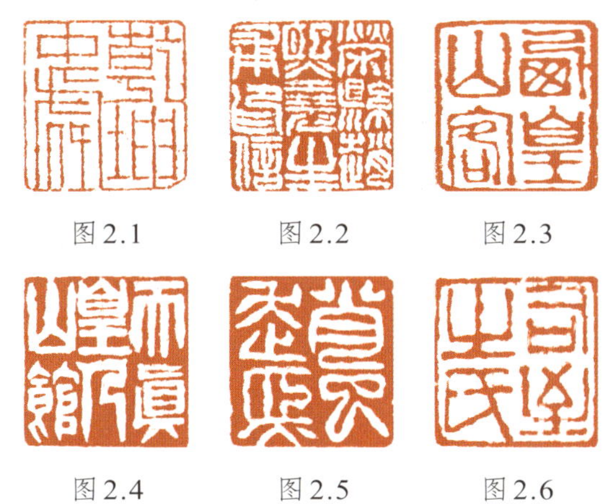

图2.1　图2.2　图2.3

图2.4　图2.5　图2.6

（三）《山海经》十八卷、《图赞》一卷、《补注》一卷　三册

是书为晋郭璞撰，明代杨慎补注，清光绪元年（1875）湖北崇文书

① 四川省地方志编纂委员会编：《峨眉山志》，成都：四川科学技术出版社，1996年，第291页。

② 赵熙著，王仲镛主编：《赵熙集》下册，第1136页。

③ 赵熙著，王仲镛主编：《赵熙集》下册，第1144页。

④ 赵熙著，王仲镛主编：《赵熙集》下册，第1147页。

局刻本，版式为十二行二十四字，小字双行同，上下黑口，四周双边，双对黑鱼尾。共有藏书印3方，钤印5次。有赵熙朱笔、墨笔批点。首页《上山海经奏》钤有“赵”（3.1）、“熙”（3.2）二印，每册首卷卷端页有“雪王龛宝藏印”（3.3）。

图3.1

图3.2

图3.3

（四）《积古斋钟鼎彝器款识》十卷　四册

是书为清代阮元编录，清江西刻本，版式为十行二十四字，白口，四周单边，单黑鱼尾。共有藏书印5方，钤印14次。有赵熙手写批注。《序》下方钤有“赵熙”（图2.5）印。《后序》钤“西皇山客”（图2.3）。每册首页有3方钤印，分别是“赵熙之印”（图4.1）、“旭阳赵子”（图4.2）、“雪王堪”（图4.3）。

图4.1

图4.2

图4.3

（五）《荀子》二十卷　二册

是书为清刻本，版式为九行二十五字，小字双行同，白口，四周单边，无鱼尾，无格。共有藏书印3方，钤印3次。有赵熙手写批注。卷一首页有3方钤印，分别是“赵王世家”（图5.1）、“荣县赵熙读过”（图5.2）、“尧生过眼”（图5.3）。

图5.1

图5.2

图5.3

（六）《孔子集语》十七卷　四册

图6.1

是书为清代孙星衍撰，清光绪三年（1877）浙江书局刻本，版式为九行二十一字，小字双行同，白口，左右双边，单黑鱼尾。共有藏书印2方，钤印5次。每册书底墨笔写“雪王堪藏”。每册首卷卷端页有钤印“赵氏之书”（图6.1）。《孙氏孔子集语序》首叶钤有“荥县赵熙尧生甫印信”（图2.2）印。

（七）《华阳国志》十二卷　四册

是书为晋常璩撰，清光绪刻本，版式为十行二十字，小字双行同，上下黑口，四周双边，双对黑鱼尾。共有藏书印7方，钤印16次。内封由赵熙题，钤有“香宋五十五岁后作”（图7.1）印。卷前有赵熙手写题记，卷内有墨笔批点。《华阳国志序》钤有“香宋之书”（图7.2）、“悫君”（图7.3）二印。每册首卷卷端叶有“赵熙读”（图7.4）、“尧生点定”（图7.5）。每册末页有钤印“西皇山客”（图2.3）。《补华阳国志三州郡县目录》首页有钤印“受天之祜”（图7.6）。

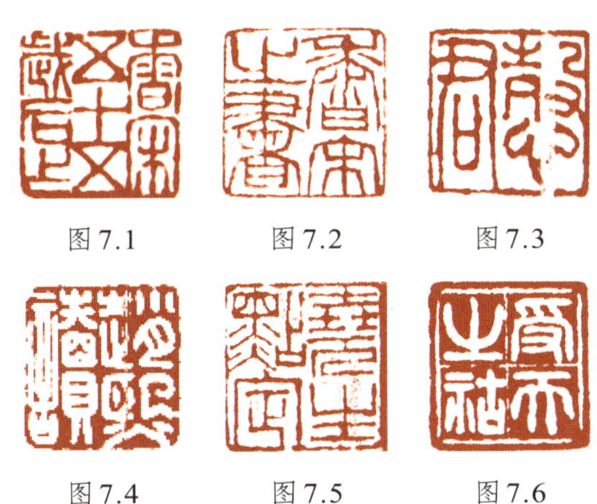
图7.1　图7.2　图7.3

图7.4　图7.5　图7.6

（八）《国语正义》二十一卷　八册

是书为清代董增龄撰，清光绪六年（1880）式训堂刻本，版式为十行二十一字，小字双行同，上下黑口，左右双边，双对黑鱼尾。共有藏书印5方，钤印19次。每册首卷卷端钤印“荥县赵熙尧生甫印信”（图2.2）、“赵熙读”（图7.4）。首页《自叙》有钤印“熙”（图3.2），序有钤印“皇天锡策之家”（图8.1），第八册二十一卷卷末有钤印“香宋长寿”

（图8.2）。关于“皇天锡策之家”一章，赵熙有《张子玉太守治第清富山佛耳池掘地得铜印文曰皇天锡第之家盖宋光宗物也戏为之诗二首》》述其来源：“宋代龙潜刺史衙，张堪新第此悬车。大名国玺真天锡，小印铜章得地窪。”[①]民国十八年《荣县志·秩官第十》记载：“光宗，讳惇。孝宗第四子也。绍兴三十年四月，命为皇太子。孝宗即位，光宗乃封恭王。计由荣州拜镇洮军节度使，在荣新旧三年。……清时，里人称清富山为古荣王府，或称宋代分藩，实则当日刺荣，非封荣王也。国变后，张氏治第浚土，得小铜章曰‘皇天锡策之家’，盖以刺荣之年。”[②]

图8.1

图8.2

（九）《急就篇》四卷　二册

是书为唐代颜师古注，宋代王应麟补注，清光绪刻本，版式为十行二十字，小字双行同，白口，左右双边，单黑鱼尾。共有藏书印7方，钤印13次。有赵熙墨笔批点，朱笔点校。内封页有其手写题记并落款“赵熙记”，下有钤印“熙”（图9.1）。另有钤印“旭阳赵子”（图1.6）。卷前《提要》页有钤印1方：“荣县赵熙尧生甫印信”（图2.2）。每册首卷卷端页皆有钤印“天山逸民”（图1.4）、“道德”（图9.2）、“赵康之印”（图9.3），书内另钤有“尧生赵熙”（图9.4）、“赵熙”（图2.5）印。“赵康之印”暂未见来源，但出现于赵熙多本藏书之中。

图9.1　图9.2　图9.3　图9.4

① 赵熙著，王仲镛主编：《赵熙集》中册，第479页。窪，音wā，小水坑，低下的地方；低凹。

② 廖世英等修：《荣县志》十五卷《秩官第十》，民国十八年（1929）刻本，第20页。

（十）《五经小学述》二卷 一册

是书为清代庄述祖撰，清光绪八年（1882）刻光绪十六年（1890）校印本，版式为十行二十一字，小字双行同，上下黑口，四周单边，单黑鱼尾。共有藏书印5方，钤印5次。卷内有赵熙墨笔批点。内

图10.1

图10.2

封有钤印“雪王龛”（图10.1），卷一首页有3方钤印，分别是“尧生过眼”（图5.3）、“荣县赵熙私印”（图10.2）、“旭阳赵子”（图4.2），末叶钤有“尧生赵熙”（图9.4）印。

（十一）《楚辞释》十一卷 二册

是书为汉代王逸章句，清代王闿运注，清光绪十二年（1886）成都尊经书院刻本，版式为八行十七字，小字双行同，白口，四周双边，双对黑鱼尾，有书耳。卷内有多处赵熙批点。共有藏书印11方，钤印18次。内封页有钤印“西皇山客”（图2.3）1方。卷一首页钤印6方，分别是“北宋赵家”（图11.1）、“老复丁”（图11.2）、“荣县赵熙书印”（图11.3）、“赵熙读”（图11.4）、“旭阳赵子”（图4.2）、“香宋”（图11.5）。“老复丁”出自《香宋词》卷二《寿楼春（十月十七日，十六子士禔生）》：“老复丁，丁年添丁。”[①]

图11.1 图11.2 图11.3

图11.4 图11.5

① 赵熙著，王仲镛主编：《赵熙集》下册，第945页。

此外还有“香宋长寿”（图8.2）、“香宋所藏”（图11.6）、“孤臣”（图11.7）、“香宋居士”（图11.8）等印。

图11.6　　图11.7　　图11.8

（十二）《楚辞集注》八卷首一卷　二册

图12.1

是书为宋代朱熹集注，清光绪三年（1877）湖北崇文书局刻本，版式为十二行二十四字，小字双行同，上下黑口，四周双边，双对黑鱼尾。卷内有三处赵熙眉批。共有藏书印5方，钤印7次。内封页钤印“雪王瓮宝藏印”（图3.3）1方。卷首序言页、卷四首页皆有钤印“雪王瓮”（图10.1）。每册首卷卷端皆有钤印“司至之氏”（图2.6）。书内另有钤印“荣县赵熙私印”“赵熙尧生三多”（图12.1）。“三多”乃赵熙小名。

（十三）《列女传集注》八卷、《补遗》一卷、《附录》一卷　二册

图13.1　　图13.2

是书为汉代刘向编撰，清代萧道管注，清光绪三十四年（1908）侯官陈衍刻本，版式为十行二十字，小字双行同，白口，左右双边，单黑鱼尾。共有藏书印2方，钤印3次。卷一天头有赵熙手写批注。《自叙》首叶有钤印“赵熙”（图13.1）。每册首卷卷端页有钤印“金光明室”（图13.2）。

（十四）《边疆三赋》不分卷　一册

是书辑有清代英和撰《卜魁城赋》、清代徐松《新疆赋》、清代和宁《西藏赋》三赋。清光绪八年至九年（1882—1883）华阳元尚居刻本，版式为十行二十一字，小字双行同，上下黑口，四周单边，单黑鱼尾，有书耳。共有藏书印1方，钤印3次。每篇赋卷端有钤印“雪王瓮”（图14.1）与赵熙手写批注，并落款“香宋”（图14.2）。

图 14.1

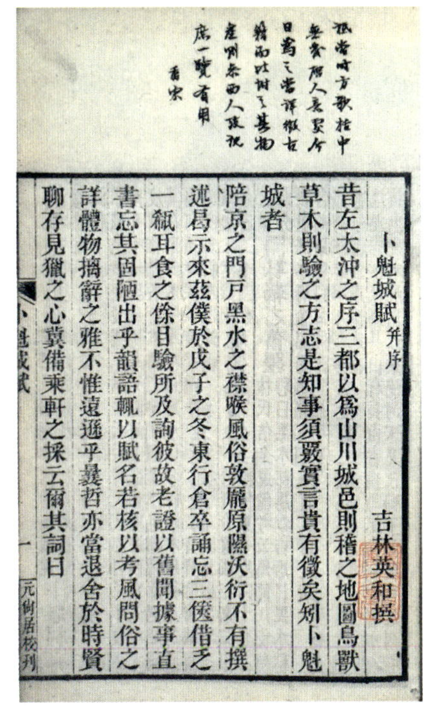

卜魁城賦并序　　吉林英和撰

昔左太沖之序三都以爲山川城邑則稽之地圖鳥獸草木則驗之方志是知事須覈實言貴有徵矣矧卜魁城者陪京之門戸黑水之襟喉風俗敦厖原隰沃衍不有撰述曷示來兹僕於戊子之冬東行倉卒誦忘三篋借乏一瓻耳食之餘目驗所及詢彼故老證以舊聞據事直書忘其固陋出乎韻語輒以賦名若核以考風問俗之詳體物摛辭之雅不惟遠遜乎曩哲亦當退舍於時賢聊存見獵之心冀備乘軒之採云爾其詞曰

卜魁城賦　一　元尙居校刊

图 14.2

（十五）《蜀典》十二卷　四册

图 15.1

是书为清代张澍撰，清光绪二年（1876）尊经书院刻本，版式为十行二十四字，白口，左右双边，单黑鱼尾。共有藏书印3方，钤印5次。有赵熙朱笔、墨笔批点。序言页有钤印“熙”（图15.1）。卷一首页有钤印“香宋之书”。第二、三、四册首页钤有“尧生过眼”（图5.3）之印。

（十六）《出使日记》续刻十卷　五册

图 16.1

图 16.2

是书为清代薛福成撰，薛莹中辑，清光绪二十四年（1898）传经楼刻本，日记记载时间范围乃光绪十七年（1891）三月朔至光绪二十年（1899）五月二十日。版式为十行二十一字，下黑口，左右双边，单黑鱼尾。共有藏书印3方，钤印7次。内封钤印“赵熙”（图16.1），凡例首页钤印“雪王龛”（图16.2）。每册首卷卷端页钤印“北宋赵家”（图11.1）。

（十七）《郑叔问先生年谱》不分卷　一册

是书为民国戴正诚编，民国三十年（1941）铅印本，版式为十一行二十八字，小字双行不等，白口，四周双边，单黑鱼尾。共有藏书印2方，钤印2次。内封由赵熙题，钤“香宋长寿”（图17.1）之印。又有赵熙手写序言，落款处钤“尧生”（图17.2）印。

图17.1

图17.2

（十八）《历代地理沿革图》一卷　一册

是书为清代马征麟编，清同治十一年（1872）金陵刻朱墨套印本，版式为十二行二十四字，小字双行同，白口，左右双边，单黑鱼尾。共有藏书印2方，钤印2次。序言页有1方钤印“赵氏书”（图18.1）。卷末有1方钤印“赵熙”（图2.5）。

图18.1

二、赵熙藏书印分类

据上述内容可知，已见赵熙藏书印中，包含了记人印、记书印、箴言印。

（一）记人印

记人印是已见赵熙藏书印中数量最多的。其中，占比最大的为字号印，如“赵熙”“熙”“赵氏之书”“赵熙尧生三多”“尧生”“香宋”“雪王龛（堪）”“孤臣”“天山逸民”等，又有堂号印“金光明室”示其室“金光明经室”；身份印（表籍贯等）如“荣县赵熙私印”“荣县赵熙尧生甫印信”“旭阳赵子”。这类藏书印的显著特点，则是“藏书者为表物权、鉴证所有而钤盖”[①]。

同时，在赵熙的众多藏书印中，同一种类型的藏书印有不同样式，在篆刻字体、字样排版、印文顺序等方面体现出差别，这也较明显地反映在记人印中，例如：

① 刘鸣亚：《安徽大学图书馆善本古籍藏书印类型及其特点考述》，《大学图书情报学刊》2020年第3期，第106-108页。

图 19.1 赵熙、赵熙之印、赵、熙

图 19.2 赵熙尧生、尧生赵熙、尧生

图 19.3 香宋

图 19.4 雪王龛（堪）、雪王龛宝藏印

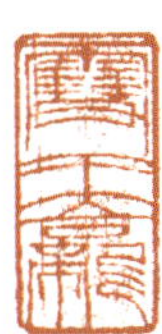

（二）记书印

记书印反映出赵熙对古籍的收藏、鉴赏等活动情况。如“尧生过眼”“赵熙读”“荣县赵熙读过”“尧生点定”等，彰显了赵熙作为藏书者在古籍点校、整理等方面的成就，具有文献价值。

（三）箴言印

已见印有赵熙私人藏书印的古籍中，有箴言印如“乾坤中处”“受天之祜”等。“乾坤中处”出自北宋张载《正蒙·乾称篇》：“乾称父，坤称母，予兹藐焉，乃混然中处。”[①]《诗经·大雅·下武》有：“昭兹来许，绳其祖武。於万斯年，受天之祜。”[②]“受天之祜”表达了愿享天赐之福的希望。箴言印未能完全确证是赵熙之印，但也无其他递藏痕迹，暂认定为赵熙本人的藏书印。

除此之外，四川省图书馆有赵熙藏书，如民国十三年（1924）渭南严氏成都贲园刻本《诗声类十二卷诗声分例一卷》有赵熙钤印“荣县赵熙尧生甫印信”“香宋长寿”“赵熙读”；清道光间小蓬莱山馆重刻五卷本《别雅》有钤印“赵熙”“雪王龛”；清光绪五年（1879）定州王氏刻二十三卷本《朱子学归》有钤印“雪王堪所藏书”“赵熙读”；清光绪川南刻二卷本《朱子学的》有钤印“赵王世家”“熙”；清光绪三年（1877）刻本《论衡》三十卷有钤印“赵熙尧生”“香宋之书”“赵熙读”。清光绪十一年（1885）吴县朱氏刻槐庐丛书本《金石三例续编》三种有钤印“尧生赵熙”，且有赵熙批注。清刻本《列子冲虚经》一卷、《音义》一卷、清光绪元年（1875）湖北崇文书局刻本《庄子南华真经》三卷、《阙误》一卷，皆有赵熙朱笔、墨笔批点，并钤有“尧生过眼”印。上述钤印样式皆与本文罗列之印重复，故不再一一附图。

三、赵熙藏书印的书学价值

赵熙藏书印蕴涵着丰富的书学价值。

第一，赵熙藏书印充分展现了秀逸朴厚的书法特点。赵熙书法世有定评，余中英《〈赵熙书法〉序》：“至其书法，初出于颜（真卿）赵（孟頫），中年以后端严劲重，上追唐贤，不规规于一家者，盖由学养性情使然。至老年熔（融）合六朝，秀逸朴厚，别具风格，一时风从。”[③]又有胡栋《赵熙书法艺术思想评析》：“在赵熙的书法当中，既有颜字的雄强，柳书的瘦劲，赵字的开张，黄字的欹侧，又有欧字的险绝，褚体的疏朗，以及北碑的方峻。正是他熔（融）和了各家书体之长，才造就了为时人所称道的秀逸朴厚的‘赵字’。”[④]赵熙的这种秀

① 张载：《张载集》，章锡琛点校，北京：中华书局，1978年，第62页。

② 程俊英、蒋见元：《诗经注析》，北京：中华书局，1991年，第793页。

③ 余中英：《〈赵熙书法〉序》，《中国书法》1988年第1期，第11页。

④ 胡栋：《赵熙书法艺术思想评析》，《成都大学学报》2006年第1期，第76页。

逸朴厚的风格，在其藏书印中也得到了很好的展现，可供书法爱好者、研究者借鉴与学习。

第二，赵熙藏书印实践了“学书必先自读书始”的观点。关于书法与读书的关系，赵熙有过论断：“书贵脱俗而有雅韵，故学书必先自读书始。”[①]唐振常《赵尧生先生其人其字》：“学先生（赵熙）书法者不乏其人，似均未能得其妙。其门人周善培孝怀亦善书，摹先生字而稍变之，而其书卷气则远不如先生。”[②]通过赵熙藏书印，可初窥其丰富的藏书，赵熙读书之广博则给书法爱好者、研究者以方法上的启迪。

第三，识别赵熙的藏书印，便于搜集赵熙的书法作品。一般认为，赵熙的书法作品可从其独立的书法作品、随手书写的信札、诗札、日记、石刻中搜集。赵熙不但有丰富的藏书，而且还在其藏书上留下了大量批语、题识。通过藏书印，可判断其批校的文字，而这些批校文字则具有很高的书法价值。例如《楚辞释》中赵熙有批语如下图（图20.1　图20.2）。这些题跋若单独拿出来，也不失为一幅精美的书法作品。

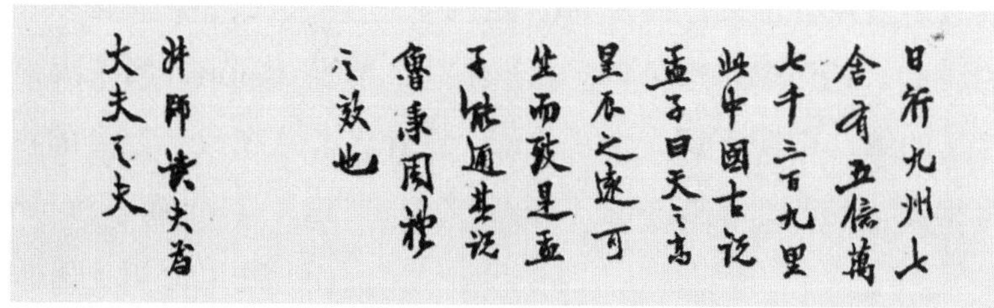

图20.1

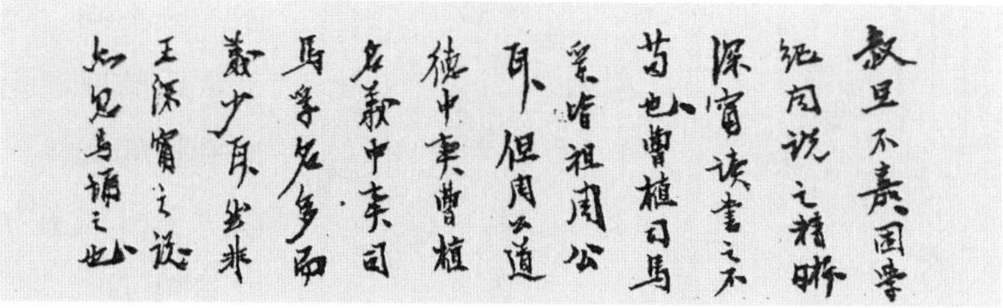

图20.2

（陈伦敦，文学博士，西南交通大学人文学院中文系副教授、硕士生导师；在《文献》《中国史研究》等刊物发表10余篇论文。肖璐瑶，西南交通大学人文学院中文系在读研究生，中国古代文学方向）

---

① 余中英：《〈赵熙书法〉序》，《中国书法》1988年第1期，第11页。

② 唐振常：《赵尧生先生其字其人》，《书法》1981年第6期，第22-24页。

儒学经典《论语》是如何诞生的

——从图书命名到价值认定

刘志义

先秦典籍，《论语》独占鳌头者三：一是书名，再是读音，三是字义。从书名看，《论语》之前鲜有以“论”命名的典籍，《论语》独此一份。从读音看，“论”有两个拼音，一为lún，是二声“ˊ”，阳平调，在现代普通话里并不常见；再为lùn，是四声“ˋ”，去声调，像议论、讨论、论说的“论”都是这个调。《论语》之“论”读lún，属于汉语拼音最不常见的第二声阳平调，惟《论语》独有之，这在流传至今的古籍经典里显得尤为特别，实属罕见。从字义看，“论”读lún而不读lùn，说明《论语》既非论文形式，亦非议论文体，颇不同于先秦诸子常用的以评论或辩论见长的文体，而是以“子曰”“孔子曰”或某弟子“曰”等对话问答方式为主“正实而切事”(《孔子家语·孔安国后序》)的语录体，别出心裁，独树一帜，创造了经籍书写的新体例。

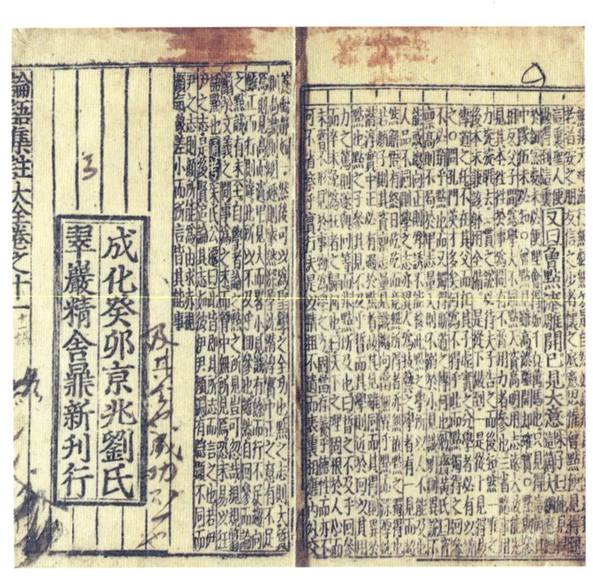
論語集注大全卷之十一

成化癸卯京兆劉氏
翠巖精舍鼎新刊行

图1 《论语集注》(内文页)。明成化十九年(1483)京兆刘氏翠岩精舍鼎新刻本。

（一）《论语》是“合乎法度”之“语”

关于《论语》的成书，《汉书·艺文志》有过“当时弟子各有所记，夫子既卒，门人相与辑而论纂，故谓之《论语》”之说，这是历史上首次有信史对《论语》书名来历所做的可考记载或可靠说明。商务印书馆第二版《古代汉语词典》在注解“论纂”之“论”时，注其音调为lún，解其意旨为“依次编辑”。若“论纂”之“论”注音注释无误，那战国时就已成书、传至汉代并风行于世的《论语》，不管是《鲁论语》《齐论语》《古论语》三家中的哪个版本，《论语》之“论”的读音为第二声的阳平调，则确信无疑；“论语”二字的含义为“依次编辑之语”，则是一种可取的解释。

知音而识义，由“论”之读音推导“论”之本义，可以探得《论语》成书的机理及其蕴藏的奥秘，这对当今正本清源的儒学研究尤其是《论语》学溯源研究不无裨益。孔子去世后不久，中国历史从春秋进入战国，回归《论语》成书年代所处的历史条件考证孔子遗言，就不难发现当时或此前的“论”字是与“伦”字通用的。最典型的莫过于《诗经·大雅·灵台》“于论鼓钟”的“论”，就常被训之为“伦”，有次序的意思，形容鼓和钟配合得有节奏，很协调。郑玄《毛诗笺》注之“论之言伦也”，朱子《诗集传》称之“言得其伦理也”，都把“论”与“伦”相提并论。《荀子·性恶》“少言则径而省，论而法”之“论”亦通“伦”，有条理的意思，表示说话少，直接而简约，条分缕析合

图2　郑玄像

图3　杨雄像

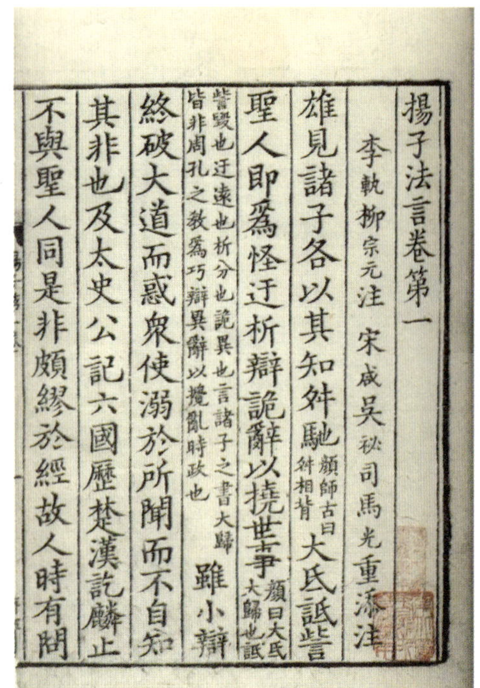
揚子法言卷第一
李軌 柳宗元注 宋咸 吳祕 司馬光重添注
雄見諸子各以其知舛馳顔師古曰舛相背大氐詆訾
聖人即爲怪迂析辯詭辭以撓世事顔曰大氐大歸也詆
訾毀也迂遠也析分也詭異也言諸子之書大歸皆非周孔之教爲巧辯異辭以攪亂時政也雖小辯
終破大道而惑衆使溺於所聞而不自知
其非也及太史公記六國歷楚漢訖麟止
不與聖人同是非頗繆於經故人時有問

图4 《扬子法言》第一卷南宋台州淳熙八年（1181）刻本首页。该书为扬雄仿《论语》体裁，以问答形式撰写。此刻本在内容上可补明、清诸本脱误，极具文献和版本价值，现藏辽宁省图书馆，为海内孤本。1988年四川巴蜀书社曾影印出版。2009年入选第二批《国家珍贵古籍名录》。

法度。扬雄拟《论语》所作的《法言》，就书名而言，很大程度受荀子此说影响。他以“言”取代《论语》的“语”，名正言顺；以“伦”取代《论语》的“论”，则太过显白直露，于是以“法”取代“论”或“伦”，所以其著作以《法言》之名流传后世，沿用迄今。《说文》解“伦，辈也”，类也，而且“伦”音纯正无异声，唯有一个拼音就是lún。如此，“伦”与《论语》的“论”不仅通用，同享“仑”旁，还同音、同声、同调，同标阳平符号“ˊ”，《论语》读起来语气有如“伦语”；《论语》听起来语感与“伦语”混同；语义上，“论语”二字的合理解释便是有次序、有条理，像钟鼓相配似的有节奏、很协调，是言简意赅、有伦又有类、合乎法度之“语”。

除“伦”之外，“论”也与“纶”通。像《易经》“屯”卦《象传》“君子以经论”之“论”，《中庸》“经论天下之大经”之“论”，都与《论语》之“论”读同样的拼音lún，发一样的二声阳平调。邢昺（bǐng）《论语注疏》序解正义引郑玄云“论者，纶也”，说明在汉一代，已经认识到《论语》之“论”与“纶”同义；到宋代，“论”“纶”通用更是得到注家普遍认同。现在通行的《易经》《中庸》版本，大都已把以上所引两句的“论”改为“纶”，也是遵从了“论”与“纶”同出一脉、同文同根的字源原理。按《古代汉语词典》的解释，“纶”表示整理丝线，引申为经纶、经略之义。

古语“论”还与“抡”通用。《国语·齐语》“权节其用，论比协材”的“论”，便是“抡”的假借字。“抡”读lún，与“伦”“纶”以及《论语》之“论”发音及声调相同，所不同的是，“论”“伦”“纶”既是名词又是动词，而“抡”是纯粹的动词，是挑选、选择、别择的意思。《管子・五辅》“论贤人，用有能，而民可使治”的“论”就与“抡”通。三国韦昭注：“论，择也。”《荀子・王霸》多处出现过的“论”，均可训之为“抡”即抉择之义；像“若夫论一相以兼率之，使臣下百吏莫不宿道乡方而务，是夫人主之职也”中的“论”，也与“抡”通；“论一相，陈一法，明一指”的“论”，也通“抡”，唐代杨倞注：“论，选择也。”故，循此途推论，“论语”二字的本义，很大可能是指出自孔门的众弟子，从众多材料中广征博采、爬梳剔抉、寻绎慎择、精挑细选之“语”。

（二）《论语》是经天纬地之“语”

《论语》其书，作为经籍，先秦时本无异议，汉代分成《鲁论语》《齐论语》《古论语》三家的本子流行于世，而且只被作为传，与《孝经》一并列为初学者的必读书。《论语》作为经，是宋代以后的事。前人中，西汉孔安国（前156—前74）最早在《孔子家语・孔安国后序》指出：“弟子取其正实而切事者，别出为《论语》。”可惜，长期以来，因为受疑古思潮影响，《孔子家语》被打入伪书行列，《孔安国后序》也被视作伪序，孔安国“正实而切事”说长期不受重视。直到班固（32—92）《汉书・艺文志》“辑而论纂”之说出现，《论语》语录体编写体例的说法才被广泛接受。

图5　孔安国画像

特别值得一提的是两汉之际的扬雄（前53—18）。作为西汉朝的最后一位大儒，他对《论语》推崇备至。《汉书・扬雄传》载，扬雄模仿《论语》作《法言》，仿《易经》作《太玄》，仿《离骚》“反而广之”。

本来，作为当朝大儒、文坛领袖、汉赋高手，一位文章达人，扬雄要独立创作一部像《法言》这样的著作应该不是难事。可是，他为何还要背着效法或模仿的名声，撰写这部《法言》呢？内容上，《论语》含有圣人圣言犹如《圣经》，扬雄服膺，这算作一个原因。除此之外呢？最重要的原因，恐怕还是"辑而论纂"的《论语》，在编写体例上、写作方法上堪称完美、无可挑剔、难以超越，所以才取法效仿。

扬雄之后，另一位中国文章学鼻祖、南梁人刘勰（约465—532），把《论语》列入《文心雕龙·论说》篇，其首节有专段论之，曰："论者，伦也；伦理无爽，则圣意不坠。昔仲尼微言，门人追记，故抑其经目，称为《论语》；盖群论立名，始于兹矣。自《论语》以前，经无'论'字；《六韬》二论，后人追题乎！"这段话，至少可以解读出以下几个要点：

首先，刘勰也看到"论"与"伦"通，《论语》之"论"就是"伦"的意思，这与此前提及的东汉郑玄《毛诗笺》、南宋朱子《诗集传》，所持"论""伦"通用、"伦"即有条理的观点贯通一致。其次，《论语》本可称"经"，之所以《论语》在汉代未被作为经，是因为孔门弟子谦虚的美德"故抑其经目"，故意降低姿态抑制其成为经书。这得需要多么大的胸怀、涵养和气派！因为按刘勰的标准："经也者，恒久之至道，不刊之鸿教。"[①]既为经书，则"恒久"而"不刊"，不可磨灭，无以更改，正所谓"谦尊有光，卑而不可逾，君子之终也。"[②]孔门弟子越是谦卑，《论语》作为经书之势愈不可挡，所以光芒万丈的《论语》，穿透数千年而愈加灿烂夺目。再次，《论语》以"论"命其书名，刘勰最早认识到其文体学上的意义，《文心雕龙》列《论语》为"论说"这一文

图6　刘勰像

① 《文心雕龙·宗经》。

② 《易经·谦彖传》。

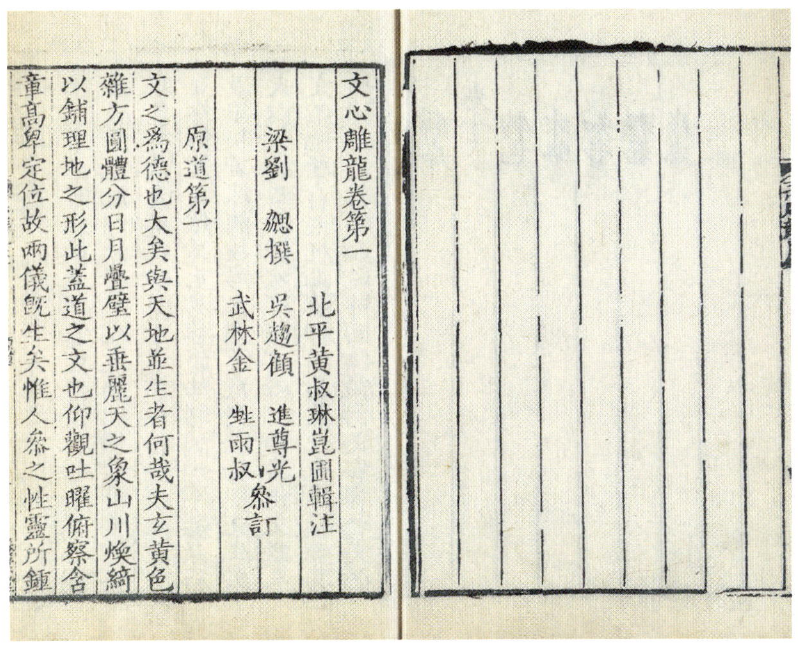
文心雕龍卷第一

北平黃叔琳崑圃輯注

梁劉　勰撰

吳趙頎　進尊光

武林金　甡雨叔　參訂

原道第一

文之爲德也大矣與天地並生者何哉夫玄黃色雜方圓體分日月疊壁以垂麗天之象山川煥綺以鋪理地之形此蓋道之文也仰觀吐曜俯察含章高卑定位故兩儀既生矣惟人參之性靈所鍾

图7　五代·刘勰撰，清·黄叔琳辑注《文心雕龙》卷一内页。乾隆初年，黄叔琳以家藏节钞本为底本，又采辑诸家评校，前附校勘体例，编校精审，遂成为《文心雕龙》的通行本。之后对《文心雕龙》的校注整理，大多以黄注本为底本。

体的范本，可见《论语》的编写体例完美，是万世楷模，足可以垂范斯文。另外，在《文心雕龙·论说》中，刘勰也意识到《论语》之“论”与经纶之“纶”的关系问题：“论也者，弥纶群言，而研精一理者也。”这说明汉魏以来，从郑玄到刘勰再到宋代的邢昺，他们在注疏《论语》时普遍把《论语》之“论”与“伦”“纶”作出贯通理解。

今人有杨朝明先生对《论语》成书及书名有独辟蹊径的见解，他从《论语》之“论”与“抡”字通用且相互假借的视角，发掘出《论语》应是选自“孔子家”之“语”中的材料[①]，认为《论语》是“孔子语录”，《孔子家语》则相当于“孔子选集”。此说极大地拓展和丰富了儒学原典的研究领域，让研究者视野大开。“五经四书”的传统提法，因《家语》的加入，有了被改写为“五经五书”的可能。《孔子家语》被称为孔子研究第一书的呼声日渐升高，《论语》成书及其书名所蕴藏的秘密，

① 杨朝明：《代前言：孔子家语的成书与可靠性研究》，杨朝明、宋立林主编《孔子家语通解》，齐鲁书社2013年11月第1版，第39页。

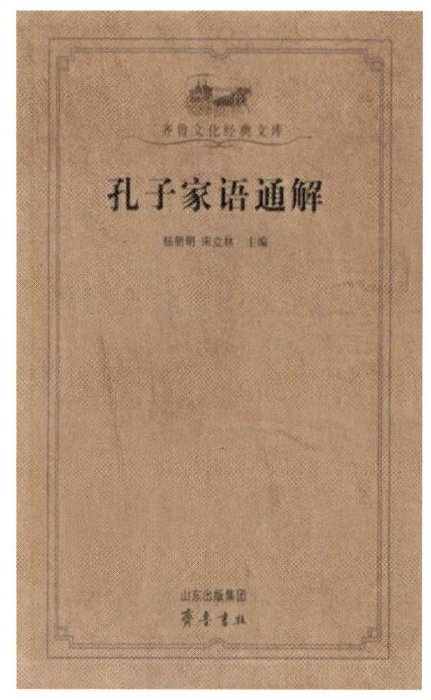

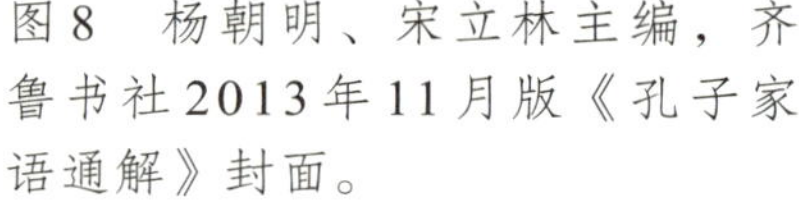
图8　杨朝明、宋立林主编，齐鲁书社2013年11月版《孔子家语通解》封面。

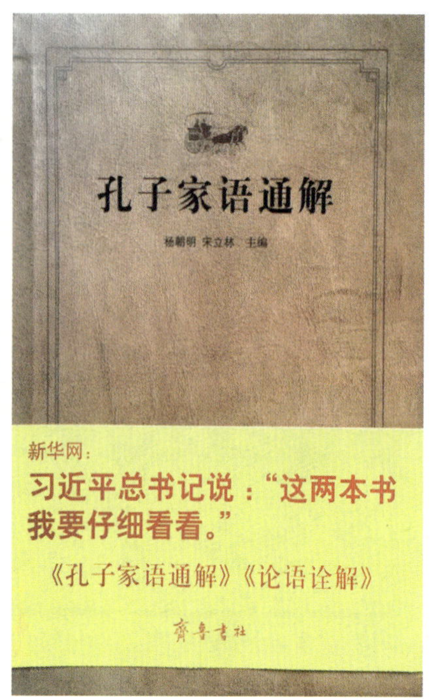

图9　带新华社发布的习近平"我要仔细看看"报道腰封的《孔子家语通解》

也由此被越来越多地挖掘出来。因此，《论语》是一部经天纬地、经略世务、治理国家、经纶天下之儒家经典图书。有道是：

《论语》"依次"编定，章句有伦，各篇协调，首尾相顾，体大思周，可与日月齐明，经天地之大纶；后人兴叹"半部《论语》治天下"，此言不虚。

《论语》如切如磋，如琢如磨，嘉言良语，日新盛德，玉汝于成，萃精华于群言，抡孔家之积玉；有楹联云"一部《家语》兴中华"，此话当真。

（三）《论语》是孔门弟子"辑而论纂"之语

厘清《论语》书名音义，有助于廓清疑古之迷思，纠偏补弊，以正视听。《论语》是鲁人杰作，儒家圣经，其所载圣"语"，都是由那个年代孔子教育出的鲁国最杰出的人才团队，运用他们集体的最高智慧，发挥出他们群体的最高水平，依照当时经书创作的最高标准，继承其至圣先师作《春秋》时所坚守的增一字减一字都有微言大义的春秋笔法，精心“辑而论纂”所成。《汉书》是信史，班固是史笔，岂能虚言。如前所述，“论纂”之“论”的意思是“依次编辑”，关键是这个“次”，此处是指有次序、分主次，说明《论语》结构严谨、逻辑严密，是一个不可分割的有机统一体。

作为一部因“天之木铎”依次“论纂”而成的圣书，《论语》次序既定，那就如《春秋》既定，“子夏之徒不能赞一词”（《史记·孔子世家》），是不可以随意篡改的。汉代流行的《齐论语》《古论语》之所以没有流传下来，原因固然有很多，但这两本《论语》有一个共同的特点，即都对原始于鲁的《论语》次序做过改动。《齐论语》打乱了原《论语》二十篇的编排次序，陡然增加了两篇所谓《知道》《问王》，结果没出汉魏，就再也没有传下去。《古论语》硬是从原《论语》的《尧曰》把“子张问”割裂出来，另列一篇，使原本《论语》的次序布局不复存在，终究难免遭《齐论语》同样的命运。

清人崔述在其《洙泗考信录》中勤力考究、大胆质疑，其功劳不可磨灭，但其指证今本《论语》“窜乱”“续附”“不纯”，则是选错了对象，考错了方向。若其考辨对象是《齐论语》《古论语》，并能据此考证出这两部经书有篡改、续貂、凿痕之嫌，方为有益于《论语》学研究的正考，而不是借“洙泗考信”为名，行摧毁洙泗之学基石之实。崔述的《论语》辨伪，为疑古论者开了先河，为肇始于20世纪20年代的古史辨推波助澜，使疑古之风大行其道，影响波及海内外，至今仍不断有学者指摭今本《论语》某篇可靠，某篇伪作，某篇成于孔子再传，某某篇成于孔子三传、四传、甚至五传，致使本来思想体系博大精深的“孔夫子”，几乎变成了“空夫子”[①]。悲乎！惜哉！

（刘志义，男，1965年生，山西临县人，华南师范大学中文系硕士研究生学历，香港发胜成科技有限公司总经理，研究方向为文艺学、儒商文化、先秦思想史）

① 杨朝明主编：《论语的成书及其文本特征》，《论语诠解》，济南：山东友谊出版社，2013年11月第2版，第12页。

读《上海图书馆藏张元济古籍题跋真迹》

张人凤

张元济先生自幼受涉园藏书文化的熏陶，对海盐张氏先世著述、刊刻或典藏的古籍甚为景仰。20世纪初，事业初有成就，他就着意设法收集因家道中落而流散的此类典籍。后来，收集范围扩大到海盐县和嘉兴府所属各县先哲著述及所刊刻书籍。这是他近半个世纪藏书的特定专题，涉及范围不大，数量也不多，但有着他人所不具的特色。1939年，他与叶景葵（揆初）先生创设私立上海合众图书馆，1941年馆舍建成，即将自己全部收藏，计嘉兴府先哲遗著476部1822册；海盐先哲遗著355部1115册；张氏先世著述、刊印、评校、藏弆之书104部856册；石墨、图卷各1件，悉数捐赠该馆。1953年，该馆董事会议决定，将合众图书馆捐献上海市人民政府。后来，上海图书馆成立，合众图书馆的古籍藏书为上图古籍部的成立奠定了基础。张元济捐赠上图的收藏品，至今保护完好。

1946年，为祝贺张元济先生八十寿诞，合众图书馆特请古籍专家潘承弼（景郑）先生执笔，编成《海盐张氏涉园藏书目录》（以下简称《目录》），线装一册。《目录》分四卷：一是嘉兴先哲遗著，二是海盐先哲遗著，三是海盐张氏先世著述及刊印评校典籍，四是海盐张氏涉园旧藏典籍。张元济在收藏上述典籍的过程中，对部分书籍写过跋文、识语，一般用毛笔书于书末，间或有少数写于封面之上。对此，《目录》中皆一一注明。其中第一卷2篇，第二卷32篇，第三卷10篇，第四卷15篇。此外，张元济还捐赠过一些不在上述范围内的书籍（如康有为清宣统三年（1911）刻本《南海先生戊戌奏稿》等），也写过跋文或识语，但均未列入《目录》。此外，友人的藏书，请张元济题了跋，最后归入合众的，如叶景葵藏明抄本《夷白斋集》，也不在《目录》收集的范围之内。

1957年，为祝贺张元济先生九十寿辰，顾廷龙先生选取张元济撰写的古籍序跋200篇，编成《涉园序跋集录》(以下简称《集录》)，由古典文学出版社出版。这200篇跋文，主要取自《四部丛刊》《百衲本二十四史》《续古逸丛书》等大型古籍丛书。也有24篇为嘉兴、海盐、海盐张氏先辈学人著述写的跋文而未编入《集录》者，是为文稿纸抄稿。

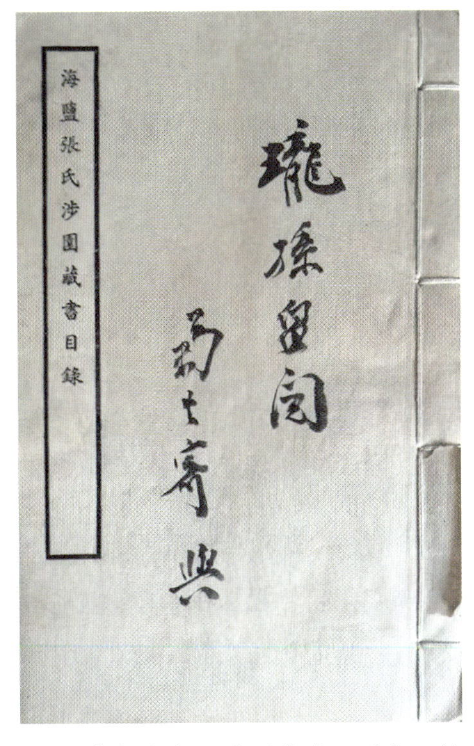

图1 《海盐张氏涉园藏书目录》，封面有张元济题签“珑孙留阅　菊生寄与”。张元济图书馆藏。

1986年商务印书馆出版《张元济诗文》(以下简称《诗文》)，辑入上图所藏古籍中张元济的题跋8篇。2003年商务印书馆出版的《张元济古籍书目序跋汇编》，辑入有关题跋43篇。

进入21世纪，笔者为编《张元济全集》(以下简称《全集》)，尽力收集张元济先生遗文。《目录》《集录》和上述文稿纸抄稿，当然是极佳的资料来源。在上海图书馆领导的关心和上图古籍部(后更名为“历史文献中心”)各位同仁的帮助下，笔者有幸查阅到上图所藏这批张元济先生半个多世纪前收藏的典籍中的序跋、识语，除了少数几种未能查到，绝大多数都能一一寓目。经与原文校核，它们都被编入了《张元济全集》第10卷，共54篇。限于笔者的文字水平，及当时客观上笔者尚未退休，不可能有大段时间集中去图书馆仔细校读等原因，致使《全集》中相关篇目尚有零星错字未及校出，成为憾事。

2017年，为纪念张元济先生150周年诞辰，上海图书馆编，高洪兴、李卉卉整理的《上海图书馆藏张元济古籍题跋真迹》(以下简称

《真迹》）由国家图书馆出版社出版。全书收录有张元济题跋的典籍79种（另有2种为张元济书信），每种不仅注明版本，且有书影一页，张元济题跋则不论篇幅多寡，一律全文影印，并在图片一侧排印释文。这本书的出版，为读者学习和研究张元济先生的手迹原文提供了直接、感性的材料，读者可在阅读的基础上，将已经出版过的排印版本与之对校。最近笔者在这方面做了一点工作，收获不小。下面举几个这方面的例子：

一、见到了未编入以前各种排印版本的篇章

清康熙刻本《杜诗详注》跋是十分重要的一种。张元济跋云：

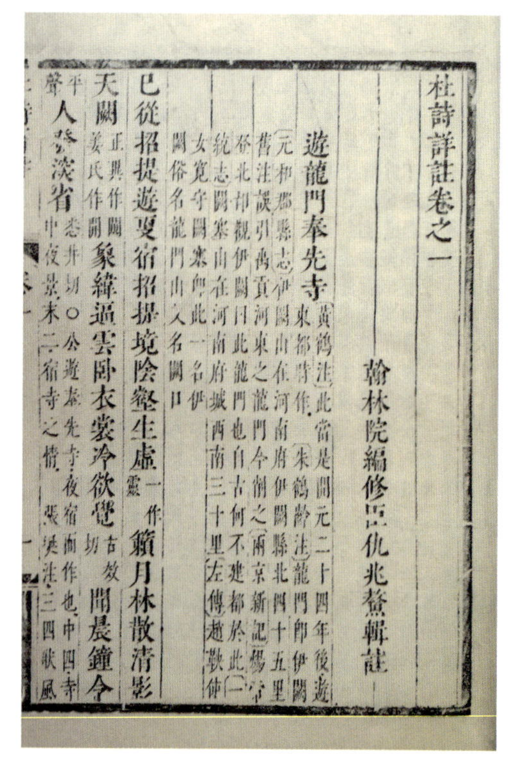

杜詩詳註卷之一

翰林院編修臣仇兆鰲輯註

遊龍門奉先寺 黃鶴注此當是開元二十四年後遊東都時作。朱鶴齡注龍門即伊闕元和郡縣志伊闕山在河南府伊闕縣北四十五里舊注誤引禹貢河東之龍門今削之兩京新記煬帝登北邙觀伊闕曰此龍門也自古何不建都於此一統志闕塞山在河南府城西南三十里左傳趙鞅帥女寬守闕塞即此一名伊闕俗名龍門山又名闕口

已從招提遊更宿招提境陰壑生虛籟（虛一作靈）月林散清影天闕（正興作闕姜氏作開）象緯逼雲臥衣裳冷欲覺（古效切）聞晨鐘令人發深省（悉井切平聲）

○公遊奉先寺夜宿而作也中四寺中夜景末二宿寺之情張綖注三四狀風

图2　清康熙刻本《杜诗详注》第一卷内文页

陈宋斋先生名訏，字言扬，为先六世祖寒坪公之本生外祖，籍隶海宁，移居海盐，官温州教授。是书评点为先生手笔。卷二十三末叶署戊戌仲冬，卷二第二十七叶又署丙午除夕，先后九年，丹黄遍纸，纠摘疵谬，凡百余条，是于此书用功至深。邑志称先生喜韩苏而归于少陵，洵不诬也。先生为吾邑寓公，又为吾祖所自出，则是书之在吾家固当珍如拱璧矣。

癸亥仲冬月二十五日　张元济

同日又得先生所著《读杜随笔》一部。书估语余，两书均自先生后人侨居苏州者售出，并记于此。

陳宋齋先生名訏字言揚海鹽為 先六世祖
寒圩公之本生祖外祖籍隸海甯移居海
鹽官溫州教授是書評點為 先生手
筆卷二十三末葉署戊戌仲冬卷二第
十七葉又署丙午除夕先後九年丹黃
徧紙糾摘疵謬凡百餘條是於此書
用功至深邑志稱 先生詩喜韓蘇
而歸於少陵洵不誣也 先生為吾邑

图3 清康熙刻本《杜诗详注》。张元济先生手跋。

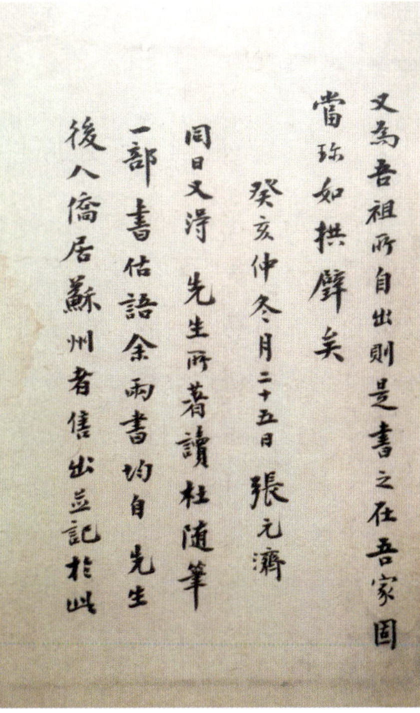

又為吾祖所自出則是書之在吾家固
當珍如拱璧矣
癸亥仲冬月二十五日 張元濟
同日又得 先生所著讀杜隨筆
一部書估語余兩書均自 先生
後人僑居蘇州者售出並記於此

图4 清康熙刻本《杜诗详注》。张元济先生手跋。上海图书馆藏。

对是书作评点的陈訏（宋斋）先生，是张元济七世本身祖张芳湄夫人陈氏（后人称陈太淑人）之父。张芳湄生卒年份为（1665—1730），可推定其岳父著述年份也就在清康熙年间。跋文中所记“戊戌仲冬”、“丙午除夕”，在康熙年间即公元1718年和1726年。张元济先生对历史典籍成书年份十分重视，在短短的跋文中慎重叙及，包括他自己撰写跋文，也署撰文年月日，这正是研究历史文献严谨学风的反映，我们后人真应好好学习。

另一篇清雍正松柏堂刻本《读杜随笔》跋，《目录》有著录，《集录》和《全集》也已辑入。这两本书均购自苏州书估，它们是从迁居苏州的陈氏后人之手流入市场的。两篇跋文撰于同一天：癸亥仲冬月二十五日即1924年1月1日，且皆为陈訏先生著述而作，可谓姊妹篇。再有一说，《读杜随笔》是清雍正年松柏堂刻本。松柏堂是陈訏的堂名，位于今海盐向阳小学所在地。雍正年后，不知何时房屋废圮，光绪己卯年（1879），张元济之父张森玉买下“松柏堂址”即该堂所在地，兴建了一栋二层楼房，是张元济青年时代居住、读书之所。两姊妹篇中，人物、土地、房屋、古籍，有着一脉相承的关系，叙述详明。文化之传承，尽在其中。

二、查到了手迹原件，可以纠正以前的讹误

清宣统元年（1909）刻本《归潜记》，作者钱恂，字念劬（1853—1927），浙江吴兴人，著名学者，曾主持湖北自强学堂（今武汉大学前身）和浙江图书馆，清末担任出使荷兰、意大利大臣。他以思想开明著称，与张元济有交往。因为张元济在跋文中称该书是钱夫人单女士所著，所以笔者推测它很可能是钱恂夫妇比翼之作。张元济这篇跋文文末未署写作年月，仅见《集录》有“戊子初夏”钱来沪以是书相赠之语，笔者推得其写作时间为1948年。张树年先生主编《张元济年谱》亦将此事确定于1948年，我与柳和城兄编著《张元济年谱长编》亦持此说。笔者在编《张元济全集》时，考虑到此书写作年份较晚，内容又是国外见闻，在未见到原书的情况下，把跋文列入了现代书籍之列。

彼得寺　　歸潛記

彼得寺直隸於羅馬景宗為舊教萬寺領袖宏大瑰麗雖

俄國帝宮不敢望其肩背予兩旅羅馬曙游此寺無慮二

所記嶷而存之不覺其言之過繁然於寺藏之富與寺工之巨仍未詳

什一也教例耶穌之外不得別有他祀則寺祀彼得為非理然寺名雖

題彼得而所拜仍是耶穌非若中國之以某神名寺者即拜某神也至

於教寺一堂一殿咸有專名名稱不確即游事莫舉長子稻孫有新釋

宮一篇摘其關景寺者附錄於後本篇所用寺屋名稱即采諸新釋宮

景宗即俚俗所謂教王者原文有父意無王意即其他代稱亦稱無王號故用景教流行中國碑例稱為景宗

寺建之氏·剛上本·彌龍帝之棲爾果場·凡棲爾果必橢圓形古羅馬游戲運動場景紀初年·為虐殺教徒地·相傳彼得即死於此·景紀九

图5　清宣统元年（1909）刻本《归潜记》书影。上海图书馆藏。

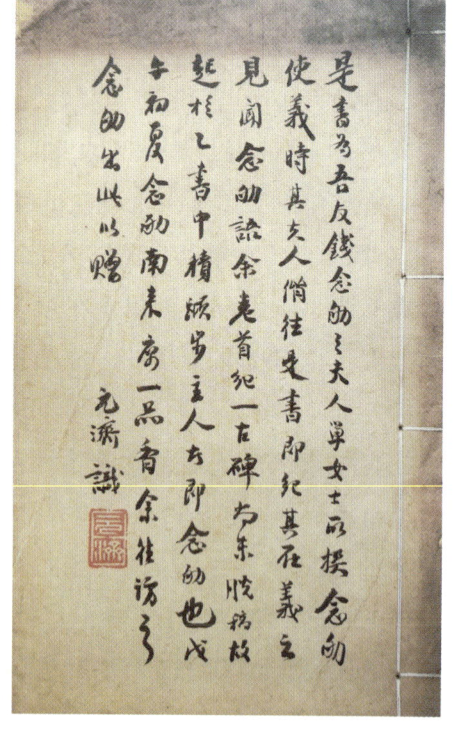

是書為吾友錢念劬之夫人單女士所撰念劬使義時其夫人偕往是書即紀其在義之見聞念劬語余卷首紀一古碑[illegible]人即念劬也戊子初夏念劬南來寓一品香余往訪之念劬出此以贈

元濟識

图6　清宣统元年（1909）刻本《归潜记》封面张元济先生题识。上海图书馆藏。

不料，读得张元济手迹影印件，才知道原文是“戊午初夏”即1918年初夏。核阅《张元济日记》，此时果然有钱恂南来上海，两人晤面之记载。再查钱恂生平资料，才知道笔者文史知识过于贫乏，原来钱恂于1927年便已去世。

三、对擅加文句的纠正

《诗文》第332页，编入《跋〈贾子新书〉》一篇，与《集录》所载对校，发现《集录》缺落款“海盐张元济”和撰文日期“民国十七年七月四日”两项。后来笔者以《诗文》所载先后迻录《张元济古籍书目序跋汇编》和《张元济全集》。然而细读跋文，发现正文所述与这个撰文日期是矛盾的。第一句“戊辰秋，友人莫楚生殁于苏州，不数月而藏书尽散”。戊辰年是民国十七年，亦即1928年。奇怪的是，张元济怎

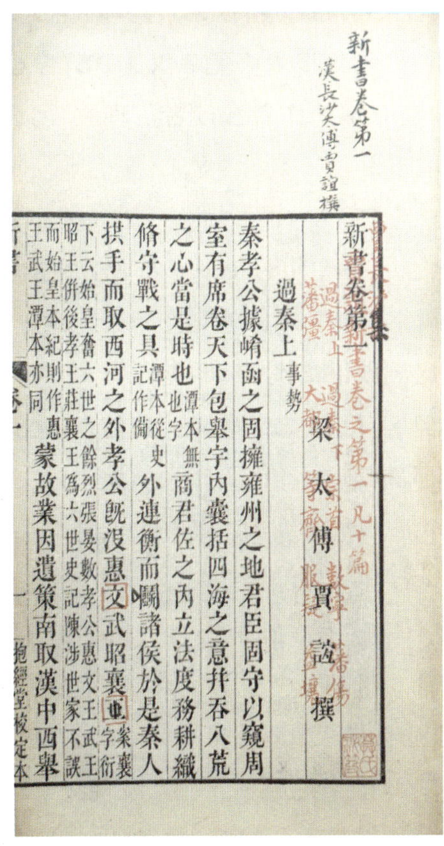
新書卷第一
漢長沙太傅賈誼撰

新書卷第一
過秦上 事勢
梁太傅賈誼撰
秦孝公據崤函之固擁雍州之地君臣固守以窺周室有席卷天下包舉宇內囊括四海之意并吞八荒之心當是時也商君佐之內立法度務耕織脩守戰之具外連衡而鬬諸侯於是秦人拱手而取西河之外孝公既沒惠文武昭襄蒙故業因遺策南取漢中西舉

图7 清乾隆卢氏抱经堂刻本《新书》第一卷“过秦上”内文页

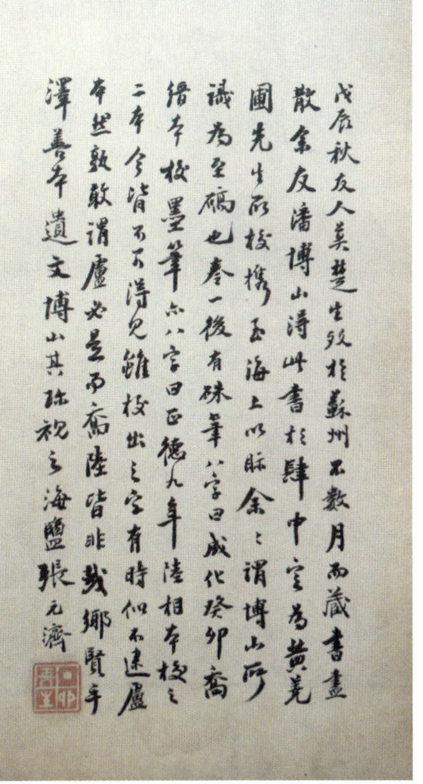
戊辰秋友人莫楚生歿於蘇州不數月而藏書盡散余友潘博山得此書於肆中定為黃蕘圃先生所校據以示海上以眎余余謂博山所識為至碻也卷一後有硃筆八字曰成化癸卯嵩緒本校墨筆亦八字曰正德九年陸相本校之二本今皆不可得見雖校出之字有時似不逮盧本然敢謂盧必是而嵩陸皆非哉鄉賢手澤善本遺文博山其珍視之 海鹽張元濟

图8 清乾隆卢氏抱经堂刻本《新书》张元济先生手跋。文末有落款，但无撰文年月。上海图书馆藏。

么会在这一年盛夏7月4日就预卜到莫氏将于秋天逝世？更有甚者，张元济竟能预卜到莫去世后几个月即“藏书尽散”。在编著《张元济年谱长编》时，我们已经看出这个问题，柳和城兄在执笔“1928年7月4日”条目的记述时，加了一个页末注，以示对此存疑。这是在当时未能见到第一手史料情况下，所能采取的唯一切实的表述方法。后来，柳兄在《上海图书馆藏张元济往来信札》（第3册，第315页）内读到某年7月4日（年份未署）张元济致潘承厚信，有“黄校《新书》略阅一过，于卷耑妄题数行，由邮局挂号寄上”语。但年份问题仍未能解决。所幸同一信内，有“即日拟赴庐山小住”一句。7月初上庐山，系1929年事。至此，史实得以厘清。那么《诗文》那个日期，张元济先生原来是怎么写的呢？发生错误的根源在哪里呢？看了《真迹》才明白，原来张元济的原文根本就没有写过这个日期，竟是《张元济诗文》的整理编辑人随意添加的（不注明系他人添加，不注明添加之所据，只能称“随意添加”），其结果是有损史料的原真性，误导读者，笔者又未加详察，以致迻录《全集》，造成以讹传讹，实有愧于作者和读者。现在《真迹》面世，当可据以改正，收获不可谓不大。

四、读《真迹》后的小结

读《真迹》的同时，与《目录》和《全集》第10卷相互对读，对三书收集、著录的篇目逐一核对统计，得到以下结论：

其一，属于《目录》著录范围，但《目录》未予著录，此前亦未能从其他资料获得线索的，未编入《全集》第10卷而见于《真迹》者三篇：《清康熙刻本〈杜诗详注〉跋》，《清顺治李繡刻本〈杨大年先生武夷新集〉识语》，《张元济手校抄本〈指马楼诗钞〉识语》。

其二，《目录》有著录，而此前未见原书或其他资料，未能编入《全集》第10卷而见于《真迹》者二篇：《明万历三十三年刊本〈横浦先生文集〉跋》，《海盐张氏涉园抄本〈游燕草〉识语》。

其三，不属于《目录》著录范围，此前未见原书，亦未发现线索，未编入《全集》第10卷而见于《真迹》者一篇：《清光绪二十四年湖北沔阳卢氏慎始基斋刻本〈天演论〉识语》。

其四，《真迹》编入张元济信札二件，其中有关商务印书馆1938年排印本《校史随笔》致颜文凯信，未编入《全集》第3卷（书信）。

其五，补齐《全集》第10卷所辑文字脱漏者：《抄本〈石壑诗草〉附〈高阳诗草〉识语》，《全集》第10卷所载有二则，核阅《真迹》发现脱漏于原书中部者一则，随即补录，使之完整。清康熙六年刻本《〈杜工部集〉识语》，《全集》第10卷第26页所载仅为其一半内容，可据《真迹》补齐。

其六，据手迹影印件纠正被他人改篡之处：《清刻本及钞本〈敬业堂诗集〉跋》，与手迹影印件校核，发现《全集》第10卷所载文字曾被他人改篡，现可据《真迹》恢复原貌。

此外尚有零星错字得以纠正。

笔者从事《张元济全集补编》资料收集和编辑十年，意欲继续收集、整理和编辑《张元济全集》出版后发现的张元济先生遗文。该书稿目前已经交付商务印书馆，正在编辑审读之中。此次自《真迹》发现跋文、识语共6篇、书信1件，正好编入上述《补编》。笔者称之为“赶上了末班车”。这样，收集张元济先生文字资料的工作又向前进了一步。

尚有两种书，著录于《目录》而未见于《真迹》，即清乾隆精刊本《石壑诗草》附《高阳诗草》及清嘉庆刻本《小峨嵋山馆五种》。不知《目录》是否有误记？另有清康熙精刊本《白石诗钞》跋，张元济手钞《寄庑楼诗补遗》篇目及识语二篇，笔者曾于上图见之，亦未辑入。希望日后有机会见到这四篇的原始手迹。

附：

《海盐张氏涉园藏书目录》内张元济跋文、识语在各种资料内的分布情况

表一 《目录》内有张跋著录的典籍

《目录》著录张跋的典籍书名	目录	事业	集录	诗文	全集	真迹	备注
恬致堂集　明万历刻本	一・九	253			51	72	
东斋诗删　旧抄本	一・九	255			72	15	
说文解字　明汲古阁刊本	二・一	284			3	128	

续表

《目录》著录张跋的典籍书名	目录	事业	集录	诗文	全集	真迹	备注
客舍偶闻　柘柳草堂钞本	二·二	285			5	63	
嘉靖元年浙江乡试题名录　明嘉靖浙江官刊本	二·三	287			6	53	
嘉靖二年会试登科录一卷　明嘉靖二年官刊本	二·三	287	144	322	7	51	
嘉靖海宁县志　清光绪重刊本	二·四	288	138		8	35	
西台奏议、黄门奏疏　清道光重刊本	二·四	288			9	161	
山居杂识　稿本	二·五	290	193		19	115	
飞帛录　清嘉庆九年刊本	二·六	291			20	27	
读杜随笔　清雍正松柏堂刊本	二·七	293	206		27	20	
端简郑公文集　明万历刊本	二·七	294			52	25	
西村诗集　明刊本	二·八	295	244		54	159	
西村诗集　清乾隆重刊本	二·八	295	244		55	157	
朱西村诗稿全集　钞本	二·八	295	243		53	192	
明彭孟公浙江乡试卷　手写正本	二·九	297		323	56	82	
明彭德符乙卯科硃卷　原卷本	二·九	297	145		57	80	
茗斋集不分卷十二册　手稿本	二·九	297	248		58	86	
清啸堂集　清康熙刊本	二·十	298			59	101	
澹虑堂遗稿　清乾隆八年刊本	二·十	299			60	13	
石鼜诗草附高阳诗草　清乾隆精刊本	二·十	299					
石鼜诗草附高阳诗草　海盐张氏涉园抄本	二·十	299			61	123	
高阳诗草·高阳遗诗　海盐张氏涉园抄本	二·十	299					
春星草堂诗稿　清乾隆写刊本	二·十	300			64	8	
太冲诗钞　清十三古印斋钞本	二十一	300	249		65	135	
榕园吟稿　清嘉庆二十四年印本	二十一	302	252		69	105	
吾亦庐文稿　拜金楼钞本	二十二	302			70	156	
仓山堂诗集　稿本	二十二	302	253		71	76	

续表

《目录》著录张跋的典籍书名	目录	事业	集录	诗文	全集	真迹	备注
游燕草　海盐涉园张氏钞本	二十二	303				188	
补梅居士诗选　张元济手抄本	二十二	305	253		73	3	
寄庑楼诗附补遗　民国海盐张氏排印本，补遗张元济辑抄并跋	二・十三	306	253		77		
明诗选　稿本	二十三	307	265		87	84	
胥溪朱氏文会堂诗钞　海盐张氏涉园钞本	二・十三	308			88	169	
小峨嵋山馆五种　清嘉庆刊本	二十七	313					
徽县志　清嘉庆十四年刊本	三・一	316	138		11	49	
陶靖节集　明万历十五年刊本	三・一	317	203		24	143	
横浦先生文集　明万历三十三年刊本	三・一	317				45	
龟巢稿　清道光二十五年重刊本	三・二	318			50	31	
徐蘋村全稿　清康熙四十七年精刊本	三・二	318	249		62	175	
南陔堂诗集　清乾隆精刊本	三・二	318			63	90	
瑞芍轩诗钞　清同治七年刊本	三・三	319			75	110	
唐人诗选　抄校本	三・三	320	264		84	137	
宋诗钞　清康熙十年刊本	三・三	320	264		86	130	
词林纪事　清乾隆四十年张氏涉园刊本	三・四	321	273		91	10	
荆川先生批点精选汉书六卷　明嘉靖刊本	四・一	322			4	39	
金石录　清康熙四十年吕无党抄本	四・一	323			133	57	
纂图互注荀子　宋刊本	四・二	324	162		16	197	
纂图互注南华真经　宋刊本	四・二	324	200		17	194	
负暄野录　明抄本	四・二	324			18	29	
北窗炙輠录　旧钞本	四・二	324			21	1	
清异录　清康熙刊本	四・二	325			22	103	
表异录　清康熙刊本	四・二	325			23	78	

续表

《目录》著录张跋的典籍书名	目录	事业	集录	诗文	全集	真迹	备注
王摩诘集　明嘉靖刊本	四·三	325	207	329	25	153	
李文公集　明嘉靖刊本	四·三	326			28	74	
淮海集　明嘉靖刊本	四·三	326			33	47	
孙尚书内简尺牍　明嘉靖刊本	四·三	327			34	133	
白石诗钞　清康熙精刊本	四·三	327			35		
沧浪先生吟二卷　明正德刊本	四·三	327			36	5	
江月松风集　旧钞本	四·四	327			49	55	
小计	59种	59种	24种	3种	54种	54种	

表二　属于《目录》收集范围但《目录》未予著录又见于《真迹》的题跋

有张跋、识语的书名	目录	事业	集录	诗文	全集	真迹	备注
杜工部集　清康熙六年刊本					26	17	
杜诗详注　清康熙刻本						22	
敬业堂诗集　张宗橚抄本			251		66	59	
清绮斋书目　张元济手抄本			148		13	96	《目录》著录书名，但不注张跋
涉园图咏手卷　墨迹			268		98	117	同上
宛陵先生集　明万历刻本			214		176	149	
王荆文公诗　民国十一年海盐张氏景印元本			216		32	151	
杨大年先生武夷新集　清刻本						179	
指马楼诗钞　抄本						190	
小计			5种		6种	9种	

表三　不属于《目录》收集范围而见于《真迹》的题跋[1]

有张跋、识语的书名	目录	事业	集录	诗文	全集	真迹	备注
归潜记　清宣统元年刻本					430	33	全集第3卷
太平天国海盐县粮户易知由单　清刻本					127	37	
汉书一百卷　商务印书馆影印本					104	41	
汉书一百卷　民国刘承幹刻本					105	43	
溃痈流毒　日本抄本					130	70	
南海先生戊戌奏稿　清宣统排印本			127		129	92	《集录》称《戊戌奏稿》
蕊榜清芬　清光绪五年广州刻本				313	118	107	题六十年前张豫泉同年乡榜题名录
三朝北盟会编　清抄本					111	112	
沈氏(曾植)门簿　清光绪稿本					132	120	
唐四家诗　清康熙刻本					85	140	
天演论　清光绪沔阳卢氏刻本						147	
郎亭廉泉录　清光绪手稿本				352	131	163	
新书　清乾隆刻本			162	332	140	167	集录、诗文、全集称《贾子新书》
续澉[1]水志　清抄本					10	177	
夷白斋集　明抄本				339	183	181	
意林　清光绪湖北刻本				327	144	185	
小计			2种	5种	15种	16种	
合计	59种	59种	31种	8种	75种	79种	

① 澉，音gǎn，澉水，澉浦别名。在浙江北部海盐县，临杭州湾。

关于《表一》《表二》《表三》的说明

一、1941年，张元济先生向上海私立合众图书馆捐赠家藏浙江嘉兴、海盐先哲、海盐张氏先世著述及海盐张氏涉园藏弆典籍一批，并在其中一部分典籍上题有跋文或识语。日后有若干种资料著录或刊载上述跋文。本表列出各篇跋文、识语在各种资料中的分布，以便查阅和作进一步研究之用。

二、本表采用下列六种资料：

1.《海盐张氏涉园藏书目录》，1946年上海私立合众图书馆编印，线装本，一册，简称《目录》。

2.《张元济与中国近现代图书馆事业》，张人凤编，上海科学技术文献出版社2014年版，简称《事业》。

3.《涉园序跋集录》，顾廷龙编，古典文学出版社1957年版，简称《集录》。

4.《张元济诗文》，商务印书馆1986年版，简称《诗文》。

5.《张元济全集》第10卷（正文部分），商务印书馆2010年版，简称《全集》。

6.《上海图书馆藏张元济古籍题跋真迹》，上海图书馆编，高洪兴、李卉卉整理，国家图书馆出版社2018年版，简称《真迹》。

另有二种资料因全文照录《目录》，故未采入本表：

7.《张元济古籍书目序跋汇编》，张人凤编，商务印书馆2003年版。

8.《张元济全集》第10卷（附录6）

三、表一依据《目录》，著录有张元济题跋、识语的典籍，书名按《目录》顺序编排、列出。所在位置。《目录》栏第一个汉字数字为卷数，第二、第三个汉字数字为页数。题跋、识语在其余五种资料内的页数，用阿拉伯数字表示。

四、《真迹》所载题跋，仅少量编入《集录》和《诗文》。

五、编辑《全集》第10卷时，编者意图将《目录》所著录之题跋、识语悉数编入，但因当时有三种书未找到，故只能付诸阙如。现据统计表可知，另有三种题跋、识语《目录》未予著录，故共有六篇未能辑入《全集》第10卷。《汇编》于20世纪90年代末编成，相关题跋、识语篇目有45篇，少于《全集》第10卷，故未列入本统计表。

六、《真迹》共辑入典籍81种，其中2件为书信，故题跋、识语共有79篇。有《目录》著录而未见于《真迹》者，辑入表一；有《目录》未予著录而见于《真迹》者，辑为表二；凡不属《目录》收集范围，而列入《真迹》者，辑为表三。

《真迹》与《目录》《全集》相互参照对读，是阅读研究这批题跋、识语的重点。

（张人凤，1940年生，浙江海盐人，张元济嫡孙。曾任上海市杨浦区业余大学校长、副教授，现为上海市文史馆馆员。著有《张元济年谱长编》（合作）、《张元济研究文集》及其续编、《我的祖父张元济》，编有《张元济全集》（10卷本），译有《从翰林到出版家——张元济的生平和事业》等）

我收藏的古籍善本书目及图录

吴 平

古籍善本书目是图书馆图书编目工作中下功夫最多的一类书目，目录精准，与其相配的图录精美，值得收藏。但我辈属于工薪阶层，收入有限，遂将目光转向古籍善本书目及图录的收藏。闲时翻翻古籍善本书目，欣赏古籍善本图录，亦不失为赏心悦目、满足精神需求的上佳方式。

一、“古籍善本书目之王”：《中国古籍善本书目》

新中国时期，以举国之力完成的《中国古籍善本书目》，称得上是这一阶段古籍善本书目编纂工作的经典之作。《中国古籍善本书目》是在国家文物局、文化部等相关部门领导协调下，由各古籍善本收藏单位广泛参与编纂而成的新中国第一部大型古籍善本联合目录。其编纂工作自1976年12月开始筹备，1978年3月26日国家文物局在南京主持召开了全国古籍善本书目编纂工作第一次会议。在各界共同努力下，1985年《中国古籍善本书目》经部出版，1989年丛部出版，1991年史部出版，1994年子部出版，1996年集部出版，其经、史、子、集、丛五部皆由上海古籍出版社出版，整个过程历时二十余年。2009年，《中国古籍善本书目索引》由上海古籍出版社出版，进一步便利了该书的使用。《中国古籍善本书目》资料宏富，汇集全国（港澳台、西藏地区除外）公共图书馆、博物馆、文物保管委员会、高等院校、科学院及社会科学院系统图书馆、中等学校、文化馆、寺庙等781家单位的古籍善本藏书目录，集中目录卡片138471种，分经、史、子、集、丛五部，是古籍善本调查研究不可或缺的重要工具书。

《中国古籍善本书目》的编纂不辜负国家和学界的期望，是一部得到图书馆界、学术界广泛认可的高质量善本书目。图书馆界、学术界对于《中国古籍善本书目》的肯定，主要在于开创性、丰富性、科学性、著录准确性四个方面：

（一）开创性

开创性指《中国古籍善本书目》为第一部联合众多馆藏的全国性大型古籍善本联合目录。李一氓《谈〈中国古籍善本书目〉的出版》称，《中国古籍善本书目》梳理了中国书目编纂传统，“真可以算是一部全中国的古籍善本的总目录了。这样的总目录，以前从没有过”[①]。刘季平《在〈中国古籍善本书目〉〈经部〉发行仪式上的书面发言》称道：“编辑全国古籍善本总目，是一项繁重而艰巨的任务，组织编辑出版这样全国规模的大型善本总目，在我国历史上还是第一次。”[②]顾廷龙在《中国古籍善本书目编辑经过》一文中，亦称《中国古籍善本书目》为“前所未有的大型的、全国性的古籍善本联合目录”，它“为学术研究，求书之导引，为目录版本学的研究，为整理古籍提供了大量线索，对国内外学术界必将产生很大的影响”[③]。

（二）丰富性

丰富性主要指《中国古籍善本书目》收书数量众多，这也是其开创性的重要支撑。《中国古籍善本书目》收书五万七千五百多种，这种对于中国大陆地区公藏古籍善本近乎穷尽的覆盖程度，成为《中国古籍善本书目》最重要的价值之一，一书在手即可对中国大陆地区古籍善本存佚情况、馆藏地点、版本情况等了然于胸。李一氓认为《中国古籍善本书目》是“全国的古籍善本书目，包罗宏富，任何一部从前的书目赶不上”[④]；吴旭民《评〈中国古籍善本书目〉》则认为，从著录书目数量和藏书范围来看，《中国古籍善本书目》可称“宏富精瞻，超轶前代”，其着眼点都在于《中国古籍善本书目》收书之丰富性[⑤]。

---

① 《中国图书馆学报》，1986年第4期。

② 《图书馆学通讯》，1986年第4期。

③ 《图书馆学通讯》，1986年第4期。

④ 《中国图书馆学报》，1986年第4期。

⑤ 《图书馆杂志》，1986年第4期。

（三）科学性

在《中国古籍善本书目》编纂工作的准备阶段，基于工作需求，图书馆学界反复讨论制定了古籍善本收录范围、著录条例、分类表草案。这些标准成为《中国古籍善本书目》编纂的准则，保障了《中国古籍善本书目》编纂工作的科学性。吴旭民撰写《评〈中国古籍善本书目〉》一文，认为“从《中国古籍善本书目》著录书目的原则来看，也比过去的官修书目和私家书目的著录标准合理、科学”，“图书分类，自应以学术的分科为其基础。……《中国古籍善本书目》在类目的安排上，还注意到图书所属学科门类归属的科学性。……由于一些学科随着科学的发展，日趋细密，其分类也加以具体化，这也是《中国古籍善本书目》的一大特点”[①]，充分肯定了《中国古籍善本书目》著录条例和分类法的科学性；宗洁的《撷古籍之英华集著述之总汇》一文，评价《中国古籍善本书目》“体例完备，分类合理”，也是对相关标准科学性的充分肯定。值得注意的是，《中国古籍善本书目》标准之影响，已经溢出《中国古籍善本书目》本身，成为一定时期内的学术标准。《中国古籍善本书目》之后编纂的大量古籍目录以及相关新标准的制定，基本上都是以《中国古籍善本书目》标准为参考，使三大标准成为《中国古籍善本书目》编纂工作的重大隐性成果。

（四）著录准确性

著录的准确性主要体现在定稿阶段对目录卡片资料的复核。冀淑英《〈中国古籍善本书目〉后记》详述了其定稿阶段的工作模式：“从经部开始，以油印本‘征求意见稿’为基础，参考全国各藏书单位和专家们寄回的意见，逐条款目进行审定。审定过程中，仍尽量利用函调并征求书影，据以解决问题。审校中遇到必须看书解决的问题，按地区集中一批，组织外出看书，先后在浙江、山东、京、津、沪二省三市的重点单位，查对原书上千种，从而改正了很多款目的著录。定稿中，由副主编统一审查各类的著录和每类卡片编排顺序，编成初稿，再由主编核定。”[②]通过函调、征求书影、核验原书以及专家主编们的

① 《图书馆杂志》，1986年第4期。

② 《北京图书馆馆刊》，1996年第2期。

逐条审核，《中国古籍善本书目》之准确性基本得到保障。

在《中国古籍善本书目》的引领下，有关古籍善本的研究又迈上了一个新的台阶。以《中国古籍善本书目》为标准，全国各地收藏古籍的机构均编纂了本单位的善本书目，其选目标准均以《中国古籍善本书目》所确定的“三性九条”为原则。分类以《中国古籍善本书目》为基础，结合本单位馆藏情况确定分类，在《中国古籍善本书目》著录的基础上有所增补。

在《中国古籍善本书目》指导下，众多的古籍善本书目的质量得到了提升，而且还能做到后出转精。例如《清华大学图书馆古籍善本书目》《山东大学图书馆善本书目》分类工作，就做得比较符合实际，主要体现在对诸子、宗教文献的著录上。《中国古籍善本书目》将道教文献与道家文献合并著录，与佛教文献并列，且诸子文献中缺少名家、墨家等先秦学术流派。《清华大学图书馆古籍善本书目》则将道家与道教分列，道家置于儒家之后，道教与佛教并列为宗教类文献，这种分类方法无疑较为客观合理。《山东大学图书馆古籍善本书目》又于道教之后列出其他宗教，使得宗教类文献的著录较为完整。

需要指出的是，《中国古籍善本书目》有极少数著录存有失考之处。这些问题皆为学术失误，需要编纂者具有较好的学术功底和考辨功夫，

图 1 《中国古籍善本书目》索引卷封面

图 2 《中国古籍善本书目》史部封面

表明古籍编目工作不只涉及图书馆学。编目人员首先是学问家，需要掌握多学科的知识。

二、收藏的1949年以来出版的100种古籍善本书目及图录

在《中国古籍善本书目》的引导下，经过数十年的不懈努力，我已经收集了1949年以来出版的100种古籍善本书目及图录。为方便读者参考，录其目如下：

（一）华北地区

《北京图书馆古籍善本书目》，北京图书馆编，书目文献出版社，1987年。

《国家图书馆宋元善本图录》，韩永进等主编，浙江古籍出版社，2019年。

《首都图书馆古籍善本书目》，首都图书馆编，国家图书馆出版社，2011年。

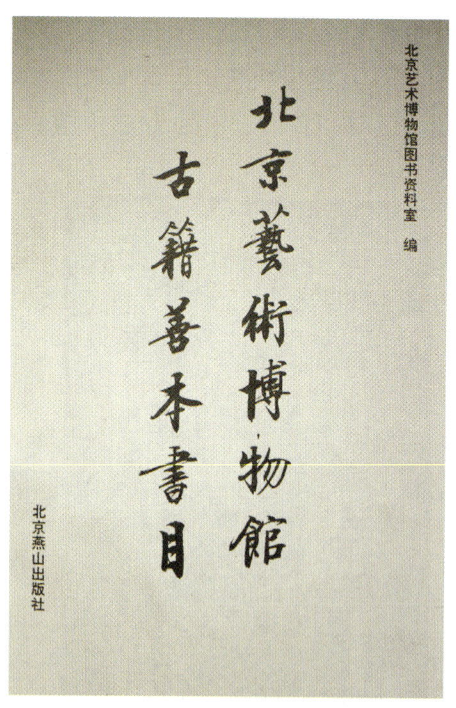

图3 《北京艺术博物馆古籍善本书目》，北京艺术博物馆图书资料室编，北京燕山出版社，1996年。

《首都图书馆藏国家珍贵古籍图录》，首都图书馆编，国家图书馆出版社，2013年。

《中国科学院图书馆藏中文古籍善本书目》，中国科学院图书馆编，科学出版社，1994年。

《北京艺术博物馆古籍善本书目》，北京艺术博物馆图书资料室编，北京燕山出版社，1996年。

《中国文化遗产研究院藏古籍善本书目》，赫俊红编，中华书局，2018年。

《中国历史博物馆古籍善本书目》，黄燕生、邱关鑫编纂，中国书店，1990年。

《北京市文物局图书资料中心古籍善本录》，北京市文物局图书资料中心编，国家图书馆出版社，2019年。

《（中央党校图书馆）馆藏古籍善本书目》，中央党校图书馆编印，1988年。

《中国书店三十年所收善本书目》，中国书店编印，1982年。

《中国书店所收善本书目补编》，中国书店编印，1992年。

《北京大学图书馆藏古籍善本书目》，北京大学图书馆编，北京大学出版社，1999年。

《清华大学图书馆藏善本书目》，清华大学图书馆编，清华大学出版社，2003年。

《北京师范大学图书馆古籍善本书目》，北京师范大学图书馆古籍部编，北京图书馆出版社，2002年。

《中国人民大学古籍善本书目》，中国人民大学图书馆古籍整理研究所编，中国人民大学出版社，1991年；增补本，国家图书馆出版社，2021年。

《中医研究院图书馆部分中医善本书目》，中医研究院图书馆编，油印本，1981年。

《天津图书馆古籍善本书目》，天津图书馆编，国家图书馆出版社，2008年。

《天津图书馆古籍善本图录》，天津图书馆编，天津古籍出版社，2009年。

《天津师范学院图书馆藏善本书目》，天津师范学院图书馆编，油印本，1979年。

《自庄严堪善本书目》，冀淑英纂，天津古籍出版社，1985年。

《南开大学图书馆馆藏古籍善本书目》，南开大学图书馆编，天津古籍出版社，2019年。

《河北大学图书馆善本书目》，河北大学图书馆编，油印本，1981年。

《保定市图书馆古籍善本书目》，保定市图书馆编，国家图书馆出版社，2011年。

《山西省古籍善本书目》，山西省图书馆编印，1981年。

《山西省图书馆古籍善本书目》，山西省图书馆编，山西人民出版社，2007年。

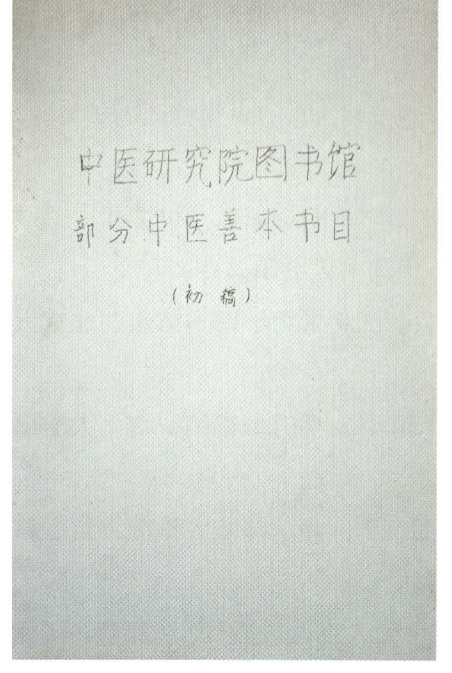

图4 《中医研究院图书馆部分中医善本书目》(初编),中医研究院图书馆编,油印本,1981年。

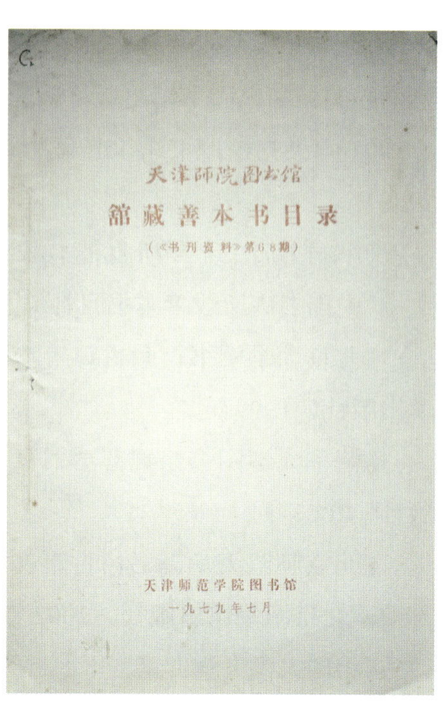

图5 天津师院图书馆馆藏善本书目录(《书刊资料》第68辑)。天津师范学院图书馆编,油印本,1979年7月。

《山西师范大学图书馆古籍善本书目》,杨艳燕编,国家图书馆出版社,2011年。

《山西博物院古籍善本书目》,山西博物院编,国家图书馆出版社,2017年。

《太原市图书馆古籍善本书目》,太原市图书馆编印,1986年。

《祁县图书馆善本书目》,祁县图书馆编,油印本,1990年。

(二)东北地区

《吉林省古籍善本书目》,卢光绵主编,学苑出版社,1989年。

《吉林省社会科学院图书馆善本书目》,吉林省社会科学院图书馆编,油印本,1981年。

《吉林省社会科学院图书馆藏古籍善本图录》,邵汉明主编,长春出版社,2020年。

《东北师范大学图书馆藏古籍善本书目解题》,东北师范大学图书馆编印,1984年。

《长春市图书馆藏古籍善本图录》,长春市图书馆编,国家图书馆出版社，2018年。

《辽宁省图书馆藏古籍精品图录》，王筱雯主编，沈阳出版社，2008年。

《大连图书馆古籍善本书目》，大连市图书馆编印，1986年。

《齐齐哈尔市图书馆馆藏古籍善本书目》，齐齐哈尔市图书馆编，油印本，1981年。

（三）华东地区

《上海图书馆善本书目》，上海图书馆编，上海图书馆印行，1957年。

《上海市文物保管委员会善本书目》，上海市文物保管委员会编，油印本，初编，1956年；续编，1957年；三编，1958年。

《复旦大学图书馆古籍善本书目》，复旦大学图书馆编印，1959年。

《复旦大学图书馆馆藏古籍善本图录》，复旦大学图书馆编，复旦大学出版社，2018年。

《华东师范大学图书馆馆藏珍本图录》，华东师范大学图书馆编，上海书店出版社，2017年。

《上海辞书出版社图书馆古籍善本书目》，上海辞书出版社图书馆编印，复印本，1979年。

《上海师范大学图书馆馆藏精品图录》，俞钢主编，上海古籍出版社，2010年。

《南京市公共图书馆藏古籍善本题录》，金陵图书馆编，凤凰出版社，2018年。

《南京大学图书馆馆藏古籍善本图书目录》，南京大学图书馆编印，1980年。

《南京师范学院图书馆善本书目》，陈一民编，南京师范学院图书馆印行，1983年。

《中医古籍善本书目提要》，南京中医药大学图书馆编，江苏科学技术出版社，2012年。

《苏州大学善本书目稿》，苏州大学图书馆编，油印本，1985年。

《扬州大学图书馆馆藏古籍善本书目提要》，吴善中、侯三军著，广陵书社，2017年。

《苏州博物馆藏古籍善本》，苏州博物馆编，文物出版社，2012年。

《江苏省镇江市图书馆善本书目》，镇江市图书馆编，油印本，1979年。

《江苏省无锡市图书馆善本书目》，无锡市图书馆编，油印本，1979年。

《江苏省扬州地区善本书目》，扬州地区古籍善本书验收小组编，油印本，1980年。

《江苏省常熟县图书馆善本书目》，常熟县图书馆编，油印本，1980年。

《浙江省古籍善本联合目录》，程小澜、朱海闵、应长兴主编，国家图书馆出版社，2017年。

《浙江大学图书馆古籍善本书目》，杨国富主编，国家图书馆出版社，2016年。

《杭州图书馆善本书目》，杭州图书馆编，油印本，1992年。

《杭州大学图书馆善本书目》，杭州大学图书馆编印，1965年。

《天一阁博物馆藏古籍善本书目》，天一阁博物馆编，国家图书馆出版社，2016年。

《安徽大学图书馆古籍善本书录》，安徽大学图书馆编，黄山书社，2012年。

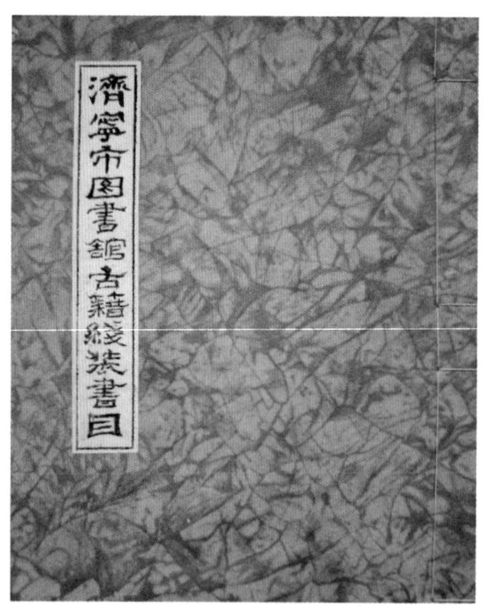

图6 《济宁市图书馆古籍线装书目》封面

《安徽师范大学图书馆藏古籍善本书目》，安徽师范大学图书馆编，国家图书馆出版社，2020年。

《山东大学图书馆古籍善本书目》，山东大学图书馆编，齐鲁书社，2007年。

《济宁市图书馆古籍线装书目》，济宁市图书馆编，油印本，1979年。

《江西省图书馆古籍善本书目》，江西省图书馆古籍善本书目编纂委员会编，江西人民出版社，2015年。

《江西师范大学图书馆古籍善本书目》，江西师范大学图书馆辅导咨询部编，油印本，1984年。

《庐山图书馆古籍善本书目录》，庐山图书馆编，油印本，1980年。

《福建版本资料汇编》，方品光编，福建师范大学图书馆印，1979年。

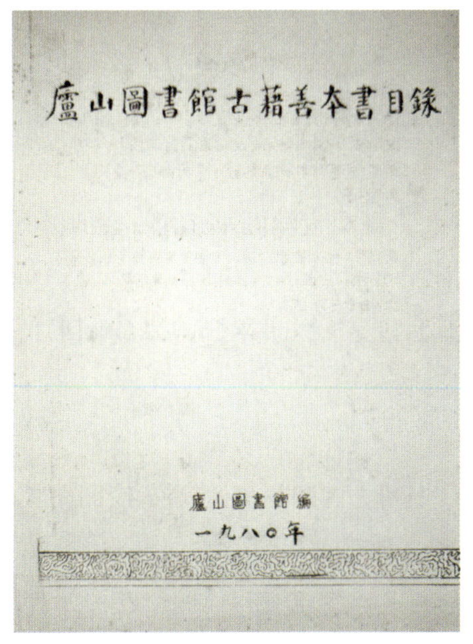

图7 《庐山图书馆古籍善本书目录》封面

图8 《福建版本资料汇编》封面

（四）中南地区

《湖南省古籍善本书目》，常书智、李龙如主编，岳麓书社，1998年。

《广西善本书目》，广西善本书目编辑组编，广西善本书目编辑组印行，1980年。

《河南师范大学图书馆馆藏善本书目录》，河南师范大学图书馆编，河南师范大学图书馆印行，1980年。

《河南省图书馆古籍善本书目》，刘中朝编，吉林文史出版社，2009年。

《河南省社会科学院图书馆古籍善本图录》，魏一明、张占仓主编，河南人民出版社，2017年。

《湖北省图书馆藏古籍善本图录》，万群华、胡银仿主编，湖北省图书馆编，北京图书馆出版社，2004年。

《武汉大学图书馆善本书目》，武汉大学图书馆编印，1982年。

《武汉大学图书馆藏古籍善本图录》，王新才、楚龙强主编，武汉大学出版社，2016年。

《广西师院图书馆藏古籍善本书目》，广西师院图书馆编印，1983年。

《广东省立中山图书馆古籍善本书目》，广东省立中山图书馆编，国家图书馆出版社，2012年。

《中山大学图书馆古籍善本书目》（增订本），中山大学图书馆编，广西师范大学出版社，2014年。

《暨南大学图书馆古籍善本书目录》，暨南大学图书馆编，油印本，1979年。

《华南师范学院图书馆藏古籍善本书目录》，华南师范学院图书馆编，油印本，1979年。

（五）西南地区

《四川省高校图书馆古籍善本联合书目》，四川省高等学校图书情报工作委员会编，四川大学出版社，1994年。

图9 《云南大学图书馆善本书目》封面

《成都图书馆馆藏善本书目》，成都图书馆编，四川大学出版社，2004年。

《四川大学图书馆古籍善本书目》，陈力编纂，四川大学出版社，1992年。

《重庆市北碚图书馆善本书简目》，重庆市北碚图书馆编，重庆市北碚图书馆印行，1984年。

《贵州师范大学图书馆古籍珍善本提要目录》，张新航主编，广西师范大学出版社，2011年。

《云南大学图书馆善本书目》，云南大学图书馆编印，2001年。

《洱源县图书馆藏古籍善本汇编》，洱源县图书馆编，广西师范大学出版社，2017年。

（六）西北地区

《新疆维吾尔自治区入选国家珍贵古籍名录图录》，国家古籍保护中心、新疆维吾尔自治区古籍保护中心编，中华书局，2016年。

《甘肃省图书馆古籍善本书目》，刘瑛、吕文瑞、王江东编，中华书局，2023年。

《青海省古籍善本书目》，青海省古籍善本书目编辑委员会,1981年。

《陕西师范大学图书馆善本书目》，黄永年编，陕西师范大学图书馆印行，1979年。

《西北民族学院图书馆善本书目》，西北民族学院图书馆善本书编目小组，1980年。

（七）其他

《香港中文大学图书馆古籍善本书录》，香港中文大学图书馆系统编，中文大学出版社，1999年。

《“中央图书馆”宋本图录》，台北“中央图书馆”编，中华丛书委员会排印本,1958年。

《清代版刻一隅》，黄裳编，齐鲁书社，1992年。

《清代版本图录》黄永年、贾二强撰，浙江人民出版社，1997年。

《祁阳陈澄中旧藏善本古籍图录》，中国国家图书馆、上海图书馆编，上海古籍出版社，2006年。

《佛教文献留真》，中国国家图书馆、中国国家古籍保护中心，2010年。

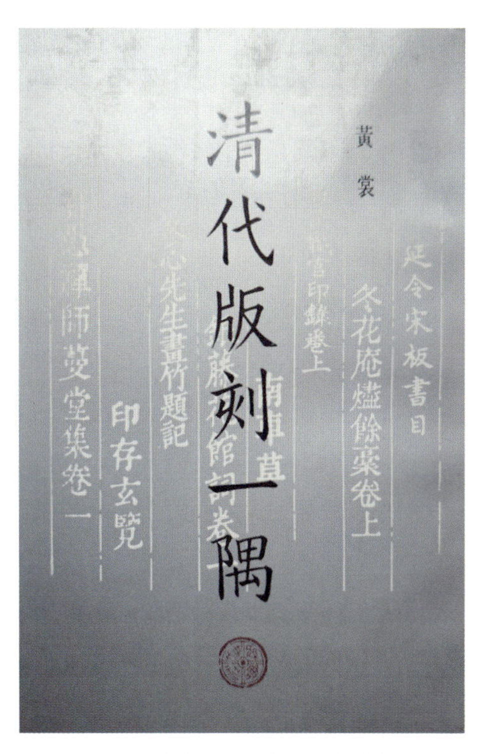

图10 《清代版刻一隅》封面

图11 《佛教文献留真》书封

三、油印本古籍善本书目的特殊价值

由于印刷量有限，加之现代印刷技术飞速发展，油印技术现在已基本消失。物以稀为贵，油印本古籍善本书目在收藏家眼中已日益显示出其特殊价值。

从版本的角度看，不少油印本具有很高的版本价值。很多古籍善本书目的出版，大都是由最初的油印本修订而来。这些油印本古籍善本书目实际就是初印本。在这些古籍善本书目的铅印本出现后，这些“初印本”就不再受人们甚至包括作者本人重视，大多散失了。因此，此类油印本就具有较高的版本价值，是研究该古籍善本书目编纂始末的重要资料。

从文物的角度看，由于蜡纸等油印设备所限，每种油印本印量有限，且油印本也不如其他印刷品易于保存，再加上人们观念上的忽视，因而流传至今的油印本古籍善本书目已不多见，故收藏价值极高，在一些图书馆都被作为新善本收藏。

从艺术的角度看，油印是一个综合刻板、印刷技术和书法、绘画艺术的过程，有很大的个人创作空间。油印本古籍善本书目的刻写者中有不少是书法、绘画高手，所以部分油印本古籍善本书目具有很高的艺术水平。

四、古籍善本图录的功用

古籍善本图录可以直观反映特定版本的版式、行款、字体、墨色、刀法、牌记、装帧、修复、裱衬、破损等情况，将虚玄的“观风望气”以准实物形式表现出来。版本鉴别工作，尤其是木活字本的鉴定，不借助图录几乎无法开展。鉴于图录在版式描述上的直观性和准确性，大量获取图录，有望迅速提升版本鉴定的工作质量，这是《中国古籍善本书目》编撰之初所难以具备的条件。

长期以来，古籍版本学多依附于古典目录学。《中国古籍善本书目》注重版本，其编排体例仍以目录为纲，体现了古典目录学“辨章学术，考镜源流”的学术旨趣。现在编纂古籍善本书目时引入图录，一是借助图像的视觉化语言，直观展示古籍写刻、装帧、钤记、题跋等艺术性特征。二是拓展古籍善本书目以目录为纲的体例，展示中国书籍版本发展的历史。例如，赵万里先生编《中国版刻图录》，其目的就在于以图录形式，系统地反映我国各个历史时期版刻的发展过程。这一理念也被许多大型图录所继承。三是扩大社会影响，让更多人通过读图这一更符合当下阅读习惯的方式了解古籍，促进中华优秀传统文化的普及与传承。引入图像研究理念对古籍善本书目的体例加以丰富拓展，以图录的汇集揭示版刻发展历史，用现代技术丰富版本目录学内涵，无疑将促进版本目录学的现代转型。

最后，要说明的是我收藏古籍善本书目及图录的来源：大多为自费购买，小部分或为朋友赠送，或参加学术会议由举办方赠送。上述书目不全。据我初步统计，1949年以来中国大陆与港澳台地区编纂出版的古籍善本书目及图录大约有150种左右。

我收藏古籍善本书目的目的，不仅是自娱自乐，更重要的是出于工作需要。我曾长期从事古籍参考咨询工作，在解答学生提出的咨询问题时，所依赖的法宝之一就是指导学生充分利用古籍善本书目检索相关文献；在为科研项目搜集资料时，依据古籍善本书目提供的信息，可以达到竭泽而渔的效果。总之，收藏古籍善本书目及图录的实践活动，为我做好教学、科研工作发挥了重要作用。

（吴平，华东师范大学中文系研究员，主要研究方向为佛教文化、古籍整理）

好书推荐

中国世界遗产全记录丛书（全6册）
于海广　王思明　马振犊　等主编
软精装　四色印刷　16开　齐鲁书社2022年8月—2023年1月出版　一书一号
总定价：406.00元

本丛书所谓世界遗产为广义上的世界遗产概念，共6册：《中国世界记忆遗产全记录》（马振犊/主编），《中国世界文化遗产与文化景观遗产全记录》《中国世界自然遗产及自然与文化双遗产全记录》（于海广/主编），《中国国际重要湿地全记录》（左平/编著），《中国世界农业文化遗产全记录》（王思明/主编），《中国世界地质公园全记录》（田晓东/著）。由国内相关研究领域的知名专家学者，为社会公众撰写的高品质的大众普及读物。从迄今公布的被联合国教科文组织等国际权威组织公布的中国的世界遗产中，遴选了世界记忆遗产、世界农业文化遗产、世界文化遗产及文化景观遗产、世界自然遗产及世界自然与文化双遗产、国际重要湿地、世界地质公园，采用图文结合、述论结合的方式，全面系统、深入浅出地介绍了全部有关遗产的外延、内涵、价值、意义，所蕴含和承载的科学价值、文化价值、艺术价值和社会价值，探讨了遗产传承、保护与利用等相关问题，并给出了建设性的意见建议。每种约25万字、图片150幅，丛书6种共约1500千字、图片900幅。

主要作者为著名考古专家、山东大学考古学教授于海广，中央档案局档案专家、中国第二历史档案馆研究馆员马振犊，中国农科院中国农业遗产研究专家、南农教授王思明，南京大学湿地研究专家左平，北京大学科普作家田晓东等。本丛书得到了冯骥才、郭华东、张宪文、朱学稳、贺云翱、方辉等知名专家学者的鼎力推荐。出版以来，丛书获中国古籍出版社年度（2022）百佳图书普及读物奖；《中国世界农业文化遗产全记录》，入选中央宣传部2023年度国家级主题出版重点出版物；《中国世界文化遗产与文化景观遗产全记录》，入选“央视读书精选”好书；《中国世界记忆遗产全记录》《中国国际重要湿地全记录》《中国世界地质公园全记录》入选国家新闻出版署“农家书屋工程”；《中国世界自然遗产及自然与文化双遗产全记录》入选山东省奎虚图书奖等；其中半数品种实现二次加印。

天津图书馆藏《四库全书总目》残稿流传小考

罗毅峰

《四库全书总目》（以下简称“总目”）作为《四库全书》编纂过程中产生的重要“副产品”，其学术价值历来备受重视。而在《总目》编纂的前后二十余年间，有档案记载的进呈御览就达三次之多（分别为乾隆三十九年七月、四十六年二月、四十七年七月），故乾隆六十年（1795）浙、殿二本相继刊行之前，理论上至少应当存在三部相对应的编纂稿，但实际情况可能并非如此。根据近年来陈恒舒、苗润博等学者的最新研究[①]，馆臣并非每进呈一次就立即另缮副本，而可能是在皇帝发回后的稿子上再做增删修润，即以前一次的进呈稿作为下一次的工作底本，循环往复，终成定本。因此，今已为学界所熟知者如台湾图书馆藏《四库全书初次进呈存目》（以上乾隆三十九年七月进呈稿残余）、上海图书馆藏《总目》残稿、中国国家博物馆藏《总目》残稿、台湾图书馆藏《总目》残稿（以上乾隆四十六年二月进呈稿残余）、天津图书馆藏《总目》残稿、中国国家图书馆藏《总目》残稿，以及辽宁图书馆藏《总目》残稿（以上乾隆四十七年七月进呈稿残余）等的性质，尚有进一步探究的空间。然而无一例外的是，这些编纂过程中的稿件，在后世皆由不同途径自内府禁宫一一流落民间，其后迭经各方藏书家

---

① 陈恒舒：《上海图书馆藏〈四库全书总目〉残稿发覆——以清代别集为例》，《文献》2019年第4期；苗润博：《中国国家博物馆藏〈四库全书总目〉残稿再探》，《文史》2023年第1期。

护持，最终归入不同的公藏机构。其流转之经过，只国博和台图残稿因钤有相对丰富的藏书印鉴可作追考，余本则大多不详。而其中除了天图残稿，相关问题亦未能引起学者应有关注。

天图《总目》残稿之来源问题，丁芬、李国庆二位先生合撰的《〈四库全书总目〉残稿及其文献价值》一文最早论及，文称：“据有关文献记载，一九七七年七月二十八日，故宫博物院拨给天津市人民图书馆宫中书籍五十四部三千五百四十四册。”其中仅二十四部具名可考，其余三十部则不得而知，只能“按照一般推测，这部残稿应当包括在内。如果这个推测成立，那么这部残稿来自故宫博物院。”[①]2011

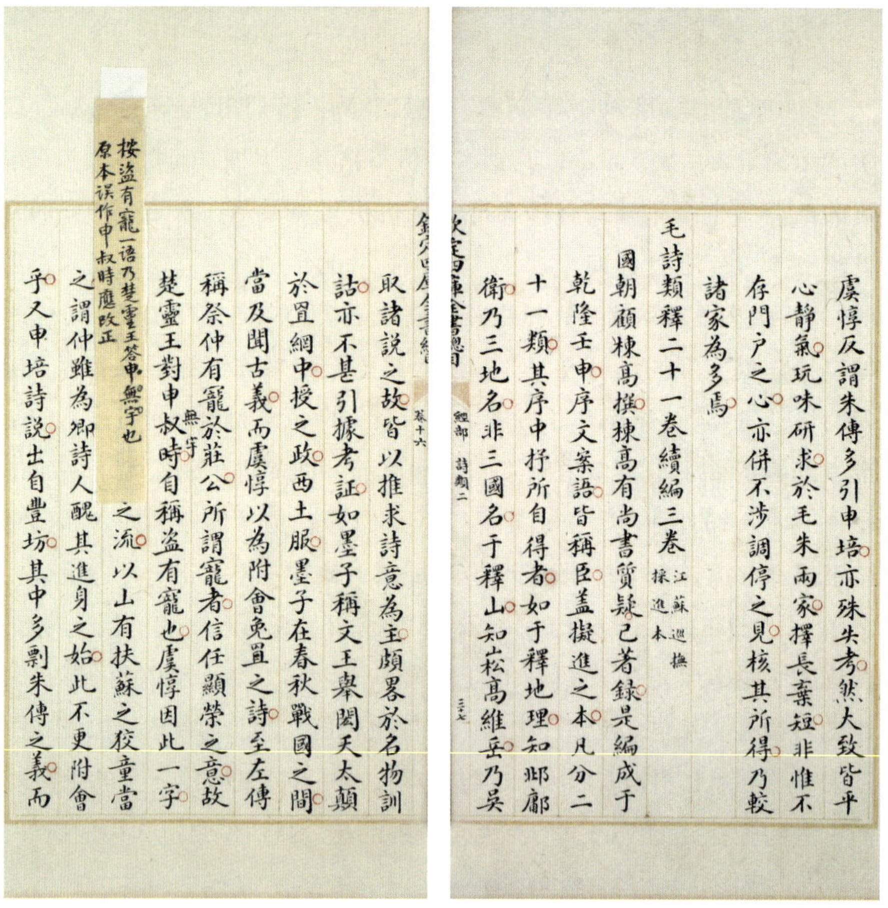
按盜有寵一語乃楚靈王答申無宇也
原本误作申叔時應改正

欽定四庫全書總目 卷十六

取諸說之故皆以推求詩意為主頗畧於名物訓
詁亦不甚引據考証如墨子稱文王舉閎夭太顛
於罝網中授之政西土服墨子在春秋戰國之間
當及聞古義而虞惇以為附會兔罝之詩至左傳
稱祭仲有寵於莊公所謂寵者信任顯榮之意故
楚靈王對申叔時自稱盜有寵也虞惇因此一字
之流以山有扶蘇之狡童當
之謂仲雖為卿詩人醜其進身之始此不更附會
乎又申培詩說出自豐坊其中多剽朱傳之義而

虞惇反謂朱傳多引申培亦殊失考然大致皆平
心靜氣玩味研求於毛朱兩家擇長棄短非惟不
存門户之心亦併不涉調停之見核其所得乃較
諸家為多焉
毛詩類釋二十一卷續編三卷 江蘇巡撫採進本
國朝顧棟高撰棟高有尚書質疑已著錄是編成于
乾隆壬申序文案語皆稱臣蓋擬進之本凡分二
十一類其序中抒所自得者如于釋地理知邶鄘
衛乃三地名非三國名于釋山知崧高維岳乃吴

欽定四庫全書總目 經部 詩類二 三七

图1　天津图书馆藏《总目》残稿卷十六叶三十六B面

图2　天津图书馆藏《总目》残稿卷十六叶三十七A面

① 丁芬、李国庆：《〈四库全书总目〉残稿及其文献价值》，《图书馆工作与研究》2008年第8期，第54页。

年，天图《总目》残稿经由国家图书馆出版社全文影印出版，李先生在撰写的《影印前言》中重申：“由于这三部《总目》均是残本，盖在二十世纪七十年代后期（一九七七年七月二十八日），随同其他近百部古籍，由故宫博物院无偿拨给了当时的天津市人民图书馆（即今天的天津图书馆）。”①由是发端，此后学者研究多引述其说。②但我们在查检1961年编纂出版的《天津市人民图书馆善本书目》时偶然发现，包括该残稿在内的三部内府“四库提要”赫然在列，可见李先生“七十年代故宫调拨”的推测并不属实，这部残稿应该另有来源。

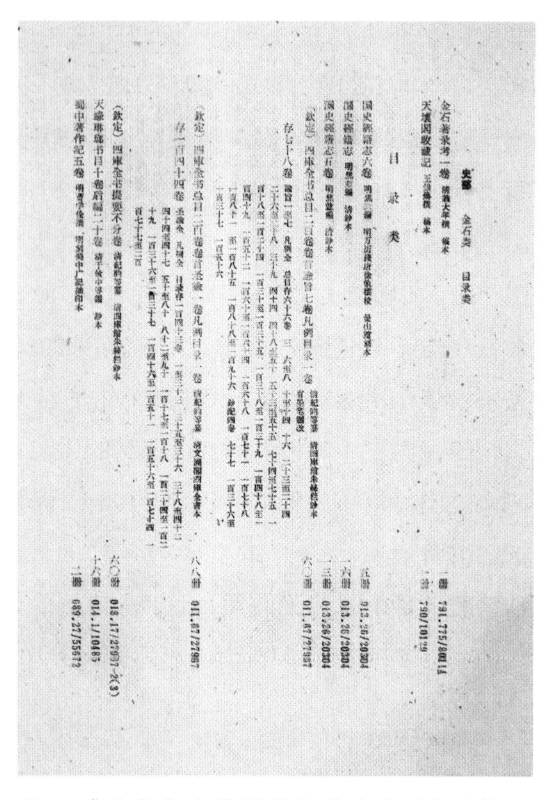

史部　金石类　目录类

金石著录考一卷　清黄大华撰　稿本　一册　791.775/80114

天壤阁收藏记　王懿荣撰　稿本　一册　790/10129

目录类

国史经籍志六卷　明焦竑撰　明万历徐象樗校　曼山馆刻本　五册　013.26/20304

国史经籍志　明焦竑撰　清抄本　一六册　013.26/20304

国史经籍志五卷　明焦竑撰　清抄本　一三册　013.26/20304

（钦定）四库全书总目二百卷卷首圣谕圣旨七卷凡例目录一卷　清纪昀等纂　清四库馆朱丝栏抄本　有墨笔删改　六〇册　011.87/27957

存七十八卷　谕旨一至七　凡例全　总目存六十六卷　三　六至八　十至十四　十六　二十三至二十四　二十六至二十八　三十九　四十四　四十八至五十　五十三至五十五　七十四至七十五　一百十八至一百二十四　一百三十至一百三十五　一百三十八至一百三十九　一百四十八至一百四十九　一百五十二　一百六十至一百六十四　一百六十八　一百七十一　一百七十八　一百八十一至一百八十五　一百八十八至一百九十六　[illegible]四卷　七十七　一百三十六至一百三十七　一百五十六

（钦定）四库全书总目二百卷卷首圣谕一卷凡例目录一卷　清纪昀等纂　清文溯阁四库全书本　八八册　011.87/27957

存一百四十四卷　圣谕全　凡例全　目录存一百四十三卷　一至三十二　三十五至三十六　三十八至四十二　四十四至四十七　五十至八十　八十二至九十　一百十七至一百十八　一百二十四至一百二十九　一百三十六至一百三十七　一百四十六至一百五十一　一百五十六至一百七十四　一百七十七至二百

（钦定）四库全书提要不分卷　清纪昀等纂　清四库馆朱丝栏抄本　六〇册　018.17/27957-2(3)

天禄琳琅书目十卷后编二十卷　清于敏中等撰　抄本　十六册　014.1/10485

蜀中著作记五卷　明曹学佺撰　明刻蜀中广记插印本　二册　689.27/55672

图3　《天津市人民图书馆善本书目》史部目录类

作为天津市一级最大的公共图书馆，天津图书馆的创设与国内其他省级图书馆一样，渊源甚早。根据《天津市图书馆志》的记述，今天的天津图书馆，是由“直隶图书馆、天津市立图书馆和原天津图书馆三馆合并发展起来的。其中直隶图书馆（后改名河北省立天津图书馆，习称老省馆）成立于清光绪三十四年（一九〇八年），天津市立图

① 李国庆：《影印纪晓岚删定本〈四库全书总目〉稿本前言》，［清］永瑢、纪昀等撰：《纪晓岚删定〈四库全书总目〉稿本》第1册，北京：国家图书馆出版社，2011年，第2页。

② 如刘浦江《天津图书馆藏〈四库全书总目〉残稿研究》（载《文史》2014年第4期）、崔富章《〈四库全书总目〉版本考辨》（载《版本目录论丛》，中华书局，2014年）、杨新勋《中国国家图书馆藏〈四库全书总目〉稿本解题》（载《四库全书总目稿钞本丛刊》，上海科学技术文献出版社，2021年）等。

书馆成立于一九三一年，原天津图书馆成立于一九四八年”。1949年3月，天津市立图书馆改名为天津市第一图书馆，而河北省立天津图书馆（按，即改名后的直隶图书馆）则与原天津图书馆合并为天津市第二图书馆。至1952年1月，天津市第一、第二图书馆合并为“天津市人民图书馆”，又于1982年6月再度更名为天津图书馆，后者名称一直沿用至今。[①]因此，如欲追索该残稿的来源，尚需全面核检合并之前各馆书目，方不致遗漏。经查，目前可见的诸家目录，分别为直隶图书馆民国二年（1913）所编《天津图书馆书目》；更名为河北省立图书馆后，该馆于民国三十七年（1948）编纂的《河北省立天津图书馆书目》，天津市立图书馆于民国二十四年（1935）编纂出版的两辑《天津市立图书馆图书目录》（收录开馆至1934年12月收藏的中日西文图书）。而这三种馆藏书目中，皆无有关《总目》残稿的记载。因此，前述《天津市人民图书馆善本书目》，似乎已是当前所知最早著录这部残稿的馆藏目录，其前言写道：

> 解放以来，我馆在党和政府的正确领导之下，在人民群众的热心支持之下，开展了祖国文化遗产——珍贵图书——的征集和收购工作。为了贯彻百花齐放、百家争鸣的方针，达到古为今用、推陈出新的目的，我们把征集、收购所得善本图书的一部分，编成这个书目，以供参考使用。

细玩其辞，书目中登载的这三部出自内府的“四库提要”，应该是在天津市人民图书馆成立以后，通过征集或购买等渠道收集而来的。因别无档案文献可供参稽，有关线索似乎由此断裂。

2016年，夏长朴先生在《重论〈天津图书馆藏纪晓岚删定《四库全书总目》稿本〉的编纂时间》一文末，增加了《附论：“津图〈纪稿〉”与陈垣所得〈四库全书总目〉残稿的关系》一节。该文从陈垣举涉周亮工提要之删修相较天图《总目》残稿内容全同，且二者册数亦

---

① 天津市图书馆志编修委员会编著：《天津市图书馆志》，天津：天津人民出版社，1996年，第2-6页。

同等多个方面，提出天图《总目》残稿当为陈垣民国十年所得“四库馆精缮底本”[①]。夏先生文中虽未对李国庆先生的推测提出异议，但此番推论却对我们查考这部残稿的来源颇有启发。

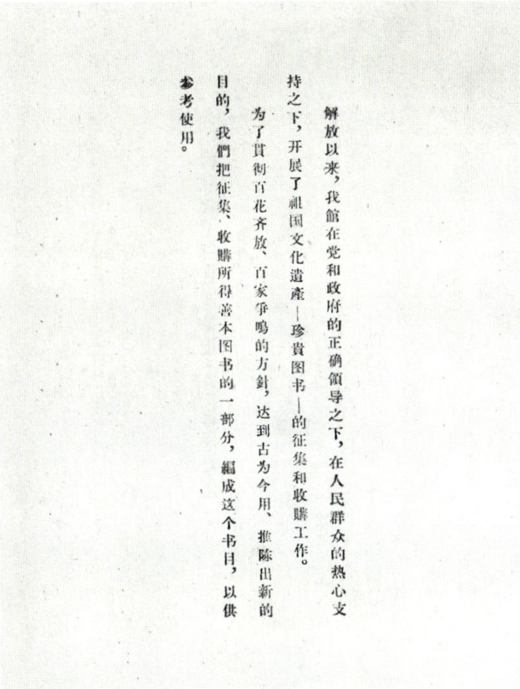

民国二十五年（1936）十月，陈垣据所得纪昀提要底稿，在故宫博物院《文献论丛》发表了《四库提要中之周亮工》一文，对《总目》之删改、部分篇目之抽毁做了考述，因此前无人论及，所以文章刊发前后引起不少学者注意。如同年9月27日，论文尚未正式公开发表时，储皖峰即致函称：“青峰来谈，师作有《四库提要与周亮工书影》一文（题记不清），颇有发见。”[②]陈氏旋以全文寄赠，储氏读后于同月三十日复函：

解放以来，我館在党和政府的正确領导之下，在人民群众的热心支持之下，开展了祖国文化遺產——珍貴图书——的征集和收購工作。为了貫徹百花齐放、百家爭鳴的方針，达到古为今用、推陈出新的目的，我們把征集、收購所得善本图书的一部分，編成这个书目，以供参考使用。

图4 《天津市人民图书馆善本书目》前言

昨承惠翰并尊著《四库提要中之周亮工》一文，浣读数过，爱不忍释。此文极不易作。一、倘不见四库馆提要原本，中有纪氏涂去周亮工名笔迹，虽知祝堃签出《读画录》诗句认为违碍，究不知实际扣除或抽改之内容为何若？二、倘不将各本加以比较，固不知广州小字本行款有疏有密与殿本异，亦不知湖州本后经挖改行款不一。[③]

① 夏长朴：《重论〈天津图书馆藏纪晓岚删定《四库全书总目》稿本〉的编纂时间》，《湖南大学学报（社会科学版）》2016年第6期，第19-20页。

② 陈智超编注：《陈垣来往书信集》增订本，北京：生活·读书·新知三联书店，2010年，第638页。

③ 陈智超编注：《陈垣来往书信集》增订本，第638页。

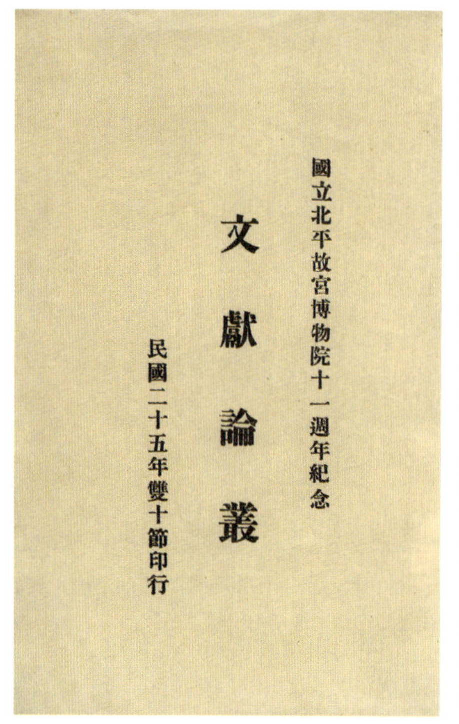

图5 《文献论丛》封面

四庫提要中之周亮工

陳垣

周亮工著述，四庫全書著錄五種，存目三種。其書影一種，四庫提要恆引之，稱其記述典贍，足爲文獻之徵。乾隆五十二年，覆勘四庫全書，詳校官祝堃因亮工所著讀畫錄有人皆淡魏上花亦義熙餘之句，特行簽出，認爲違礙。於是亮工著述之已著錄及存目者一律扣除，已刻提要之有亮工名者亦一律抽改。所改字數與原本同，則行款仍舊，倘增刪過甚，而不挨篇改刻，則行款即有密有疎。此通行廣州小字本提要所以時與殿本異也。試舉關於錢謙益者一條爲例。

四庫提要每半葉九行，行二十一字，殿本以至廣州小字本皆同。惟廣州本別集類二十四第二十四葉，每半葉八行，行二十字或十九字，何也。則以祝允明懷星堂集提要自藝苑卮言以乞兒唱蓮花落詆之之下，原本有錢謙益一段，云：

錢謙益列朝詩集乃謂其晚益自放，不計工拙，興寄爛漫，時復斐然，所錄桃花塢歌之類，殆於釘餖打油。朱彝尊明詩綜凡例，謂謙益無是非之心，是亦一端乎。

凡六十一字，今本刪之也。顧何以知原本有此六十一字，民國十年秋，余得四庫館精繕提要底本六十册，不全，中有紀昀塗改筆蹟，所改多與今本同，而凡遇周亮工名，必行塗去，審

文獻論叢　論述一　三

图6 陈垣《文献论丛·四库提要中之周亮工》

据文中论述，陈氏明言得此“四库馆精缮提要底本”于民国十年（1921）秋，全60册，定为“乾隆五十二年以后删改之底本”，但于得书之始末则未着只字，后人无由借以考索，殊为可惜。

陈垣先生1971年去世，结合《天津市人民图书馆善本书目》的前言来看，这部残稿会否经陈氏之手捐赠或售让于天津市人民图书馆呢？经多番查检发现，答案依然是否定的，而得出此否定结论的关键线索则出自陈氏书信。

《陈垣往来书信集》收录了陈垣民国二十五年（1936）七月二十日致胡适的一封回函：“示敬悉。《四库提要》纪氏底稿，为天津徐端甫购去。谨先奉复，馀容面罄。”胡适在致陈垣的信中说了什么内容，今未检得，但结合陈氏回信的内容与时间，应该是与其《四库提要中之周亮工》一文的写作有关，大概即问询陈氏所得提要底稿等具体情况。同时，从陈氏回复中不难看出如下几点：其一，早在《四库提要中之周亮工》正式刊发之前，该《总目》残稿就已不在陈氏手中了；其二，该残稿从陈氏处散出后为徐端甫购得；其三，陈氏鬻书缘由似有难言之

隐情。这三点之中，比较重要的是第二点，它明确指出了这部《总目》残稿的下落。

徐端甫（1889—1954），名世章，民国大总统徐世昌堂弟，字端甫，号濠园，天津人。京师大学堂译学馆毕业，后留学比利时。历任津浦铁路局局长、交通部次长、交通银行副总裁等要职。离任后寓居天津，以文物收藏与整理为志业。徐氏收藏种类甚夥，不惟古籍字画，还包括大宗古玉、古砚、古墨等，晚年更是化私为公，将所藏悉数无偿捐献国家，并获褒奖。[①]其中，他捐献古籍八十四部给彼时成立未久的天津市人民图书馆。据白莉蓉《精品荟萃　流芳千古——记天津图书馆藏徐世章捐赠古籍善本书》一文考述，徐氏捐赠图书包括“明代刻本六部，明清抄本十三部，清刻本中武英殿刻书就有近四十部，拓本、砚谱、印谱等七部，其他清代刻本包括丛书以及日本刻本等也有十余部之多”。[②]而这13部明清抄本中就包含了4部四库馆抄本：《公是集》与3部四库提要，结合《天津市人民图书馆善本书目》之著录，其中第一种四库提要即现在所讨论的《总目》残稿。

图7　徐世章先生

至此，围绕今藏天津图书馆的这部《总目》残稿的流转脉络已大致廓清。简而言之，自四库馆流出后，该残稿曾于民国十年（1921）秋为陈垣收得，陈氏据以写出《四库提要中之周亮工》一文，引起学界关注。民国二十五年（1936）七月之前陈氏已将其售出，并为天津收藏家徐世章购得。1954年，徐世章将此连同自其他渠道买到的另外两部内府本四库提要一起，无偿捐赠给了天津市人民图书馆。1961年，天津市人民图书馆编纂新近入藏的善本目录，首次公开登载了这部《总

① 徐绪玲：《先父徐世章收藏捐献文物追记：意在爱国　功在千秋》，载《收藏家》1998年第1期，第6-12页。

② 白莉蓉：《精品荟萃　流芳千古——记天津图书馆藏徐世章捐赠古籍善本书》，《图书馆工作与研究》2007年第6期，第72-74页。

目》残稿的详细信息，其后为天津图书馆编制的馆藏书目所著录。2011年，在时任天津图书馆历史文献部主任李国庆先生主持下，这部重要的《总目》稿本得以全文影印行世，成为《总目》存世诸稿中最受学界关注的本子，为研究《总目》的编纂提供了重要的一手文献，厥功至伟。至于此稿如何从四库馆流出，如何为陈垣购得，以及陈氏为何又将其售出，文献无征，只能暂付阙如。

［罗毅峰（1993—　），江苏常州人，复旦大学古籍整理研究所博士研究生，主要研究方向为版本目录学、四库学。曾从事学术图书出版工作，策划编校的图书先后获得上海图书奖、全国古籍出版社年度百佳图书奖、华东地区古籍优秀图书奖等］

新书快讯

《韩国传世汉字韵书集成》（全11册）
张玉来　黄仁瑄　刘根辉　主编
精装　16开　齐鲁书社2024年7月第1版第1印
ISBN　978-7-5333-4680-5
定价：4900.00元

本书从大中华文化传承的视角，针对汉字文化圈核心成员之一韩国的传世之汉字韵书进行全面梳理，摸清其存量，考察、整理、归纳其文献面貌、版本源流和学术价值，以此充实中华文化域外传播的研究内涵，丰富中华历史文献宝库。本丛书在广泛考察论证朝鲜半岛现存汉字韵书的基础上，精选学术价值大、水准比较高的韵书24种加以影印，并为每种书撰写解题。通过对韩国传世汉字韵书的整理汇纂，梳理出汉语韵书文化传播的路径和方式，探索汉字文化圈的形成过程及其机制，从而提升汉字文化传播及跨文化交际理论的研究水平，凝练出中华韵书文化在世界范围内的传播价值，助力汉语史研究，扩大汉语史研究的域外视角，进而提升汉语史研究的学术水平。

主编张玉来，山东临沂人，现任南京大学文学院教授、博士生导师、语言学系主任，主要从事汉语史的研究，涉及领域包括历史语言学、汉语语音史、明史、方言学等，出版专著9部，发表论文70余篇。黄仁瑄，华中科技大学中文系教授、博士生导师，兼任《语言研究》副主编，主要从事汉语史、汉语音义学、语料库语言学等方面的研究，发表学术论文50余篇，出版专著4部，承担国家社科基金项目3项、全国高校古委会项目2项。刘根辉，江西丰城人，博士，教授，语言学及应用语言学、汉语言文字学专业博士生导师，国际中文教育（汉语国际教育）专业学位研究生导师。

河南省图书馆藏武福鼐古籍题跋辑录（一）

周新凤　马　珂

武福鼐（1900—1982），字慕姚，晚号拙叟，斋名适斋、守拙轩等，河北永年人，长期在河南生活工作。武先生是我国当代著名的书法家，同时也是一位收藏大家，他精于书画、碑帖和古籍鉴定，自己也颇有收藏。新中国建立之初，武先生向国家捐赠了自己的数千种藏品，曾被登报表扬。《河南省图书馆馆志》记载了他于1950年向河南省图书馆捐赠的具体情况：图书1948册，字画117件，碑帖900份。除了捐赠，他还于“1951至1953年在河南省图书馆从事古书整理和字画鉴定工作”[①]。2007年初，中华古籍保护计划在我国启动，全国古籍普查登记工作随之展开。在河南省图书馆开展的古籍普查工作中，根据书中的藏书印鉴和题跋文字，笔者对曾经武先生收藏、题跋的书籍进行了记录和汇集，按照经、史、子、集、丛五部进行了目录的分类整理（各类之下，根据书籍发现的先后顺序排列），并对书籍中武先生的题跋进行了辑录。辑录时，凡遇题跋中的小字单行及小字双行注、旁批等，均括之以圆括号；对于题跋的有关补充说明，则以“按”语置于圆括号中；题跋引用诗句有缺字者，则将补字括以方括号；题跋（包括诗句）中的字词有经反复修改者，则按笔者理解的最终修改意见进行释读；题跋有的是对于尊长诗作进行评论，为使评论有所着落，对其所评之诗也进行了辑录；题跋中

---

① 王爱功、张松道：《河南省图书馆百年》，长春：吉林文史出版社，2009年，第93页。

涉及收书、观书等干支纪年者，均在其后括注公元纪年。此次辑录，包括了当代学者栾星先生的两处题跋，均系其对于书籍版本鉴定的不同意见，可作为研究武先生题跋的参照。

目前所掌握的这些题跋书籍，其中大部分应为武先生当年的捐赠，但也有一些可能是武先生在省馆工作时题跋的书籍。在河南省图书馆馆藏古籍中，武先生捐赠、题跋的书籍仍然有待进一步的发现和整理。

此次辑录工作，在题跋文字的识别整理、辑录内容的斟酌取舍等方面，均得到了湖北省图书馆马志立先生的鼎力支持，在此深表感谢。

一、经部

1．0022《周易象通》八卷，（明）朱谋㙔撰，清抄本。一函二册。经部易类。

册一封面：《易象通》二册，适斋署。

2．0048《吕氏家塾读诗记》三十二卷，（宋）吕祖谦撰，明万历四十一年（1613）陈龙光、苏进等刻本。一函八册。经部诗类。

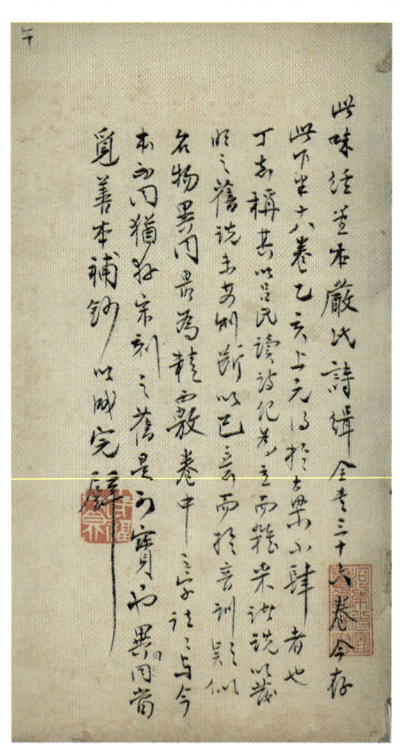

图1　明嘉靖赵府味经堂刻本《诗缉》册一护叶

函套题签：《吕氏读诗记》，乙亥（1935）夏收。

册一封面：《吕氏读诗记》八册，万历本，适斋收于大梁，乙亥（1935）五日记，陈氏刊。

册一封面背面：宋本，嘉靖本（古写），万历本（即此），《经苑》本。

册一原封面：慕姚所藏善本之一。

3．1724《诗缉》三十六卷，（宋）严粲述，明嘉靖赵府味经堂刻本。一函六册。存十九至三十六卷。经部诗类。

函套题签：残本严氏《诗缉》。嘉靖味经堂刻本。适斋藏。

册一护叶：此味经堂本严氏《诗缉》，全书三十六卷，今存此下半十八卷，乙亥（1935）上元得于大梁小肆者也。丁《志》称其以《吕氏读诗记》为主，而杂采诸说以发明之，旧说未安，则断以己意，而于音训疑似、名物异同最为精核。卷中之字往往与今本不同，犹存宋刻之旧，是可宝也。异日当觅善本补钞，以成完璧。

4．0055《诗经图史合考》二十卷，（明）钟惺辑，明末刻本。一函八册。经部诗类。

封面：《诗经图史合考》八册，适斋。

5．0050《葩经旁意》一卷，（明）乔中和著，明万历四十一年（1613）鲁廷彦刻本。一函一册。经部诗类。

封面：明万历刻本，此书少见可宝。戊寅（1938）七月下澣，适斋题。

6．0071《注释古周礼》五卷，《考工记》一卷，（明）郎兆玉注释，明天启郎氏堂策槛刻本。一函二册。经部周礼类。

册一封面：古周礼二册六卷，丙子（1936）春日，大人收自里中，寄示。书中补叶亦清初人手笔。《四库存目》著录，市中不习见也。福鼐谨志。

7．0078《新刊礼记积翠裒言》十六卷，（明）廖自伸等编，清李天植等裁，清抄本。一函九册。经部礼记类。

册一护叶：《礼记裒言》九册，永年武慕姚敬读一过，辛卯（1951）九月记。

8．0116《董子春秋繁露》十七卷，（汉）董仲舒撰，明天启五年（1625）王道焜等刻本。一函二册。经部春秋公羊传类。

册一封面：《春秋繁露》明刊本，慕姚题。

9．0127《松鳞轩新锲春秋愍渡》十五卷，明耿汝忞修，明末徐象枟曼山馆刻本。一函六册。经部春秋总义类。

册一封面：《春秋愍渡评校本》六册，适斋慕姚题，辛卯（1951）九月。

10．0136《四书绎注》五卷，（清）王锬撰，清康熙三十五年（1696）刻本。一函四册。经部四书类。

册一护叶：《四书绎注》四册，善本。适斋审定。

11．1787《泉斋简端录》十二卷，（明）邵宝撰，明崇祯刻本。一函四册。经部群经总义类。

册一封面：《泉斋简端录》明正德刻本，适斋题。善本甲。

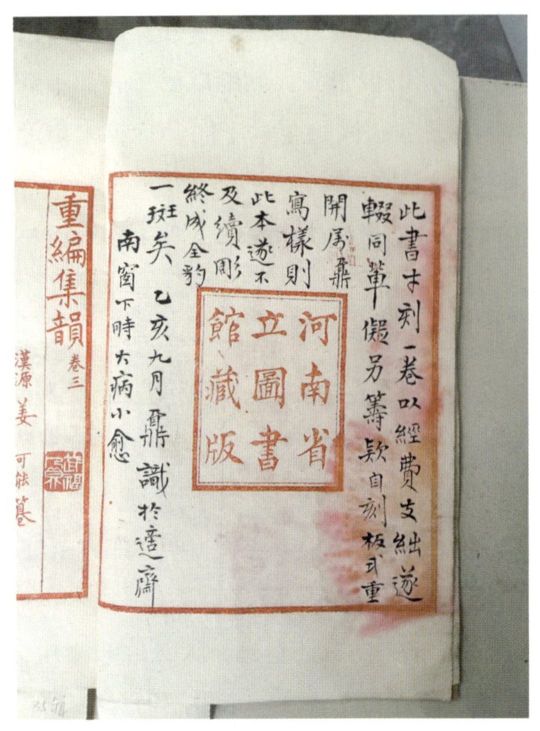

图2 民国二十四年(1935)河南图书馆刻朱印本《重编集韵》卷三内封题识

12. 0211《大明正德乙亥重刊改并五音类聚四声篇》十五卷、《五音集韵》十五卷,(金)韩道昭改并重编,《新编经史正音切韵指南》一卷,(元)刘鉴撰,《新编篇韵贯珠集》八卷、《直指玉钥匙门法》一卷,(明)释真空撰,明正德十一年(1516)金台衍法寺释觉恒募刻嘉靖三十八年(1559)《释本赞》重修本。二函十册。存《五音集韵》十五卷、《新编经史正音切韵指南》一卷。经部小学类。

册一护叶:五音集韵,正德黑口本。善本甲。适斋定。

13. 民经134《重编集韵》口口卷,(民国)姜可能纂,民国二十四年(1935)河南图书馆刻朱印本。一册。存卷三。经部小学类。

封面:《重编集韵》,蛰厂学长纂,弟鼒藏。

内封:此书才刻一卷,以经费支绌遂辍,同辈拟另筹款自刻。板式重开,属鼒写样,则此本遂不及续雕,终成全豹一斑矣。乙亥(1935)九月鼒识于适斋南窗下,时大病小愈。

14. 19/13《新方言》十一卷附《岭外三州语》一卷,章炳麟撰,民国六年至八年(1917—1919)浙江图书馆刻章氏丛书本。一函二册。经部小学类。

册一封面:《新方言附岭外三州语》二册。乙亥(1935)九月廿日,是日吾母寿辰,遥祝叩头,食面后,入市收此书。归检一过,敬识。福鼒病方愈。

15. 0070《仪礼》十七卷,(汉)郑玄注,明嘉靖徐氏刻三礼本。一函六册。存五至十七卷。经部仪礼类。

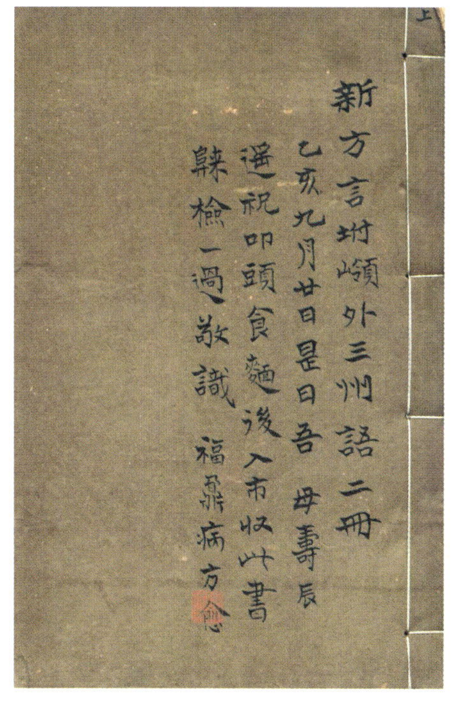
新方言坿嶺外三州語二冊
乙亥九月廿日是日吾母壽辰
遥祝叩頭食麪後入市收此書
歸檢一過敬識　福鼐病方愈

图 3　民国六年至八年（1917—1919）浙江图书馆刻章氏丛书本《新方言附岭外三州语》册一封面题跋

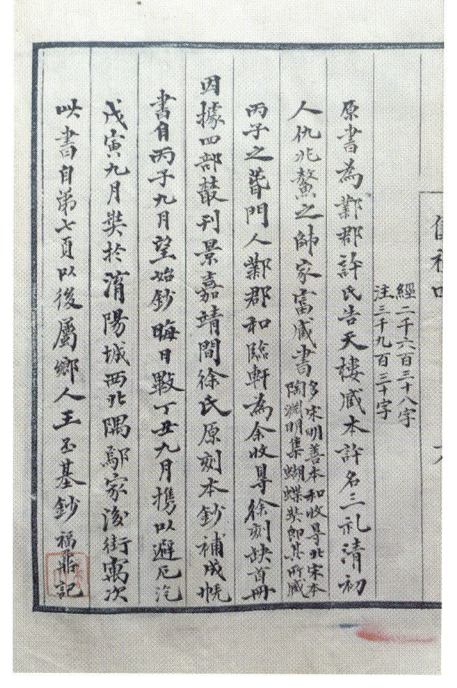
經二千六百三十八字
注三千九百三十字
原書為鄮郡許氏告天樓藏本許名三禮清初
人仇兆鰲之師家富藏書多宋明善本和收得北宋本陶淵明集蝴蝶裝即其所藏
丙子之春門人鄮郡和臨軒為余收得徐刻缺首冊
因據四部叢刊景嘉靖間徐氏原刻本鈔補成帙
書自丙子九月望始鈔晦日畢丁丑九月攜以避厄迄
戊寅九月裝於淯陽城西北隅鄢家後街寓次
此書自第七頁以後屬鄉人王丕基鈔　福鼐記

图 4　明嘉靖徐氏刻三礼本《仪礼》卷四末跋

册一封面：

《仪礼》卷一之四，戊寅（1938）九月装。据嘉靖徐氏原刻本抄补。适斋珍藏，时寓淯阳。

原出于天圣以前之本，陈仲鱼《经籍跋尾》所箸即此本也。“敬”字缺笔，不避“征”、“让”等字。

《经籍跋尾》:《宋本〈仪礼注〉跋》考订极详，应录于此，以见此本之可贵也。福鼐记于淯阳。仲冬望日。

卷四末：原书为鄮郡许氏告天楼藏本，许名三礼，清初人仇兆鳌之师，家富藏书。（多宋明善本，和收得北宋本《陶渊明集》，蝴蝶装，即其所藏。）丙子（1936）之春，门人鄮郡和临轩为余收得徐刻，缺首册，因据《四部丛刊》景嘉靖间徐氏原刻本抄补成帙。书自丙子（1936）九月望始抄，晦日毕，丁丑（1937）九月携以避厄，讫戊寅（1938）九月装于淯阳城西北隅鄢家后街寓次。此书自第七页以后属乡人王丕基抄。福鼐记。

册二封面：

《仪礼》卷五之六（以上四卷缺）。

《乡射礼》“《孝经说》然后曰”十四字，各本皆缺，此本独全。凡注疏缺者，此本俱有，真至宝也。其余佳处甚多，详陈仲鱼《经籍跋文》。适斋。

册三封面：《仪礼》卷七之八。避宋讳不及“征”、“让”等字，是所据原刻尚在士礼居所。藏严州刻本之前，为此书第一善本。

册四封面：《仪礼》卷九之十一。

册五封面：

《仪礼》卷十二之十四。

此本不下宋刻，得者宝之。明本以黑口本为最佳，钞本以绿格本为秘籍，应留心访。

册六封面：

《仪礼》卷十五之十七讫。（每册有古相申氏家藏朱文印）

此嘉靖徐刻三礼本也。旧藏郯川许氏告天楼，和临轩弟代为搜得者，惜残卷一之卷四，因据叶氏观古堂所藏原本补足之。徐本源出宋刻，为此书最善之本，流传极尠，虽有残缺，亦可宝也。丙子（1936）十月适斋记于汴寓。

册六护叶：此物已论秤造纸包盐，欲求覆瓿而不可得，可以观世变矣。辛卯（1951）四月望后五日适斋记于汴垣。大宝沦亡，曷胜浩叹，人、物皆成废物。

二、史部

1. 1743《吾学编》六十九卷，（明）郑晓撰，明万历二十七年（1599）郑心材刻本。一函一册，存《皇明四夷考》二卷、《皇明北虏考》一卷。史部杂史类。

封面题：《四夷考》《北虏考》合编，《吾学编》之一。丙子（1936）暮春，临轩收自郯川，适斋肃题。

封面背面：叶向高所著《四夷考》八卷本，与此不同，在陈眉公《宝颜堂秘籍》中。

书末：此郯川许公三礼告天楼中书也。许氏藏书极富，至共和二十年（1931）后始稍稍散出，皆宋元明及旧钞本，其精华悉为余门人和君临轩所得，余仅由和手得其奇零，然亦多奇异之册也。外有《流寇志》旧钞本极可贵，惜纸已剥落。时李使君涵初方拟雕镌异本为《古鉴阁丛书》，因以此书归之，未及发刻而汴垣已陷。书存汴中友人家，至今亦不可踪迹，惜哉！因记其大略于此，后之谈收藏掌故者俾有所稽焉。壬午（1942）中秋后九日，鼐记。

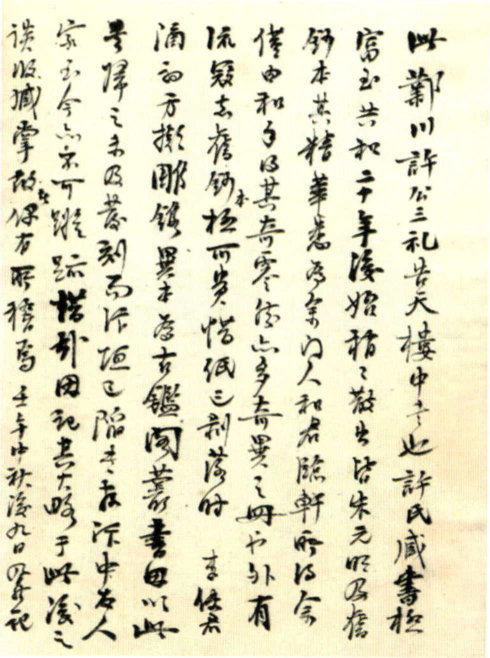
此鄞川許公三礼古天樓中書也許氏藏書極
富至共和二十年後始稍稍散出皆宋元明及舊
鈔本其精華悉為余門人和君臨軒所得余
僅由和手得其奇零然亦多奇異之冊也外有
流寇志舊鈔本極可貴惜紙已剝落時李使君
涵初方擬雕鐫異本為古鑑閣叢書因以此
書歸之未及發刻而汴垣已陷書存汴中友人
家至今亦不可蹤跡惜哉因記其大略于此後之
談收藏掌故者俾有所稽焉　壬午中秋後九日鼐記

图5　明万历二十七年（1599）郑心材刻本《吾学编》书末题跋

2．史3650《唐书》二百二十五卷，（宋）欧阳修撰，明嘉靖刻万历崇祯、清顺治康熙乾隆递修本。一函三册。存一至四、二十七至二十九、七十六卷。史部纪传类。

册一封面：南监本《新唐书》三册（市政府送来）。历朝补刻，内有宋元旧板数页。武慕姚校。一九五三（年）、四（月）、十五（日）。

南监较北监（万历间重刻）为精，惜于清嘉庆间燬于火。若无嘉靖后补本，则极可贵。

栾星题跋：此书旧板乃元集庆路儒学所刻，明初板片归南监，代有修补。惟至嘉靖以后旧板片已淘汰殆尽。此本补至乾隆五十五年（1790），元板片已无一存者，何来“宋元旧板数页”？此页可于配本时撤去，以免以讹传讹。栾星，【一九】七九年五月。

3．民史942《国语补韦》四卷，（清）黄模撰，民国武福鼐抄本。一函一册。史部杂史类。

封面：黄氏《国语补韦》。适斋钞藏。

卷四末：适斋钞本。

书末：此书板久焜，传本甚少，今从次师处钞得。惟钞工每行少

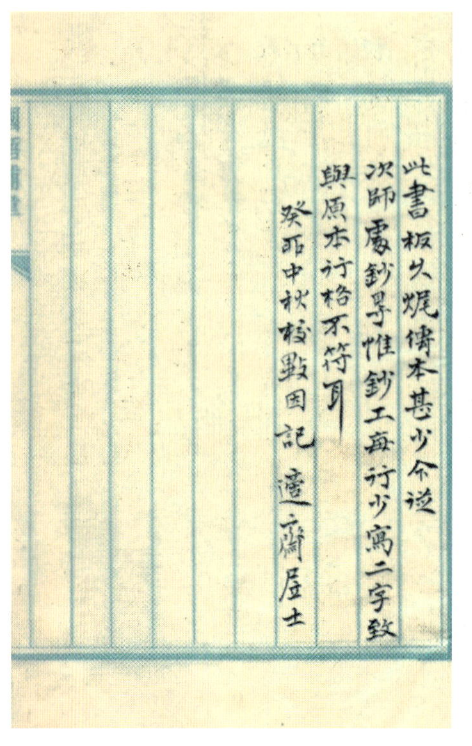
此書板久燬傳本甚少余從
次師處鈔得惟鈔工每行少寫二字致
與原本行格不符耳
癸酉中秋校竣因記　適齋居士

图6　民国武福鼐抄本《国语补韦》书末题跋

写二字，致与原本行格不符耳。癸酉（1933）中秋校毕，因记。适斋居士。

封底内侧：

梦断卢沟晓月寒，古来行路最艰难。关山散尽闲花草，只有垂杨似去年。

次公师句。

4．1739《史通》二十卷，（唐）刘知几撰，（明）李维桢评，（明）郭孔延评释，明刻本。一函四册。史部史评类。

册一封面：李评《史通》四册，适斋题。

卷二十末：适斋读过。辛卯（1951）四月。

5．21.1.13/4-2《隋经籍志考证》十三卷，（清）章宗源撰，清光绪三年（1877）湖北崇文书局刻本。一函四册。史部纪传类。

册一封面：

《隋书经籍志史部考证》四册。

《湖北丛书》中以此书为上驷。丙子（1936）九月初三日收，福鼒记。

册一封面背面：

据李越缦日记，此书底本旧藏孙仲容家，且劝其刻之并从臾章硕卿共成之。

钱警石抄有副本，见《曝书杂记》。

6．21.1.1/42-2《校刊史记集解索隐正义札记》五卷，（清）张文虎撰，清同治十一年（1872）金陵书局刻本。一函二册。史部纪传类。

册一封面：《史记集解索隐正义札记》二本，壬申（1932）三月适斋题。

册一封面背面：张另有《覆瓿集》丛书，此本单行不在内。

7. 29.2.8/23-2 ［正德］《武功县志》三卷首一卷，（明）康海纂，（清）孙景烈评注，清乾隆二十六年（1761）玛星阿刻本。一册。史部地理类。

封面：

孙校康对山先生《武功县志》，丙子（1936）中冬之望。

适斋收于汴垣，旧有武昌局本，无评校，未善。

8. 21.2.5/9 《新元史》二百五十七卷，（民国）柯劭忞撰，民国徐氏退耕堂刻本。六函六十册。史部纪传类。

册一封面：柯氏鸿编。适斋题。

9. 0523 《明人列传》十八卷，（□）□□撰，清初抄本。一函四册。史部传记类。

函套题签：《明人列传》抄本，适斋。

册一封面：

明抄残本《明人列传》五册。（原十八卷，无撰人姓氏，合装四册）

存卷一、卷二、卷三、卷四、卷六、卷七、卷八（不全），六卷半，逸去三之二，而卷五“逊国忠臣”一卷失去，尤可惜也。临轩收此于其乡贤许公三礼家，持示见让，因记。丙子（1936）闰三月，适斋藏。

何日大难克平，当刊之以广其传，岂不较张廷玉所修者为得实哉？戊寅（1938）七月下浣记于淯阳敦朴守素斋。

栾星题跋：是编体例略仿李贽《续藏书》，著者及见《名山藏》，当为明末人。此本约抄于清初。清讳不避。

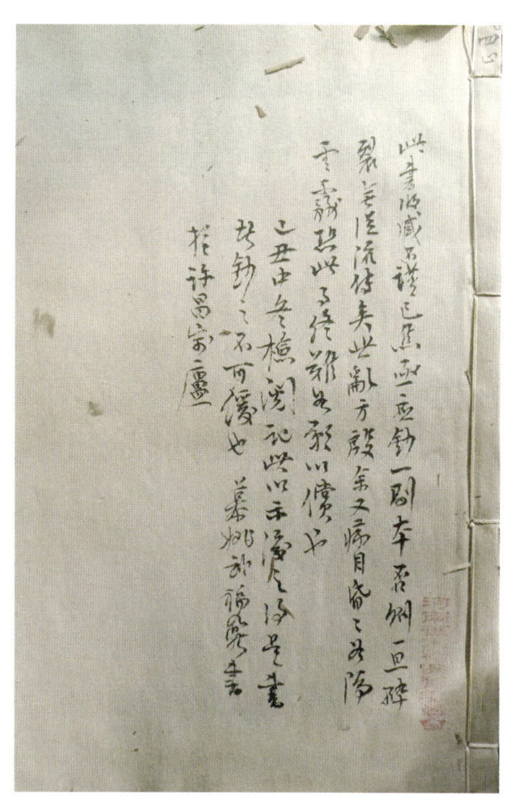

图7　清初抄本《明人列传》册四封面题识

栾星附志。□九年五月。

册四封面：

此书收藏不谨，已焦，亟应抄一副本，否则一旦碎裂，无从流传矣。世乱方殷，余又病目，昏昏如隔云雾，恐此事终难如愿以偿也。

乙丑（1925）中冬检阅，记此以示后之得是书者抄之不可缓也。慕姚武福鼐书于许昌寓庐。

10．0326《史记题评》一百三十卷，（明）杨慎、李元阳辑，《史记正义论例谥法解》一卷，（唐）张守节撰，《补史记》一卷，（唐）司马贞撰，明嘉靖十六年（1537）胡有恒、胡瑞敦刻本（卷一百四至一百九、一百二十三至一百二十七配明刻本《史记》）。六函三十六册。史部纪传类。

册一封面：嘉靖本《史记题评》，卷中用正统本《史记》配补，善本。适斋记。

11．212.1/19《文史通义补编》一卷，（清）章学诚撰，附钞本目一卷、刊本所有钞本所无目一卷，（清）□□辑，清光绪二十三年（1897）刻灵鹣阁丛书本。一册一函。史部史评类。

封面：

《文史通义补编》全一册。

外有《丙辰札记》一册全，余藏毛订本。

护叶：适斋读本，自署。

12．3250《石墨镌华》八卷，（明）赵崡著，清抄本。一函二册。史部金石考古类。

函套题签：石墨镌华。甲戌（1934）岁二月适斋题。

册一封面：

石墨镌华钞本上。

余另藏有明刻绵纸印本。戊寅（1938）七月记于淯阳，福鼐。

册一封面背面：

此抄多误字，须详校一过。鼐记。

余幸有原刻本可校也。

万历刻似有两本，往见次师所藏残本，较吾藏者字稍小也。残本以清抄配全，次师归道山，此书不知何在。

册二封面：石墨镌华钞本下。

册二封面背面：脱字增文触目皆是，箧中未有《知不足斋丛书》，未知有此种否。据鲍跋，所据者即万历本，余所藏者，亦不易检校，奈何奈何。福鼐记。

三、子部

1. 0883《颜氏家训》二卷，（北齐）颜之推撰，明万历三年（1575）颜嗣慎刻本。一函二册。子部儒家类。

册一封面：

《颜氏家训》卷上。（适斋所藏善本之一，万历乙亥颜氏重刻成化程氏本。）

此书以宋淳熙七年（1180）沈揆刻七卷本为最古，程伯祥刊本已为二卷，此又覆程氏本也。《善本书室》所著者即此本，以是明代旧刻，姑宝存之。

册二封面：《颜氏家训》卷下。丙子（1936）十月，书友孙君绍周收于南阳，寄示，因留有之，并乞郦公禾农题签。鼐记。

2. 0767《列子》八卷、《音释》八卷，（明）孙鑛评，明天启五年（1625）钱光彭刻本。一函三册。子部道家类。

册一封面：《列子》，天启本，释文附。三册。

册一封面背面：

此本《音释》与《殷氏释文》全异，且多脱误，不知所本，明人刻书多不著来原，即此可见一端。有张序而不刻注，亦明人不学之蔽。

此本不知何人所藏，印章校语悉被涂去，可惜可恨。戊寅（1938）仲冬，适斋记于淯阳。

3. 0773《韩非子》二十卷，（战国）韩非撰，明万历新安吴勉学刻《二十子本》。一函六册。子部法家类。

函套题签：《韩非子》二十卷。吴勉学本。适斋。梁氏旧藏，后归袁氏。

册一封面：《韩非子》六册。原装订似是二册。甲戌（1934）春晁永年武慕姚署。

册一护叶：

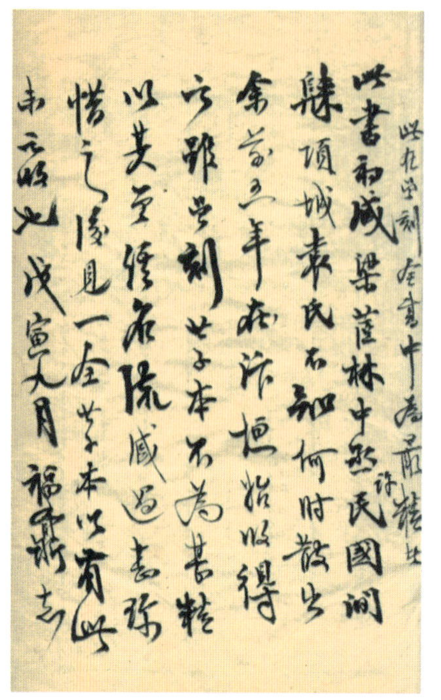

图8　明万历新安吴勉学刻《二十子本·韩非子》册一护叶题跋

此在吴刻全书中为最精者。

此书初藏梁茝林中丞许，民国间归项城袁氏，不知何时散出，余前五年（1933）在汴垣始收得之。虽吴刻《廿子本》不为甚精，以其曾经名流藏过，甚珍惜之，后见一全《廿子本》，以有此未之收也。戊寅（1938）九月福鼒志。

册六末：甲戌（1934）上元永年武福鼒慕姚甫读过。时客大梁之思齐学舍并识。

4．2010《日知录》三十二卷，（清）顾炎武撰，清康熙三十四（1695）潘耒遂初堂刻本。八册一函。子部杂家类。

函套题签：《日知录》，遂初堂本。

内封：甲戌（1934）九月收于大梁，适斋记。

册一封面背面：

顾氏自刻小字本。（不足八卷，仅见缪录，不易得）

潘氏刻本。

黄氏集释本（原刻本佳）。

广东重刻黄氏本。

5．子1268《云溪友议》十二卷，（唐）范摅撰，明万历会稽商氏半埜堂刻稗海本。一函二册。存一至十卷。子部小说家类。

册一封面：

丙子（1936）上元汴市收，适斋。

明刻本二册，己卯（1939）上元记。

6．0946《大唐开元占经》一百二十卷，（唐）瞿昙悉达等撰，清抄本。四函四十八册。子部术数类。

册一护叶：陈仲鱼旧藏旧钞本《开元占经》十二册，辛卯（1951）上巳，永年武慕姚适斋获观，因题。

册十二卷三十四末：武慕姚曾读一过。

7. 0947《陈图南先生河洛真数起例》三卷，（宋）陈抟撰；《陈邵二先生河洛真数易卦释义》五卷，（宋）陈抟撰，清初留雅堂抄本。一函八册。子部术数类。

册一护叶：仇沧柱旧藏，余得之安阳许氏，永年武福鼐慕姚题藏，都八册，应速重装。

8. 0970《寿昌无明和尚语录》二卷，（明）释元来集，明崇祯十年（1637）刻径山藏本。一函一册。子部宗教类。

封面：寿昌语录，乙亥（1935）季冬，适斋。

9. 0876 《香乘》二十八卷，（明）周嘉胄纂辑，明崇祯十四年（1641）周嘉胄刻本。一函六册。子部谱录类。

册一封面：

此是异书，流传极少，可宝也。

庚寅（1950）十月。适斋阅记。

10. 0956 《竹窗随笔》一卷、二笔一卷、三笔一卷，（明）释袾宏撰，清康熙十年（1671）嘉兴楞严寺刻径山藏本。一夹二册。存二笔一卷、三笔一卷。子部宗教类。

册一封面：《竹窗》二笔，适斋。

册二封面：《竹窗》三笔，适斋。

11. 311.2.5/4 《图绘宝鉴》八卷、《补遗》一卷，（元）夏文彦纂，（明）吴麒录，（清）蓝瑛等补辑，清怡堂刻本。一函四册。子部艺术类。

册一封面：《图绘宝鉴》四册，鼐题，戊寅（1938）孟秋之月下浣。

（未完待续。后续部分见《藏书家》此后各辑）

（周新凤，女，河南新乡人，河南省图书馆研究馆员，从事图书馆古籍编目和文献开发整理工作二十余载。主要学术成果有：《河南省图书馆古籍善本书目》（副主编）、《中原文化大典·著述典》（参与编纂）、《〈日知录〉文渊阁本抽毁稿解析》等。马珂，女，河南商水人，河南大学图书馆馆员，从事馆藏古籍普查登记、珍稀文献数字化等工作。发表《馆藏常茂徕著作〈怡古堂文钞〉研究》、《张华著作〈抱影庐遗诗〉考》等论文）

《湖湘近现代文献家通考》补（一）

郑伟章

入清以后，特别是近现代以来，湖湘成为全国文献名邦。我在中华书局1999年6月出版的《文献家通考》（上中下）三册中，已写入湘籍文献家54人，后在岳麓书社2007年11月出版的《湖湘近现代文献家通考》中，写入湘籍文献家近80人。近年来，在大量阅读南北各馆古籍善本和普通古籍文献的基础上，我循蛛丝马迹、雪泥鸿爪，征文考献，又考补出十余人。现不揣简陋，大体依年代之先后，将此十余位湘籍文献家，借《藏书家》这块宝地一一披露，以就教于各位方家。

一、胡统虞（1604—1652）

字孝绪，号此庵，湖南武陵县（今常德市）人。生于明万历三十二年甲辰（1604）正月十日，卒于清顺治九年壬辰（1652）十一月廿八日，终年四十九岁。明崇祯十六年（1643）进士，选翰林院庶吉士。清顺治四年（1647）拜为国史院检讨，官至国子监祭酒、秘书院学士、会试主考官。撰有《此庵讲录》十卷。

顺治五年（1648）秋，主京闱者为统虞所取士某，是科其长子胡觐征就试。入闱之前，该考官请于统虞曰："大兄高才，弟子敢不留意。"胡氏正色拒之，其人大惭而去。其子竟不第。卒之日，囊无一钱，惟图书数千卷。棺衾含襚，诸同人为之经纪，乃得成丧礼焉。[①]

① （清）宋琬《安雅堂文集》卷二《此庵胡先生墓志铭》。

二、车万育（1632—1705）

图1　车万育照

字双亭，与三，号鹤田、敏州，湖南邵阳人。生于明崇祯五年（1632），卒于清康熙四十四年（1705），终年七十四岁。与兄万备于康熙二年（1663）同举于乡，翌年成进士，官户部给事中，转掌印给事中。所著有《声律启蒙》四卷，系童子学诗作对、声律音韵启蒙有用之书；《历代君臣交警录》百卷、《奏疏》十卷等。

2011年我在母校北大图书馆读见一《宋版书目》（8778），其中第34种著录为《文选》六十卷，三十册，宋板，详列古吴王氏、玉兰堂文氏、万卷堂项氏、汲古阁毛氏及季振宜诸家印记，又列“南楚车氏鉴藏”诸印。检《昭代名人尺牍小传》卷六有其小传云：“家有萤照堂，藏法帖墨迹最富，刻《明代法帖》行世。”《明代法帖》即《萤照堂明代法书石刻》十卷，今中国国家图书馆藏有此书（以下简称国普24409）。另有中国国家图书馆善本古籍（以下简称“国善”）（10962）《怀园集杜诗》八卷、《怀园集李诗》八卷，系车氏于康熙二十八年（1689）仿李白、杜甫诗之作自刻。

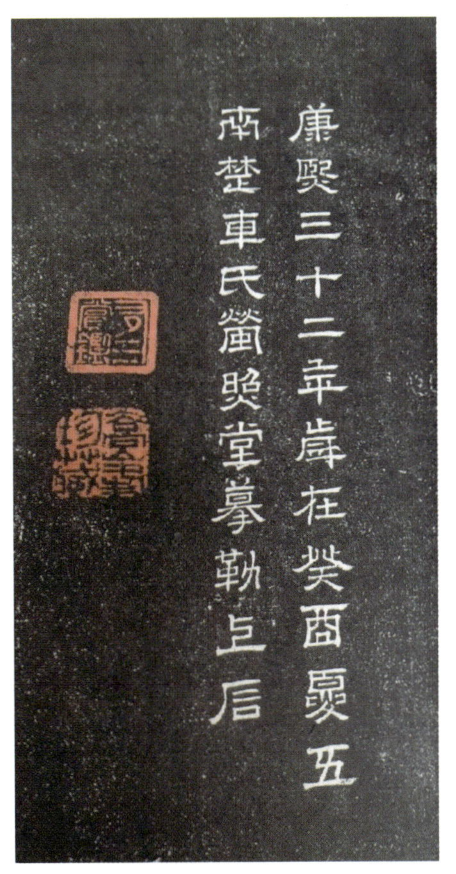

图2　萤照堂《明代法书》钤章页

其藏书处为怀园、萤照堂，藏书印有“南楚车氏监藏”“武陵人”“桃花源里人家”“武陵人家”“呼童扫落花”，以及“敏州车万育鹤田氏章”朱大方、“浩歌待问月”朱圆等印。

读《荛圃藏书题识》卷五《图画见闻志》跋，方知黄丕烈曾购到此书元人钞本前三卷，周锡瓒赠以宋刊本后三卷，于嘉庆十九年（1814）端午日又购得（元）郭天锡手书之本。黄氏跋云：“甲戌端午夏至日，以番钱十六饼，勉购郭天锡手书残本，与此并藏。郭册为明萤照堂车氏旧藏。车氏收藏甚多，有《法贴精刊》。此郭书真迹，当不谬也。复翁记。”当年读此跋时，因复翁记车氏为明人，故我将所抄车氏卡片排入了明代，实则车氏在明亡时年仅十三岁，中举、成进士、为官均在清代。

三、石承藻（1780？—1840？）

字黼庭，湖南湘潭县人，袁芳瑛之舅氏。约生于乾隆四十五年（1780），约卒于道光二十年（1840）以后，卒年六十余[①]。父养源，乾隆四十年（1775）进士，官陕西洛川知县，五十一年（1786）七月廿三日卒于官；为官清廉，入祀洛川名宦。时承藻年仅七岁，由母亲张氏抚育成人，溺苦于学。嘉庆十三年（1808）探花，授编修，充文颖馆协修，典山西乡试，得祁寯藻等人。承藻廉得奸人王树勋（本京师广慧寺僧）纳资买官之劣迹，劾之，直声震天下。后官刑科掌事给事中，因事左迁光禄寺署正。

邓显鹤《沅湘耆旧集》卷一四一录石承藻诗三九首并撰小传，云其先人于明末以忤宦珰闻于时，“世以气节自负”。清康熙年间，其高祖“为怨家所中，死于市”，“石氏既落，子孙避难逃匿，纷纷四窜”。至其父始成进士，官县令。承藻继之，拔巍科，石氏始复振。国普（26262）系其所撰《桐叶山房诗草》十六卷。

我之所以详考石承藻其人，是因为石家关系吾湘藏书名家袁芳瑛之史实。光绪朝《湘潭县志》卷八“袁芳瑛传”云：“幼好学，遍观外家（即石承藻）书。”光绪朝《湖南通志》卷一七九石承藻本传云其“留心文献，搜采勤至”。其吟诗句云：“即看万卷凌云气，定有寒芒射斗魁。”“我昨洞天窥宝籍，天书烂漫光石室。”

---

① 初读石氏《述怀》诗云：“嗟予何薄祐，七岁而丧父。”考民国《洛川县志》卷十一“吏治志”附樊殿华《洛川知县石养源政略》，其父于乾隆五十一年（1786）七月廿三日以疾卒于官，故可推知承藻之生年。《通志》云承藻卒年六十余。

四、许瑶光（1817—1881）

字雪门，号复斋、复叟，湖南善化县（今长沙）人，生于清嘉庆二十二年（1817），卒于光绪七年（1881），终年六十五岁。道光二十九年（1849）中乡试，翌年为拔萃科一等七名，咸丰二年（1852）以浙江桐庐知县用。后迁淳安、常山、仁和、诸暨等县知县。同治四年（1865）任嘉兴知府，政绩卓著。同治十二年（1873）将去京师被引见，嘉兴特建“来许亭”以示纪念。光绪初，辞官后居杭州庆春门菜市桥马所巷长园。有《雪门诗草》同治十三年（1874）刻本十四卷、十六卷本刻于光绪二十四年（1898），以及光绪十四年（1888）春正月校刊本《谈浙》四卷。

喜藏书。康熙四十六年（1707）内府刻本《御定历代题画诗类》百二十卷，载入《第三批国家珍贵古籍图录》第七册第9405—9407页，上钤“嘉兴太守善化许公雪门藏书”隶书朱大方，今入藏嘉兴市图书馆。笔者曾于国善（17617）读见《典故纪闻》十八卷，明余继登撰，明新城王象乾校刊，亦钤此同一隶书朱大方印。此书当系许氏身后，由他人整理的藏书，故加盖此印。

20世纪80年代前期，本人在《红旗》杂志编辑部哲史编辑室工作，夏天去青岛疗养，回京途中在济南下车，去山东大学图书馆看书，读见《善化许氏雪门藏书目录》四册，系张鉴祥（镜芙）千目庐请人代抄本，前后无序跋，署为“许雪门藏”，书名页上有不知何人题识两行字：“许雪门太守藏书，捐入嘉兴图书馆者。”此目不分卷，依箱著录，仅详书名、本数，无卷数、著者及版刻者。此目系其后人捐书给嘉兴市图书馆后所编，原目及许氏藏书今当仍存该馆。据陈心蓉女士所撰《嘉兴藏书史》[①]第341页云，嘉兴市图书馆于1928年至1930年间，曾接受许瑶光之孙许贯三所捐献之书，即原藏于湖南善化老家之许瑶光旧藏，共一万二千余册。

五、黄埴、黄笃恭父子

父黄埴，字仲谨，号直亭，其生卒年月不详。子黄笃恭，字修原，

① 北京：国家图书馆出版社，2010年。

光绪三十年（1904）三月十五日《湖南官报》上发表设立湖南图书馆创义，有十二位签名者，之一即黄笃恭。亦不详其仕履及生卒年。我读见钤其藏印之书有多种。

国善（13441）《西溪丛语》二卷，（宋）姚宽撰，汲古阁毛氏刻《津逮秘书》本，有黄丕烈嘉庆十九年甲戌（1814）五月十九日跋，钤陈鳣、王芑孙印，又钤“黄埴”朱方、“直亭”朱长方、“湘潭黄/氏听天命/斋藏本”三行朱长大方。此书后经莫伯骥递藏而归入国图。王文进《文禄堂访书记》卷三，著录此书并录黄氏印记。王绍曾先生等订补《楹书隅录》续编卷三，亦著录此书并过录王文进跋语。

国善（8173）《石刻铺叙》二卷，宋代曾宏父撰，清乾隆四十三年戊戌（1778）吴翌凤钞本并跋，亦有上述黄氏三行朱长大方印。

叶德辉《郎园读书志》卷七《李长吉昌谷集句解定本》四卷，明天启中吴兴茅氏刻本，系海宁查昇旧藏，“又有‘湘潭黄氏听天命斋藏本’十字朱文篆书长方印，盖近出县人黄姓家者。黄名埴，吾故友黄修原观察笃恭之封翁也”。

同上卷九《牡丹百咏》一卷，（明）张淮撰，明弘治癸亥钞本，经朱彝尊、黄丕烈递藏，“又有‘黄埴’二字朱文篆书小方印、又‘湘潭黄氏听天命斋藏本’十字朱文篆书长方印”。

《山东大学图书馆古籍善本书目》之《山海经》十八卷，即湘潭黄氏藏佚名据泰兴季氏家藏宋本传抄本，有湖南王礼培手跋云：

> 此本从泰兴季氏所藏宋本传抄，旧在湘潭黄氏听天命斋。黄氏藏书虽不足比于袁氏，而望衡对宇，颇争雄长。修原为仲谨先生子，有气节才干，以湘省矿事客死上海，所藏遂散出矣。余无力收集，劝焕彬收之，且言京厂贾人挟赀睨视，将转鬻日本，我中土恐无副本，殊可惜也。焕彬答书言，我不能为中国办海防。余大愤，乃竭力簿之。一日，焕彬欲借一校，余反唇谓，倘不办海防，君安所得此书以校哉！今焕彬死于横暴之手，余亦以兵祸转鬻是书，为之窃叹。差本尚在中土耳。丁卯秋培记。

下钤“礼培私印”白方。丁卯即1927年，4月11日叶氏被处决，此跋仅在数月之后。此书钤“湘潭黄氏”朱方、“黄埴之印”朱方、“仲谨直亭”白方、“仲谨珍藏”朱方及黄氏三行朱长大方，同时钤湘乡王礼培扫尘斋印。

（清）陈三立《散原精舍文集》卷二有为黄笃恭所撰《菱溪精舍记》云，湘潭黄氏子姓绵盛，“即里之菱溪筑精舍，置群籍，延耆儒，课族之子弟，余友修原君条立学规”。又罗正钧《劬盦文稿》二编有《黄氏万宜阁藏书记》云：“湘潭黄氏为县之望族，既建精舍以居族中子弟，复为阁于精舍东偏，购四部之书若干卷，贮其中。其族之贤者吉棠君，取于其先山谷老人之诗名之曰万宜阁，既详具藏书条约，而属予一言为之记。”这两篇《记》文，似皆为黄笃恭而撰者，故附录于此以备参考。

六、胡锡燕（1856—?）

字伯蓟，号蓟门，湖南湘潭县（今湘潭市）人，生卒年不详。清咸丰、光绪年间人。其父胡湘官粤东州牧。幼随父任，久居粤东，从番禺陈澧游，博学多通，兼事篆隶。[①]书法眉山，尝摹苏东坡所写陶渊明诗，腴润可喜。后投水死。[②]撰有《诗古音绎》一卷，系光绪年间所刻胡氏三种之一，有“长沙胡氏”牌记，其次子胡元常校刊，今已影印入《续修四库全书》第249册。

其父胡湘殁，“人为锡燕醵金三千，俾营仕进。既不能却，则尽斥以买书运回湘中，一意研讨”。[③]国图今存有胡氏于咸丰六年（1856）所刻董祐诚绘《皇清地理图》三册（舆图/2/1856-2）及《皇朝一统舆地全图》四册（D87）。此二书因国图一装修、一提为善本，今均无法阅览，故未见。国善（9867）《李义山诗集》六卷，（唐）李商隐撰，明刻本，各卷首均钤“胡蓟门藏书记”朱长条方及秦更年、周叔弢印。此外，湖南省馆藏《周易口义》十卷辞二卷说卦一卷，（宋）胡瑗撰，（宋）倪天隐述，清康熙廿六年（1687）刻本，钤“胡锡燕印”。

---

① （光绪）《湖南通志》卷一百七十九《国朝湘谭人物·胡锡燕传》。

② 《辽海丛书》之《皇清书史》卷五引《抱竹居检书记》。

③ （光绪）《湖南通志》卷一百七十九《国朝湘谭人物·胡锡燕传》。

叶德辉《郎园读书志》卷七、《韩文》四十卷、《外集》十卷、《遗集》一卷，（唐）韩愈撰，明嘉靖三十五年丙辰（1556）莫如士重刻游居敬本，上钤“胡锡燕印”朱方、“胡蓟门藏书印”朱长条方、“日知斋”朱方等。叶氏跋云：“盖县人胡蓟门先生旧藏。先生广东同知陈澧高足弟子。其二子元仪、元直皆乙酉拔贡，余举贡同年也。藏书散出，多归长沙童姓。童姓又散出，余于估人手得之。”

七、皮锡瑞（1850—1908）

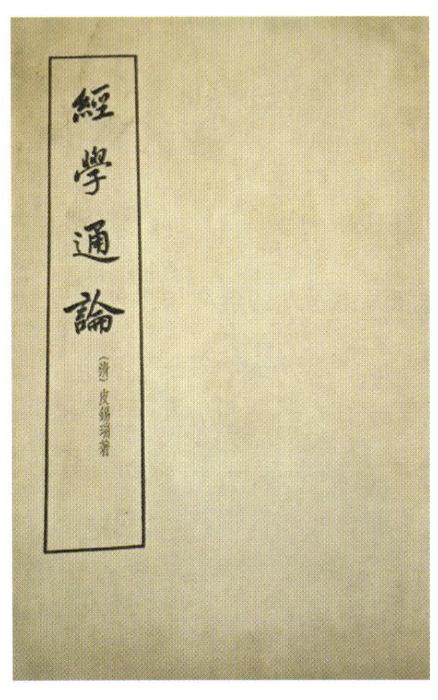

图3　皮锡瑞著《经学通论》封面

字鹿门，一字麓云，号师伏（意即以西汉传授《尚书》之伏生为师），湖南善化县（今长沙市）人。生于道光三十年（1850）十一月十四日，卒于光绪三十四年（1908），享年五十九，葬长沙南郊冯家冲。光绪八年（1882）中乡试，后会试屡不中，遂弃去，潜心经学研究。戊戌维新时任南学会会长，支持变法维新，被革去举人，交地方管束。其自撰“五十自寿联”云：“阅世五十年，所欠一死；著书百万字，不值半文。”撰有《经学通论》五卷、《经学历史》一卷、《郑志疏证》八卷、《尚书大传疏证》七卷、《今文尚书考证》三十卷、《师伏堂骈文》四卷、诗草六卷、咏史一卷、词一卷等。皮氏系我国近代经学大师。

皮氏藏书之名为其经学研究之名所掩，实则其藏书颇富。2010年春节前，我曾至湖南图书馆，寻霖先生向我出示《皮氏古今书目类钞》，系不分卷稿本复印件六册。该书目前后无序跋，端楷所抄，每书书名字甚大，小字注撰者、卷数。此书目不依四库分部，仅列子目近百，分类颇细，然杂乱无章。如有家礼、字汇、天文、历算、地理、阳宅、通书、六壬、卜筮、命理、相法、治政、清律、成案、洗冤、

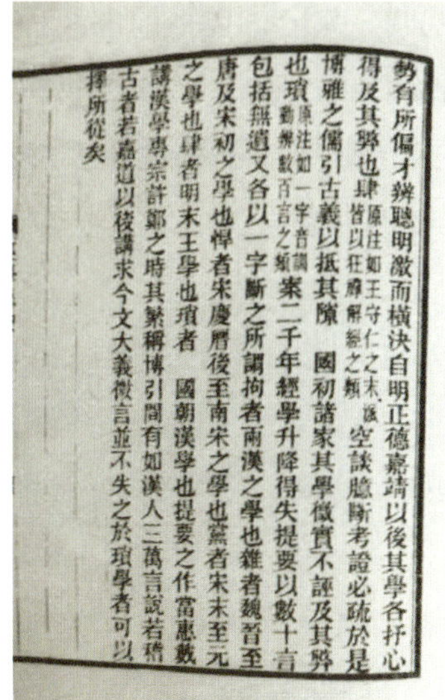

有成說律逮後人以視前人之茫無途徑者實爲事半功倍蓋以
瞭然於心目俾擇從甚易不至費日力而增葛藤惟西漢今文近
始發明猶有待於後人之推闡者有志之士其更加之意乎
四庫提要經部總敘曰自漢京以後垂二千年儒者沿波學凡六
變其初專門授受遞稟師承非惟訓詁相傳莫敢同異卽篇章字
句亦恪守所聞其學篤實謹嚴及其弊也拘王弼王肅稍持異議
流風所扇或信或疑越孔賈啖陸以及北宋孫復劉敞等各自論
說不相統攝及其弊也雜洛閩繼起道學大昌擺落漢唐獨研義
理凡經師舊說俱排斥以爲不足信其學務別是非及其弊也悍
（原注如王柏吳澄攻駁經文動輒刪改之類）學脈旁分攀援日衆驅除異己務定一尊
自宋末以逮明初其學見異不遷及其弊也黨（原注如論語集注誤引包咸夏瑀商
瑗之說張存中四書通證卽闕此一條以諱其誤又如王柏刪國風三十二篇許謙疑之吳師道反以爲非之類）主持太過
勢有所偏才辨聰明激而橫決自明正德嘉靖以後其學各抒心
得及其弊也肆（原注如王守仁之末派皆以狂禪解經之類）空談臆斷考證必疏於是
博雅之儒引古義以抵其隙　國初諸家其學徵實不誣及其弊
也瑣（原注如一字音訓動辨數百言之類）案二千年經學升降得失提要以數十言
包括無遺又各以一字斷之所謂拘者兩漢之學也雜者魏晉至
唐及宋初之學也悍者宋慶曆後至南宋之學也黨者宋末至元
之學也肆者明末王學也瑣者　國朝漢學也提要之作當惠戴
講漢學專宗許鄭之時其繁稱博引間有如漢人三萬言說若稽
古者若嘉道以後講求今文大義微言並不失之於瑣學者可以
擇所從矣

图4　民国十四年（1925）涵芬楼影印《经学历史》全册内页书影

状式、博笑、词曲、闲杂、传奇、小说、四六、说文、书法、书画、武略、医书、本草、脉诀、伤寒、幼科、痘科、外科、女科、单方、眼科、喉科、尺牍、应酬、琴谱、围棋、象棋、文稿、初学、小题、今文、明文、巧截、考卷、墨卷、典制、科试、国文、经文、杂文章、课艺、房行、律赋、试策、古文、尔雅、孝经、小学、性理、幼学、故事、奏议、楚辞、氏族、水道、圣贤、西湖、通考、困学、笔记、生裁、读书、算法、地舆、金石、博古、修真、杂字、杂书、对联、历鉴、子书、类书、古学、丛书、诗文、文集、诗集、韵学、昭明、诗话、律词等，后又有“存、心、自、有、天、知”六部书目，每部列子目若干，亦各不统属。

皮氏著述刻为两种丛书，一为光绪二十五年至三十四年（1899—1908）思贤书局为之刻《皮氏丛书》九种，包括《经学通论》五卷、《经学历史》一卷、《王制笺》一卷、《古文尚书冤词平议》二卷、《尚书中侯疏证》一卷、《圣证论补评》二卷、《郑志疏证》八卷附《郑记考证》一卷、《六艺论疏证》一卷、《鲁礼禘袷[1]义疏证》一卷等。一为《师伏堂

① 禘袷，音dì jiá，古代吉礼的一种。即天子诸侯丧事毕，于太庙中合祭远近祖先神主，以示追远孝敬之意。

丛书》十八种，前有“善化皮氏师伏堂刊”牌记，包括前书九种外，另有由师伏堂自刻之书九种，每书末均钤以“皮氏版权”朱方，包括《尚书大传疏证》七卷、《今文尚书考证》三十卷、《孝经郑注疏》二卷、《汉碑引经考》六卷附《引纬考》一卷、《经训书院自课文》三卷、《师伏堂咏史》一卷、词一卷、骈文两种六卷、诗草六卷等。

1949年新中国建立之初，其后人将其部分藏书捐献国家。1951年9月8日《长江日报》载，长沙皮名举教授捐献其先人皮锡瑞藏书二千三百余册，中南军政委员会文化部特予表扬。

［未完待续，后文见本刊第28辑《湖湘近现代文献家通考》补（二）］

［郑伟章（1944—2024），湖南省华容县人，学术职称编审。毕业于北京大学图书馆学系，曾任职于北京大学、《红旗》杂志社、中顾委办公厅、外贸部《国际商报》、中国驻澳大利亚墨尔本总领馆。长期从事中国历史学、文献学、目录学及政论、党史研究和编辑工作。发表文章30余万字，出版《文献家通考》等200余万字］

先祖北大四马与藏书（二）

马庆芳　马　捷　马　星

四、马鉴与藏书

马鉴是笔者马庆芳的祖父，他只比马衡小二岁，兄弟中排行老五。1899年与马衡一同考入南洋公学中院，同班学习。1902年，因学生爱国运动，马鉴与200余名同学愤然退学，加入蔡元培先生创办的“爱国学社”。该学社实际是一所灌输民主主义，具有反对清王朝和帝国主义倾向的进步学校。学生不收学费，教员义务教课。章太炎、吴稚晖等人都是教员，学生中也多有革命党人，这些人对马鉴的进步倾向颇有影响。马鉴在课余时间，还帮助蔡元培编辑出版拒俄侵华的爱国报刊《俄事警闻》（后改名《警钟日报》）。他对蔡先生的学识与人格极为钦佩，其后一生都以蔡元培先生为自己的导师和榜样。学校还特别重视军训，革命志士何海樵及由南京陆师学堂转至爱国学社的学生章士钊、林立山等人担任教练，全校学生不分晴雨出操军训，蔡元培也亲自参加。经过这样的锻炼，马鉴在燕大担任中文系教职时还曾兼任体操教练，这和马衡在北大曾担

图14　中年马鉴肖像照

任马术教练何其相似。

1906年，浙江省成立浙江两级师范学堂；1907年，马鉴成为该校教员，与沈钧儒、经亨颐、许寿裳、夏丏尊、张宗祥、马叙伦、沈尹默、周树人、李叔同、钱家治等人同事。该校教员颇多当时之俊彦、后日之精英。

经福开森推荐，1916年马鉴进入新成立的北京协和医学院，担任中文教员。1925年7月，42岁“高龄”的马鉴启程去美国哥伦比亚大学攻读硕士学位，师从著名教育家、哲学家杜威博士。他以超常的努力，仅用一年时间便取得该大学师范学院的毕业证书和文学硕士文凭。在此期间，还帮助该校教师富路特提高中文水平和研读中国古籍的能力，二人成为莫逆之交。两年后，富路特成为哥大中日文学系系主任。1926年11月，接受燕京大学聘请，马鉴回到北平担任燕大中文系教授，不久被选为系主任。燕大中文系原来师资不足，马鉴上任后就聘请沈士远、沈尹默、俞平伯、钱玄同、马裕藻、容庚、钱穆、陈垣等专家来系任教。1928年，又成立了哈佛燕京学社，共同推行中国文化研究，

图15　马鉴与司徒雷登等人合影（1929年）。左起：马鉴、何其巩（时任北平市长）、司徒雷登。

使燕大中文系教学及研究水平得到明显提升。胡适曾评论说：由于陈垣、马鉴这样的学者负责国学研究，燕京大学已“渐渐成为中国文史研究的一个中心”。马鉴在燕大讲授大一大二的国文基础必修课，以及中国古代笔记文学专题课。他的学生回忆：他讲一口纯粹的国语，讲得很系统，将事情的背景、人物的略传、地方的情况，有条不紊地讲出来，引证图书中有关的段落，还告诉我们一些参考书籍。

1935年7月，马鉴应聘任香港大学中文系教授，帮助系主任许地山改革旧的教学体系，建立中文系新的教学架构。1941年底，日寇占领香港后，马鉴坚拒出任伪职，化名离港，经澳门、两广赴成都，担任在此复校的燕京大学文学院院长兼中文系主任和校训导委员会主席。此时的燕大校长为孔祥熙，梅贻宝先生是代理校长，梅先生为筹募办学经费经常离校四方奔走，抗战期间曾两度赴美。梅校长离校时，马鉴还要临时主持校务，教学与行政工作极为繁忙。抗日战争胜利后的1946年，马鉴返回香港大学，任中文系主任，至1950年退休。在国家鼎革之际，他坚决支持新中国，反对专制贪腐的国民党政府。1958年，他不顾年老体弱，担任香港国庆观礼团团长赴京参加国庆活动。回港后，多次演讲盛赞新中国的建设成就。1959年，马鉴因病去世，享年77岁。

马氏兄弟都是无党派民主人士、左翼自由主义知识分子，而马鉴留学美国，师从杜威，信仰基督教，又长期在教会学校和香港工作，是更为典型的左翼自由主义知识分子。但五兄弟都爱国爱民，富有正义感而又不过激，都与革命或革新人士李大钊、鲁迅、蔡元培、胡适友好。1927年4月，北洋军阀张作霖捕杀李大钊等共产党人，在白色恐怖中，马裕藻、马衡在李大钊就义后第二天，便去李家慰问并给予资助；马鉴更是把处于危险中的李大钊长子、共产党员李葆华留住家中避难。1929年，鲁迅回北平看望母亲，身为北大和燕大中文系主任的马裕藻、马鉴两兄弟都热情聘请鲁迅任教。1937年全面抗战爆发后，大批共产党人南下香港。出狱不久的共产党员作家楼适夷，来港筹建中国文艺界抗敌协会香港分会，进入香港即被港英警方监视，工作一筹莫展。此时，马鉴和许地山主动出面，联络各方，支持香港分会获批成立。1941年香港纪念鲁迅逝世五周年集会及郭沫若诞辰50周年和创作生活25周年纪念会，均由马鉴担任主席。1922年，世界基督教学生同盟将在清华大学召开第11次会议，引起非基督教学生的反对，社会上掀起非基督教浪潮，进而反对一切宗教，宣称“有宗教可无人类，有人类应无宗教，宗教与人类不能两立”。潮流所向，甚至有识名流如蔡元培、陈独秀、李大钊、李石曾、胡适也不同程度地支持了这个过激的运动。但不久，马裕藻与周作人、钱玄同、沈兼士、沈士远共同发出了《主张信教自由宣告》，表示“信教自由，载在约法，知识阶级的人应首先遵守，至少也不应首先破坏，我们因此对于现在非基督教非宗教同盟的运动表示反对”。而后，孙中山先生也表示反对这种过激的运动，极端思潮才逐渐平息。

马鉴支持子女亲友参加革命工作。长子马咸，经济学家，曾任台湾银行行长，后在台湾参加秘密工作，是马氏家族第一位共产党员。次子马蒙，毕业于燕京大学，抗日战争时期投笔从戎，战后赴伦敦政治经济学院工作，曾担任香港大学中文系主任18年。三子马豫，抗日空军驾驶员，参加两航起义，是新中国民航事业的劳动模范。幼子马临，是香港中文大学校长，为香港回归祖国和帮助邵逸夫先生捐巨资助学卓有贡献。四个儿子有两个共产党员、两个全国政协委员。

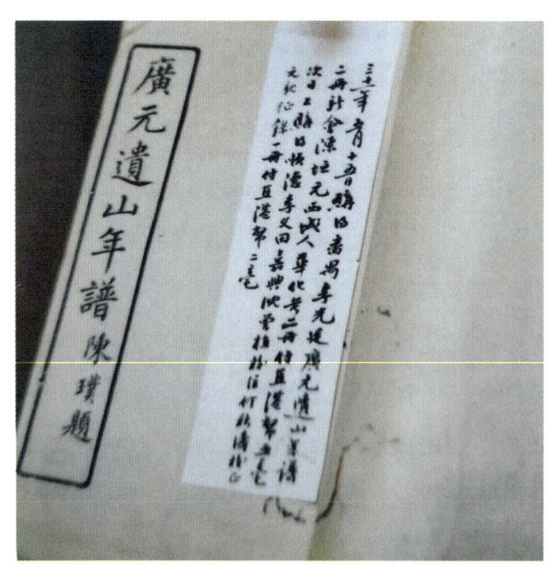

图16 《广元遗山年谱》书影。此书为元代著名文学家、史学家元好问年谱。马鉴在附记中说，1942年5月离港赴川途中不顾战时行路难，两天购书三种五册，总价仅港币七角。

马鉴因仰慕爱国诗人陆游，特别欣赏他晚年著作《老学庵笔记》以及诗人老而好学的精神，故将自己的书斋命名为“老学斋”。笔者幼年曾去过“老学斋”藏书室，2002年去香港为祖父扫墓，又在“老学斋”斋额前照相留念。

马蒙于1962年撰写的《记老学斋藏书》，叙述了马鉴藏书的历史和藏书最后的归属：马鉴

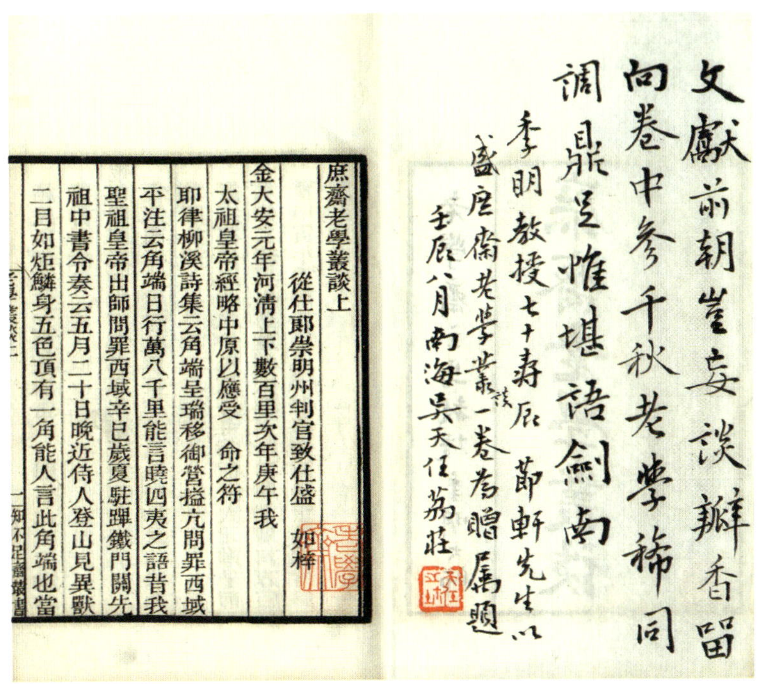
文獻前朝豈妄談瓣香留
向卷中參千秋老學稀同
調鼎足惟堪語劍南
季明教授七十壽辰 節軒先生以
盛庶齋老學叢談一卷爲贈屬題
壬辰八月南海吳天任荔莊

庶齋老學叢談上
從仕郎崇明州判官致仕盛如梓
金大安元年河清上下數百里次年庚午我
太祖皇帝經略中原以應受 命之符
耶律柳溪詩集云角端呈瑞移御營擡亢問罪西域
平注云角端日行萬八千里能言曉四夷之語昔我
聖祖皇帝出師問罪西域辛巳歲夏駐蹕鐵門關先
祖中書令奏云五月二十日晚近侍人登山見異獸
二目如炬鱗身五色頂有一角能人言此角端也當

图 17 《庶斋老学丛谈》（上）书影。此书为元代盛如梓的读书笔记。《知不足斋丛书》是清嘉庆年间藏书家鲍廷博（1729—1814），以其所藏善本刊印之丛书。

在1925年担任燕大中文系教授后开始购书藏书，其目的“以合乎教学之需，为购书准则”。也为了满足个人兴趣，“采集唐宋以来说部诸书以为消遣，于历代笔记掌故之作尤有偏好焉”。因为马鉴主要讲授中文系的基础课，所以购买的教学参考书范围广泛。1936年南下香港时，“尽携其藏书一万一千余册”。在香港大学工作五年又购书不少，至香港沦陷时藏书已达一万五千余册。马鉴离港前，将全部藏书“封存于香港大学邓志昂中文学学院”，随身所携仅日常批阅三五十册而已。进入内地后，在四川等地又购买了上千册书籍，这些书籍都被马鉴于1946年回港大中文系任教时带回。回香港后立即检查藏书，“及见故书十九完好无损，欣喜过望，因请友人篆‘老学斋劫余文物’一章，以志其事”。回香港后又购书不少，1950年退休时，次子马蒙用三个月时间清点整理其藏书，“核得所藏新旧版书总数为一万八千六百七十余册，凡三万余卷”。1954年新加坡马来亚大学（现该校为新加坡国立大学）创设中文学系，急切求购中文图书。但此时无论国内海外，中文旧书古籍已难觅得，该校即托友人求购其藏书，马鉴从藏书中选出“重

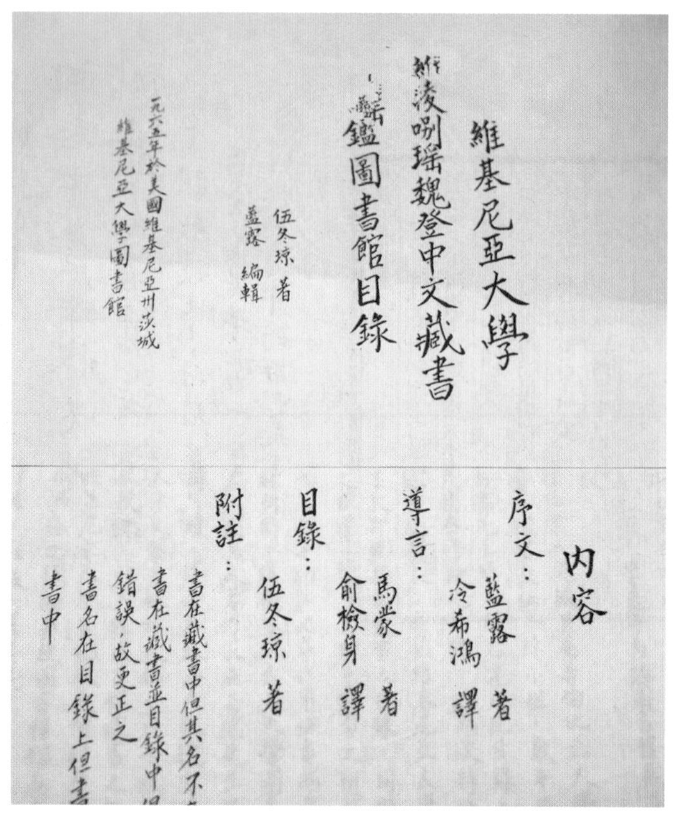

維基尼亞大學
淩唎瑤魏登中文藏書
鑑圖書館目錄

伍冬琼 著
藍露 編輯

一九六五年於美國維基尼亞州淡城
維基尼亞大學圖書館

內容

序文：藍露 著
冷布鴻 譯
導言：馬蒙 著
俞檢身 譯
目錄：伍冬琼 著
附註：
書在藏書中但其名不
書在藏書並目錄中但
錯誤，故更正之
書名在目錄上但書
書中

图18　维（弗）吉尼亚大学图书馆马鉴藏书室目录

复及不常用者八千余册以应所请”，出让给该校。1959年马鉴去世，家人“期尽其用亦不至残缺散失”，有意整体出让。

1960年，经港大原图书馆馆长居间撮合，老学斋藏书11000余册整体出让给美国弗吉尼亚大学图书馆。这些书，是马鉴藏书的主体和精华。马蒙最后说：“夫先父藏书夙不讲求版本，志在致用而已，今以先父遗书全部归诸弗州大学，或亦无违先父收藏典籍之旨欤。”对此，收售双方都较满意。马鉴万余册图书在该校六万余册中文图书中占有重要位置，均属特藏。

2023年9月，马捷（马庆芳之子）、马星（马裕藻之孙女、马泰之女）、何静（马捷之妻）三人赴弗吉尼亚大学，探访马鉴老学斋藏书，受到该校图书馆工作人员的欢迎和热情接待。弗州大学历史悠久，现有图书馆13个、电子图书馆5个，藏书超500万册，收藏报刊4.7万余种，规模很大。马捷等向该校图书馆赠送了1929年马鉴与司徒雷登等人合影的老照片，参观了图书馆及马鉴藏书室，并翻阅了其中少量善

图19　马捷等人访问弗吉尼亚大学图书馆。左起：马星、何静、图书馆王女士、马捷。

本书（共约300册）。图书馆王女士介绍说："对马鉴藏书一向重视，当年入藏后曾举行了小型庆祝会，会上还开了香槟酒。"马捷等人对该校图书馆认真保护和管理先祖藏书的做法，表示满意和感谢。

马鉴还担任过北平燕大图书馆委员会主席，陈垣先生也担任过这个职务。由于学校重视和哈佛燕京学社国学研究所的经费支持，每年拨购书费三万元用于购买中文书及与中国有关的西文书，而当时"购西文书之款，则列学校经常费之中，每年为数仅千元"。因此，燕大图书馆发展很快。1930年6月，马鉴作为该校图书馆负责人，向学校报告："图书馆现藏中文书籍约十四万册，西文书籍约三万册，中文书籍中，善本书约一千五百册，宋元明刻本皆有……藏书仅次于中山大学图书馆和国立北京大学图书馆，居第三位。"燕大并入北大后，这些藏书进入北大图书馆。

五、马廉与藏书

作为藏书家，与三位兄长相比，马廉的成就更为杰出。他致力于收藏中国古代俗文学作品，包括话本小说、戏曲和曲艺（统称曲本），旁及笑话和谜语，总数达五千多册，其中善本书占20%以上。在中国古代俗文学古籍收藏家中无人能及。

马廉幼年时已家道中落，他以几位兄长为榜样，刻苦自学，打下了中国文史知识的基础。在辛亥革命影响下，马廉思想进步，在故乡宁波大量搜集明末爱国志士张苍水、朱舜水等人的著作。1920年到北京参加北京孔德学校工作，该校是蔡元培、李石曾、马裕藻、马衡等北大教授于1917年创办，实际是新文化运动的教育实验基地。由于学校得到北大诸多教授学者的学术支持，以及中法基金会法国庚子赔款退款的财务支持，学校在全盛时期设置了幼稚园、小学、中学和大学预科，还准备筹建中法大学孔德学院，建立完整的教学体系。其教育理念、教育水平、教学设施，都处于全国先进水平。学校收藏古籍、文物，出版有一定社会影响力的《孔德月刊》，学习法语，自编白话文课本，男女同校等，都是办学的特色和优势，远超一般中学水平。

周作人在《隅卿纪念》一文怀念马廉说，1925年周作人与钱玄同，沈尹默在孔德学校"包办国文功课"。"隅卿则是总务长的地位，整天坐在他的办公室里，又在替孔德图书馆买书，周围堆满了旧书头本，常在和书贾交涉谈判。""隅卿多年办孔德学校，费了许多的心，也吃了许多的苦……他含有多量革命的热血，这有一半盖是对于国民党解放运动的响应，却有一大半或由于对北洋派专制政治的反抗，在'执政'（段祺瑞）治下有'三一八'时期与直鲁军时期的悲苦与屈辱，军警露刃迫胁他退出宗人府，不久连北河沿的校舍也几被没收。到'大元帅'（张作霖）治下好像是疔疮已经肿透离出毒不远了。"

马廉有两个由钱玄同先生录额的书斋名号，一个是因为他大量搜集抢救白话话本、曲本而命名的"不登大雅堂"，这明显是站在人民大众立场，对统治阶级自称"大雅"文学的反讽；另一个是为他发现罗贯中撰《三遂平妖传》话本而命名的"平妖堂"，先生自称平妖堂主人，显示其扫平妖魔的正气。

马廉大量收藏曲本、话本，在北京古籍旧书行业颇有名声，书商多乐于首先向他介绍推销。1925年暑假前后，马廉两次论斤收购了从北京东四三条35号蒙古车王府流出的巨量手抄曲本。车王车登巴咱尔（1817—1852）生长在北京，通满、汉语，能汉诗，善绘画，其岳母颐

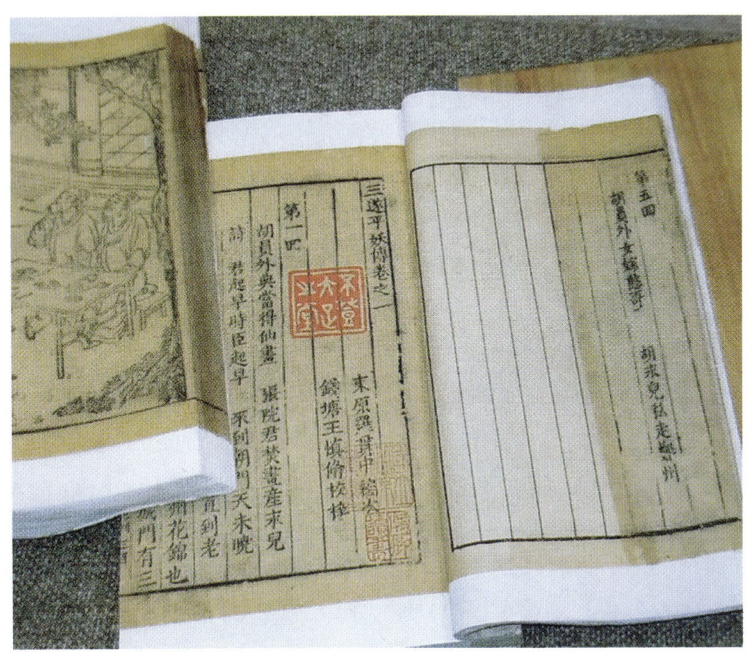

图20　马廉藏罗贯中著《三遂平妖传》书影

太清为著名词人、小说家、戏曲家。这批手抄曲本是车王几代人的积累，最晚的抄本是光绪十四年（1888）的。曲本的戏曲部分以皮黄最多，约占半数，其次为昆曲，再次为皮影戏、木偶戏、高腔、弋阳腔、吹腔、西腔、秦腔等，还有相当数量的不明剧种。曲艺部分更为稀有难得，包括说唱鼓词、子弟书、快书、牌子曲、岔曲、莲花落、时调小曲等曲艺形式，时调小曲中又分马头调、太平调、西江月、十二月、福建调、四川歌等曲调。它们取材广泛，包括历史故事、神话传说、文学名著，不少曲艺作品反映了当时的社会生活和风土人情。清车王府藏曲种类繁多，琳琅满目，数量巨大，内容丰富，总字数超过1100万字，是研究晚清中国戏剧和曲艺，以及社会生活、风俗民情、宗教信仰、民族关系的宝贵资料文库。著名文学史和戏曲史专家王季思（1906—1996）认为，这批宝贵文献的发现“可与安阳甲骨、敦煌文书并提”。马廉收购的车王府藏曲，一部分作为私人收藏，共1400种2154册，后归藏北大图书馆，作为马氏特藏辟专室保存。另一部分作为孔德学校图书馆收购的藏书，共230种2300余册。1937年为避日寇劫掠，孔德图书馆关闭封存，1952年孔德学校改为北京市立二十七中，1954年原孔德学校的4.6万册藏书被划拨到首都图书馆。1990年，

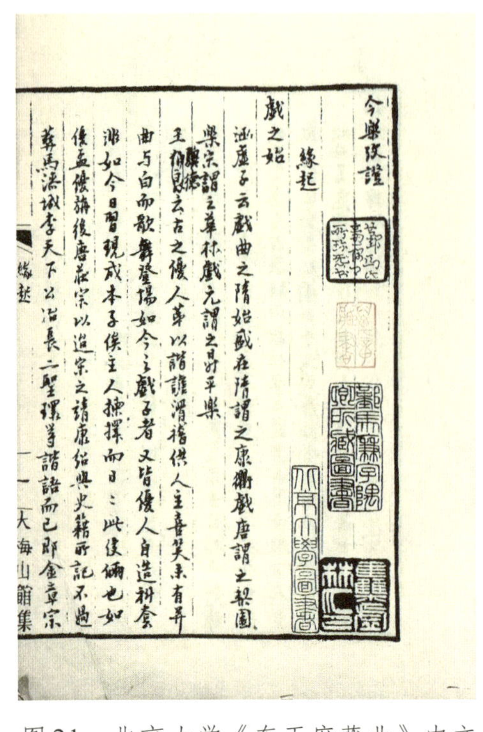

今樂攷證

緣起

戲之始

泌廬子云戲曲之隋始戲在隋謂之康衢戲唐謂之梨園樂宋謂之華林戲元謂之昇平樂

王[illegible]云古之優人第以諧謔滑稽供人主喜笑未有弄曲与白而歌舞登場如今之戲子者又皆優人自造科套非如今日習現成本子俟主人揀擇而日日此伎倆也如優孟優旃後唐莊宗以迄宋之靖康紹興史籍所記不過葬馬漆城李天下公冶長二聖環等諧語而已即金章宗

緣起　一　大海山館集

图21　北京大学《车王府藏曲》内文钤章页之一

该馆又将北大藏本过录一份入库，以影印线装《清蒙古车王府藏曲本》出版，但仅印行15套，每套315函，海内外发行，每套定价9.8万美元。至此，世界各国读者才首次能够看到这座文化宝库的全貌。中山大学中国古文献研究所的专家团队，通过二十年的努力工作，根据国内外多种车王府藏曲的原抄本及过录本，认真校勘，纠正讹误，更替不规范俗字，并施以标点，更在各剧首撰写了“解题”，注明类别、著录，说明原抄本藏处、过录本情况、故事概要和本事来源，最后说明现存其他传本情况，并注明据以参校的别本。经过这些整理工作，2013年出版了完整、完善且便于阅读的《清车王府藏戏曲全编》。全书共20册1175万字，可称为中国最大规模戏曲集。

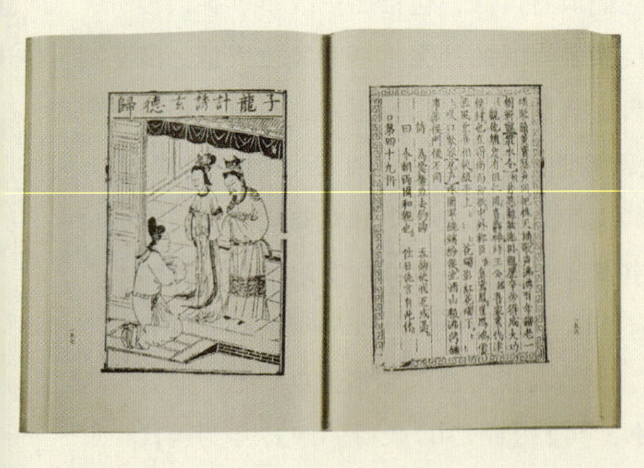

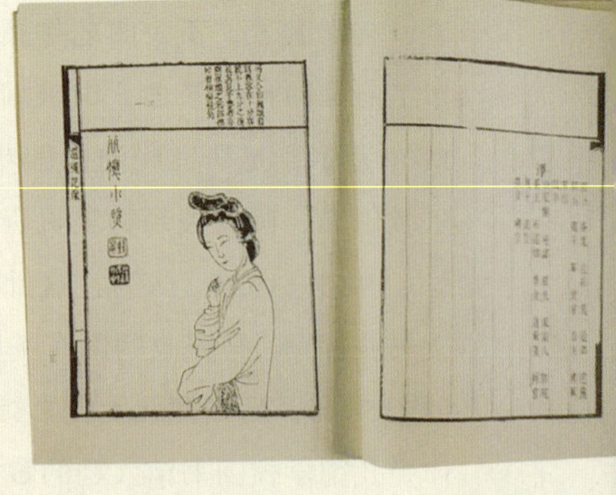

图22　马廉藏曲内文页

2003年，为纪念马廉先生110周年诞辰，北大图书馆与首都图书馆合作，影印出版了《不登大雅文库珍本戏曲丛刊》。该书全套24册，大16开，共18576页，每册均在七百页以上，包括了马廉先生收藏的近四百种戏曲中的近七十种善本，其中绝大多数是刻本。笔者马庆芳和马星，在参加2003年北大五马纪念活动中见到了九祖父收藏的戏曲善本书和这套丛刊，对九祖父收藏之丰富和古代刻本书插图之精美印象深刻。这套丛刊中包含了著名戏曲家马彦祥先生（1907—1988，马衡次子）捐赠首都图书馆的马廉藏品。马彦祥曾在1917年过继给九祖父，因此藏有马廉藏书实属自然。他是一位能写剧本、剧评、戏剧史，能导演、能演出、能教学、能管理（曾任文化部艺术事业管理局副局长）的全能型的戏剧才子。

1926年鲁迅离开北京后，马廉在北大接替鲁迅讲授中国小说史。马廉与鲁迅、胡适关系友善，这除了他们是北大同事，显然两位新文化运动的重要领军人物对白话文和小说的重视，也对马廉有很大影响。

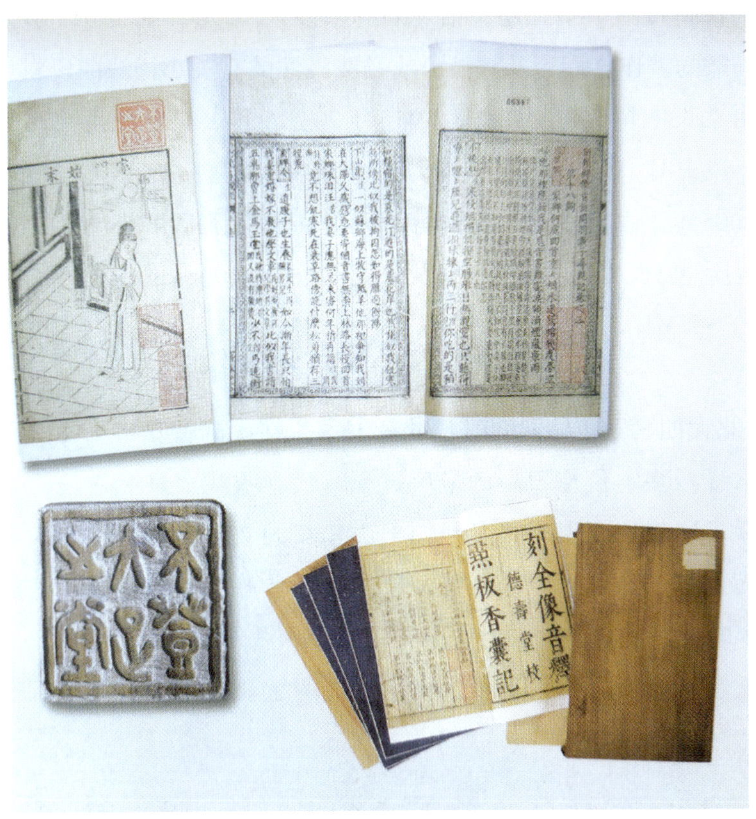

图23 《不登大雅文库珍本戏曲丛刊》书影

1931年6月，马廉回宁波休养了二年多时间，此间仍未放弃工作。他与郑振铎、赵万里访得天一阁散出的明抄本正续《录鬼簿》，三人连夜抄出一副本，后交北大影印出版。翌年他又在宁波购得清姚燮[1]的《今乐考证》，此书是对宋、金、元、明、清戏剧起源、流变、体制、音乐、角色的考证，记录作家500余人、作品2300余部，具有极高的学术价值。1933年秋，又在购得的一包残书中，发现两册从天一阁散出的两册明嘉靖刻本《雨窗集》《欹枕集》，两书共收宋元话本小说12篇，使著名的《清平山堂话本》增至27篇。著名目录学家白化文（1930—2021），高度评价马廉收藏的古代小说："马氏书的重点在小说……马氏虽然也收戏曲书籍，究竟不如收小说之宽泛，就20世纪20—30年代而言，马氏可说将中国明清小说搜集基本齐备。"马廉在宁波养病期间，正逢宁波拆除古城墙，他从其中找出许多汉晋古砖亲自椎拓，考证后撰写了《鄞古砖目》（又名《千晋斋砖录》）一册。此后，将这此古砖捐赠天一阁，至今天一阁犹存千晋斋古砖陈列室。

马氏特藏图书中，还包括《隅卿杂抄》112册，约200万字，内容包括马廉的著作、译著及其抄录或题跋批注的有关小说戏曲资料。

由于长期超负荷的工作，1935年2月19日，马廉先生在北大讲授中国小说史时，突发脑溢血，献身讲台，英年早逝，年仅42岁。

2005年，中华书局出版了马廉著、刘倩编《马隅卿小说戏曲论集》。该书包括他已发表的主要著、译及未发表的文稿，全书共50万字。

六、后记

"北大四马"和他们同时代的藏书家，在中国古籍市场图书种类丰富、数量较多、价格不高的最后黄金时代，收藏了许多古籍，这是时代的赐予。但这不仅有赖于他们丰富扎实的文史、目录学和版本学知识，而且缘于他们对中华传统文化的热爱和尊重。与此同时，他们也完成了时代赋予的使命，为中国文化的传承做出了应有的贡献。

文字的发明，是人类步入文明时代的重要标志。有文字后产生了

---

① 姚燮（1805—1864），字复庄，著名学者，兼长诗词骈文，有小说、戏曲论著多种。

书籍，书籍记录、传承、交流文化科学知识，是人类进步的阶梯。我国是文明古国，有过思想活跃、百家争鸣的文化繁荣时代；中华祖先发明的造纸技术和印刷技术，有力促进了世界图书出版事业的发展。但是，在封建帝制时代，文化典籍的存续会面临天灾人祸等许多危险。秦始皇统一中国后，建立了独裁专制的帝国体制。为了维护万世一系的封建体制，秦始皇推行愚民政策，实行焚书坑儒，下令烧毁除医药、卜筮、种树类以外的所有其他书籍，同时颁布“挟书律”，禁止民间收藏和阅读儒家五经及其他诸子百家之书，对违禁不从者实行株连九族的酷刑。后世王朝沿袭秦代体制，禁书不绝。到了清朝，统治者更是草木皆兵，大兴文字狱，禁书删书活动登峰造极，仅乾隆一朝就制造了130起以上的文字狱。统治者的人为损毁，自然灾害和兵连祸结的战乱，致使中华古籍屡屡遭受灭顶之灾。但值得庆幸的是，从“鲁壁藏书”开始，历代藏书家和读书人都在千方百计地护藏文化典籍，中华文脉也因此才得以存续而没有断绝。

中华民族的伟大复兴，需要提高全民族的科学文化素质，为此国家提倡“全民阅读”，并加强图书馆、博物馆和科技馆的建设。尤其令人振奋的是，2022年在中国版本图书馆的基础上，我国快速建成了中国国家版本馆，并采用“一总三分”的馆藏体系，复制备份版本资源，实现永久保存。中央总馆北京文瀚阁、西安分馆文济馆、杭州分馆文润馆、广州分馆文沁馆，均位于风景秀丽的山区。各馆均设置展示区、保藏区、洞藏区、交流区等，是国家版本资源总库和中华文化种子基因库，履行国家版本资源保藏和传承的职责。这些版本包括古籍原件，原大仿真影印本、精品出版物、音响唱片、摄影作品、非遗作品、书法作品、碑刻拓片、手稿手迹、钱币、文物、邮票邮资封实物版本，以及各类文献数据库等数字版本，集图书馆、博物馆、美术馆、档案馆为一体。若四位先祖在天有灵，看见自己的祖国出现如此规模宏大、收藏丰富、保护完善、技术先进的中华文化宝库，一定会万分欣喜，含笑九泉。

（第一作者马庆芳，高级工程师，退休前在中国科学院及航天第五研究院从事传热学和卫星研制工作，获航天部科技进步二等奖2次，出版著作7种、译著5种，发表历史文化散文10余篇）

李光明书庄的"御用"书手王小泉

罗　磊

晚清南京的李光明庄状元阁，出版了220多种各类书籍读本。在1894年出版的《李光明书庄价目》里，列出了经部42种、史部8种、子部5种、集部59种、闺范类5种、启蒙类44种、杂学类33种、善书类33种，几乎涵盖了当时市面上大部分读书人用的书籍。状元阁所刻图书影响巨大，状元阁的老板李光明也成为清末民初中国刻书业的风云人物。

李光明，字椿峰，号晓星樵人，斋号何陋居。他开始是一名刻书匠，机缘巧合，跟着曾国藩走南闯北。金陵书局创办后，他自立门户，包办江南科举考试的试卷、教辅材料的刊刻，做金陵书局的帮手，设书肆于金陵聚宝门三山街大功坊郭家巷内电线局西首秦状元巷中，并设分肆于状元境口状元阁，因此他的书庄也叫状元阁。李光明庄刊刻的古籍则称"状元阁爵记"。所刻书籍，前面多印有推广文字的告白启事，版心下刻"李光明庄"四字，有的还在书内附刻图书目录。

李开明的偶像有两个人，一个是南宋的陈起，一个是明季的毛晋：

> 南宋临安睦亲坊有书贾陈起刻《江湖诗集》行世，其名播于士大夫之口。明季琴川毛氏，所刊汲古阁书驰声海内，今流风未沫也。
>
> 余视前人无能为役。溯自粤氛正炽，余挟末技侍曾文正公，时军檄旁午，独任剞劂。嗣为文正暨忠襄刊《王船山先生全集》，复在皖省开雕十数种，颇获文正许可。

承平以来，文正创江南书局，凡镌印事命余综其成。余因设书庄于金陵，自梓各种书籍，皆选最上纸料，力求景致，诸工人亦绝无劣手。虽其间所刻雅俗共赏，而于童蒙运用之书尤加意校订，盖就正时贤屡矣。凡坊间猥亵小说，概不射利，免滋愆尤。[①]

由于长期为官家办事，李光明对于书籍的质量非常在意，不仅刻印讲究，对人才的笼络也很用心。在一些读物里，能看到一个名叫“王小泉”的落款，他可能是李光明背后的重要帮手，不仅负责牌记、序言的书写，还负责部分书籍的校对。从能看到的部分书籍实物里，可窥见其工作之一斑。

一、《孔子家语》

《孔子家语》共十卷，通篇用仿宋体字书写，非常精美。牌记后有序言二页、目录二页、版画七页十四幅。每卷末尾有两行小字：“丹徒李恩绶覆校，上元王小泉学书。”由这两行小文字看出，《孔子家语》的复校者是李恩绶，写样者是王小泉。那时候的王小泉写样还处在“初学阶段”，应该是给李光明服务的初期，所以谦虚地说自己的工作是“学书”。

李恩绶（1835—1911），字亚白，号丹叔，江苏丹徒人，祖籍安徽舒城，清末附贡生。他是清末镇江文坛耆硕，有《读骚阁赋存》《讷盦[②]骈体文存》《缝月轩词》《冬心草堂诗选》《校补龙文鞭影》等传世。李恩绶的名字在李光明书庄刻印的书里不止一次出现，说明他对李光明有很多帮助，说不定也是状元阁里的台柱子之一。《读骚阁赋存》和《校补龙文鞭影》是状元阁的畅销书，尤其是《龙文鞭影》，不仅自己刻印次数多，被别家翻刻的也多，是当时的“爆款”畅销书之一。

至于王小泉的信息，除了在书上出现过的又名“王筱泉”，在其他地方查不到任何蛛丝马迹。他的业务能力很强，各种书体都精熟，不

---

① 徐雁：《故纸犹香》，太原：书海出版社，2004年11月，第40页。

② 盦，音ān，覆盖；古代盛食物的器皿；同“庵”，多用于人名。此处用于人名。

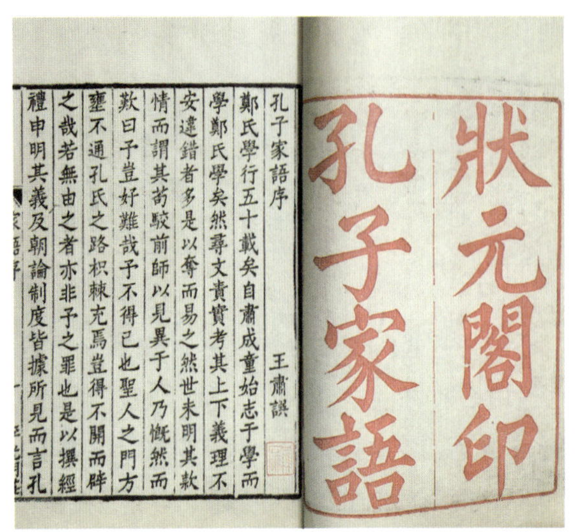
狀元閣印
孔子家語

孔子家語序　王肅譔
鄭氏學行五十載矣自肅成童始志于學而
學鄭氏學矣然尋文責實考其上下義理不
安違錯者多是以奪而易之然世未明其款
情而謂其苟駮前師以見異于人乃慨然而
歎曰予豈好難哉予不得已也聖人之門方
壅不通孔氏之路枳棘充焉豈得不開而辟
之哉若無由之者亦非予之罪也是以撰經
禮申明其義及朝論制度皆據所見而言孔

图1　状元阁印《孔子家语》牌记和序言

图2　状元阁印《孔子家语》"先圣图像"

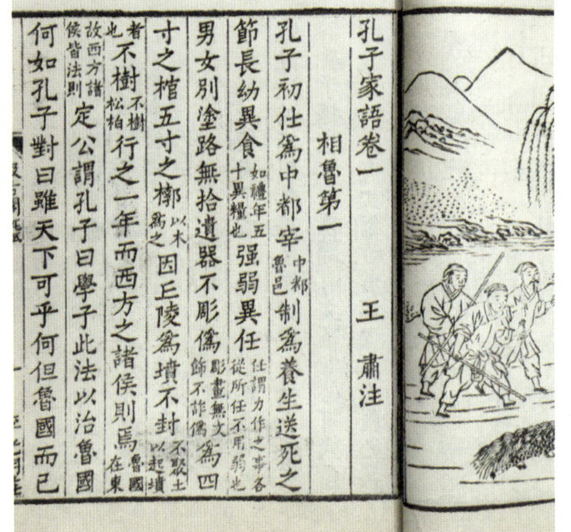
孔子家語卷一
相魯第一　王　肅注
孔子初仕爲中都宰中都魯邑制爲養生送死之
節長幼異食如禮年五十異糧也強弱異任任謂力作之事各從所任不用弱也
男女別塗路無拾遺器不彫僞彫畫無文飾不詐僞爲四
寸之棺五寸之槨以木爲之因丘陵爲墳不封不聚土以起墳
者也不樹不樹松柏行之一年而西方之諸侯則焉魯國在東
故西方諸侯皆法則定公謂孔子曰學子此法以治魯國
何如孔子對曰雖天下可乎何但魯國而已

图3　状元阁印《孔子家语》卷一正文第1页

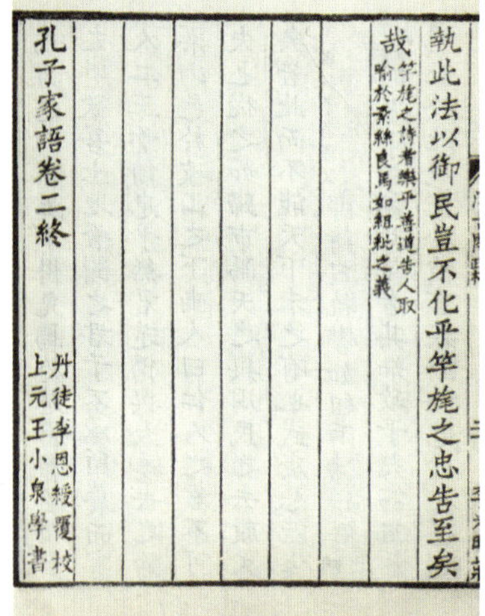
執此法以御民豈不化乎竿旄之忠告至矣
哉竿旄之詩者樂乎善道告人取喻於素絲良馬如組紕之義
孔子家語卷二終
丹徒李恩綬覆校
上元王小泉學書

图4　状元阁印《孔子家语》卷二末丹徒李恩绶覆校，上元王小泉学书字样。

然也不会入李光明的法眼。能把各方面都优秀的人才笼络到自己"麾下"，说明李光明的综合能力是很厉害的。

二、《女二十四孝》

光绪乙未年（1895）闰五月，状元阁重雕《新刻女日记故事二十四孝图说》。序言是隶书，末署"王小泉书"。正文开篇楷书李光明的题记，末署“上元小泉王传深书并校”。

通过这本书的有关信息可以知道，王小泉是上元人，字传深，能写楷书、隶书、篆书，加上仿宋体，目前知道他至少可以写四种书体，而且能校勘书籍。由此判断，他的学问一定很好，也许还有一定功名。

李光明写了一段介绍这本书的话：

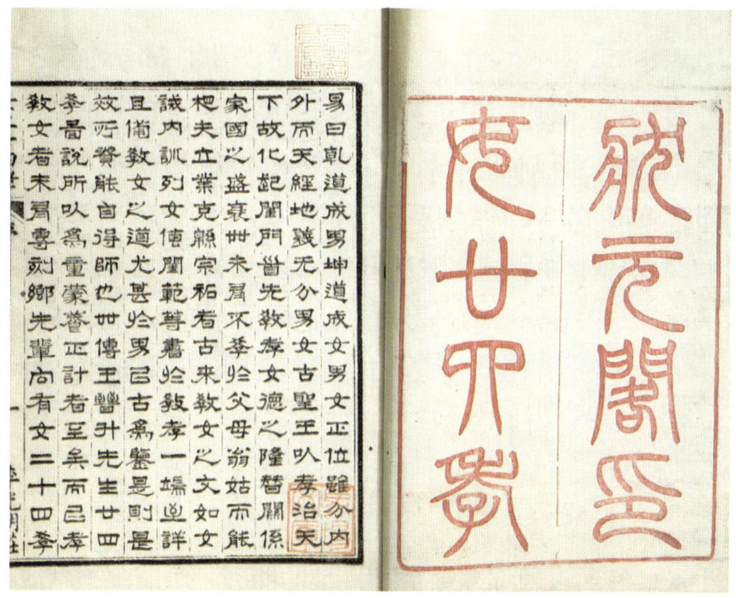
狀元閣印

女廿四孝

易曰乾道成男坤道成女男女正位體分內外而天經地義无分男女古聖王以孝治天下故化起閨門尚先教孝女德之隆替關係家國之盛衰世未有不孝於父母翁姑而能相夫立業克顯宗祏者古來教女之文如女誡內訓列女傳閨範等書於教孝一端皆詳且備教女之道尤甚於男吕古為鑒是則是效所貴能自得師也世傳王晉升先生廿四孝圖說所以為童蒙養正計者至矣而已孝教女者未聞專刻鄉先輩向有女二十四孝

李光明莊

图5　状元阁印《女二十四孝》牌记和序言

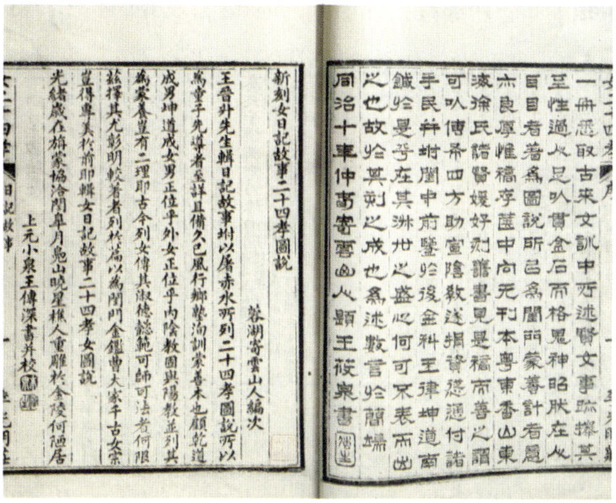

图6　状元阁印《女二十四孝》序言和正文第1页王小泉落款字样

图7　状元阁印《女二十四孝》正文第2页图像王伯良落款

> 王晋升先生辑《日记故事》，附以屠赤水所列《二十四孝图说》，所以为童子先导者，至详且备，久已风行乡塾，洵训蒙善本也。顾乾道成男，坤道成女，男正位乎外，女正位乎内。阴教固与阳教并列，其为蒙养，岂有二理耶？
>
> 古今烈女传，其淑德懿范可师可法者何限。兹择其尤彰明较著者列于篇，以为闺门金鉴。曹大家千古女宗，岂得专美于前耶！[①]

全书共25页，一图一文录入女二十四孝故事，每个故事配一幅图。从每篇的书法看，它们一定是王小泉的手笔。等于是王小泉一个人包办了牌记、序言、正文的书写，还负责校对，说明他的能力相当全面。

绘图者是楚北伯良王骏，写于石城南京。王伯良（1814—1872），字伯埙[②]，号晓峦，祖籍河南省泌阳县。中过进士，当过知县，官声很好。除了做官，还有很好的丹青功底。《女二十四孝》刊刻于1879年，那时候王伯良已经去世七年，李光明刻本的图画，是他早就画好或者是遗作，总之中间空出来的七年到底怎么回事，迄今难以知晓。

三、《真草隶篆四体千家诗》

王小泉已经通过两部书确定了自己的能力，第三部书则成为他自己完全发挥的园地。《四体千家诗》的序言和题跋，完全出自他个人手笔，李光明负责正文的编辑。王小泉在序言中，下面引用的明朝著名学者丰坊关于书法的心得体悟，应对书法爱好者不无裨益。

> 学书须先楷法，作字必先大字。八岁即学大字，以颜为法。十余岁乃习中楷，以欧为法。中楷既熟，然后敛为小楷，以钟王为法。楷书既成，乃纵为行书。行书既成，乃纵为草书。学草书者先习章草，知偏旁来历，然后变化为草圣。凡行草必先小而后大，欲其专法二王，不可遽放也。学篆者亦必由楷书，正锋既熟，

---

① 蓉湖寄云山人编：《新刻女日记故事二十四孝图说》卷首，光绪二十一年（1895），第1页。

② 埙，音xūn，古代用陶土烧制的一种吹奏乐器，圆形或椭圆形，有六孔。亦称“陶埙”。此处用于人的名字。

则易为力。学八分者先学篆，篆既熟方学八分，乃有古意，可谓笔道通会。是书便于童蒙习读，至老不废。①

他是给李光明打工的，对于书籍的销售以及同行的比较也有自己的看法，说不定他还能按照书的销售拿提成。

近世坊间锓版翻刻颇多舛错，尤加乖谬，诚误后学之士。皁山李君光明不惜重资力求精致，命余重覆影缮，逐细厘正以付枣梨，广为其传善学者，以规矩准绳之可守也。光绪岁在癸巳（1893）夏七月，上元小泉王传深序于冶城东之高井盐志局中。②

冶城在南京朝天宫一带，是春秋时吴王夫差在南京城西的小山上筑的一座土城。距离李光明的书庄不远，可能是王小泉家的位置，亦或是写样校勘人员的办公地。

图8　状元阁刊印《四体千家诗》书名页正面

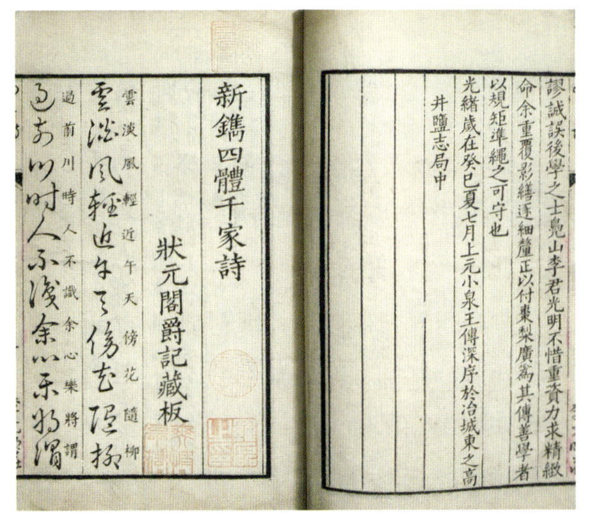

图9　王小泉为新镌四体《千家诗》撰写并落款的序言

① 状元阁爵记藏板《真草隶篆千家诗》序言，李光明庄刊，光绪十九年（1893），第1页。

② 状元阁爵记《真草隶篆千家诗》序言，李光明庄刊，光绪十九年（1893），第1页至第2页。

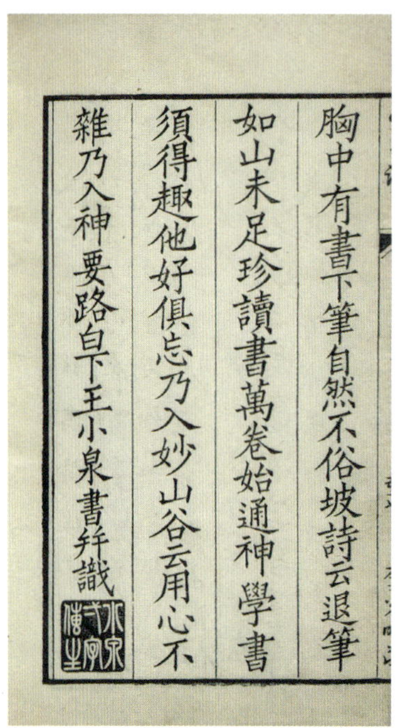

胸中有書下筆自然不俗坡詩云退筆
如山未足珍讀書萬卷始通神學書
須得趣他好俱忘乃入妙山谷云用心不
雜乃入神要路白下王小泉書并識

图10 《四体千家诗》后王小泉写的跋语

王小泉在《四体千家诗》里尽情发挥，各种书体都能展现，书末又写了一段题跋：

> 胸中有书下笔自然不俗，坡诗云：退笔如山未足珍，读书万卷始通神。学书须得趣，他好俱忘乃入妙。山谷云：用心不杂，乃入神要路。白下王小泉书并识。①

《四体千家诗》是晚清时期比较有影响力的书，节选了多篇七言千家诗，既方便阅读，也便于学生学习书法。但此书的翻刻本很多且多不精审，往往不得书法要旨，不利于后学。

四、《校补龙文鞭影》

《龙文鞭影》是当时的畅销书，也是王小泉和李恩绶深度合作的另一部书。此书经过李恩绶再三校补，每次刊刻，都会校补一些内容。别家翻刻，只停留在第一次刊刻的版本，不仅内容不详细，讹误也保留下来。

李恩绶在该书自叙里写到：

> 《龙文鞭影》一书风行已久，童子入塾后，为父师者暇即课其记诵，盖喜其字句不棘口，注中

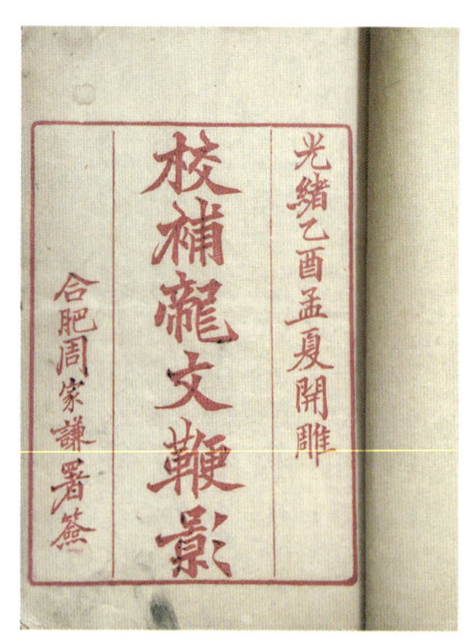

光緒乙酉孟夏開雕
校補龍文鞭影
合肥周家謙署簽

图11 《龙文鞭影》牌记正面

① 状元阁爵记：《真草隶篆千家诗》跋语，李光明庄刊，光绪十九年（1893），第57页。

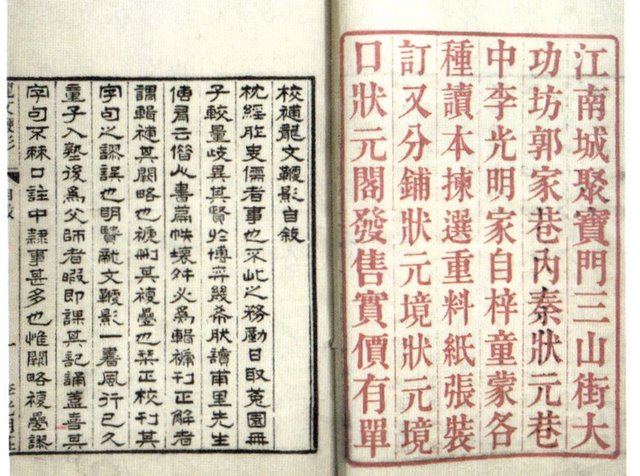
江南城聚寶門三山街大功坊郭家巷內秦狀元巷中李光明家自梓童蒙各種讀本揀選重料紙張裝訂又分鋪狀元境狀元閣發售實價有單

校補龍文鞭影自敘

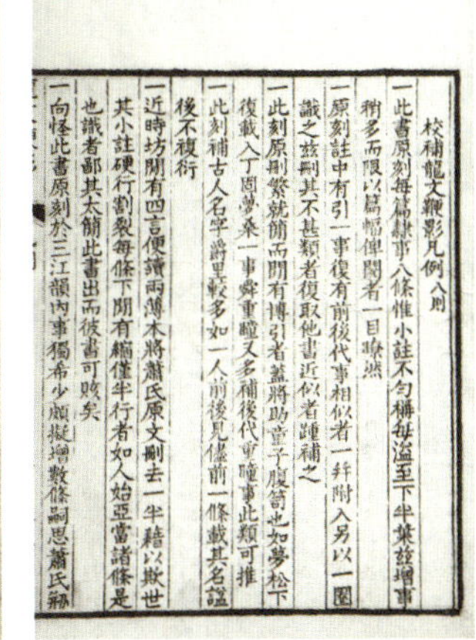

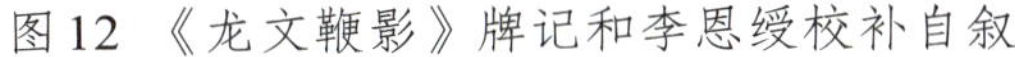
图 12 《龙文鞭影》牌记和李恩绶校补自叙

图 13　王小泉书写仿宋体《龙文鞭影》校补凡例

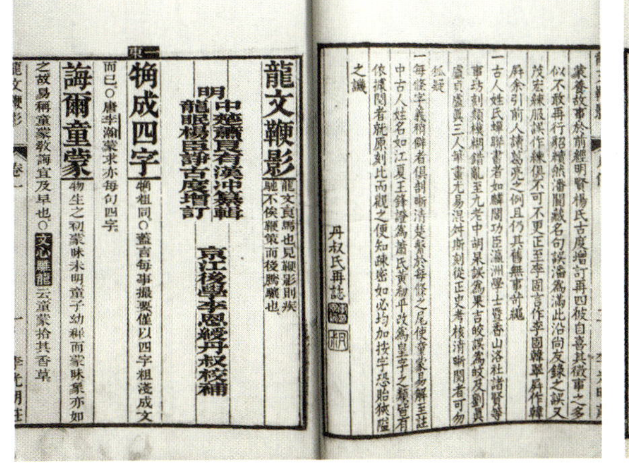
龍文鞭影

明中楚蕭良有漢沖纂輯

龍眠楊臣諍古虞增訂

京江後學李恩綬丹叔校補

丹叔氏再誌

图 14 《龙文鞭影》李恩绶撰写的校补凡例及卷一正文第 1 页

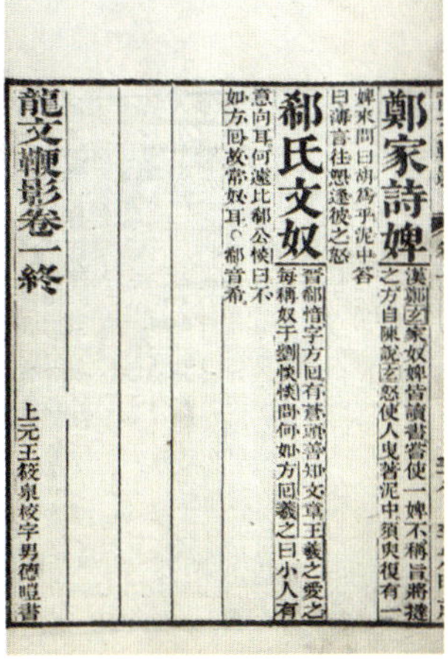

图 15　卷一末“上元王筱泉校字男德暟书”字样

隶事甚多也。惟阙略复叠，谬误之处亦逐篇有之。……兹为课儿辈计，因取此书原刻校雠一过，遇当增删处，明知其僭似不敢避也，爰授诸筑氏，省传抄之劳。①

初刻本开篇的自叙、原叙和凡例都是宋体字。第二次校刻时，自叙字体改成隶书，原叙和凡例字体改成仿宋体。隶书和仿宋体这两种字体，都是王小泉最擅长的。

① 李恩绶：《校补龙文鞭影》自叙，状元阁刊，光绪九年（1883），第 1 页。

第二次刻本中，自叙后落款：光绪丙申（1896）夏六月状元阁重雕于何陋居。凡例落款：丹叔氏再志。丹叔是李恩绶，他在这部书里不仅写了序言，例言也是他一个人包办。卷一后有一行小字："上元王筱泉校字，男德暟[①]书。"此处"男德暟书"是王小泉儿子王德暟抄写。王小泉在这部书里，贡献的不多，但是教子有方，让儿子写样，自己退居二线，父子俩一起完成该书的抄写工作。

五、《摘星谱》

这是晚清流传很广的棋谱，书前有两页原序，两页重刻序。第五页记录了晚清江西泾县人胡鸿泽之侄（国学大师、泾县溪头人胡朴安之父）胡鼎得到这本书的来历：

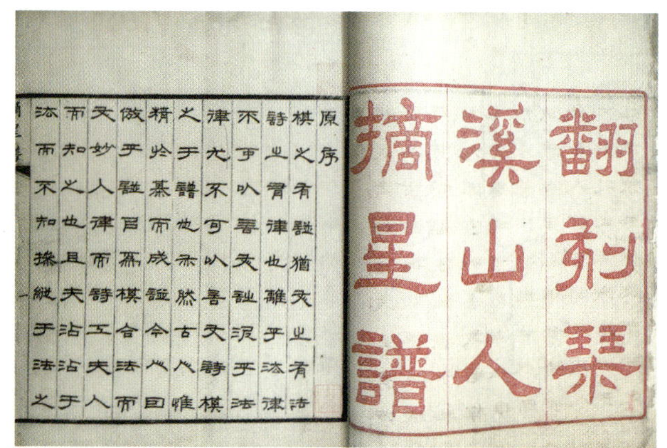
翻刻栞溪山人摘星譜

原序
棋之有譜猶文之有法
詩之有律也離乎法律
不可以善文詩泥乎法
律尤不可以善文詩棋
之于譜也亦然古人惟
精於碁而成譜今人曰
倣乎譜以為棋合法而
文妙人律而詩工夫人
而知之也且夫沾沾于
法而不知操縱于法之

图16 《摘星谱》书名页和序言

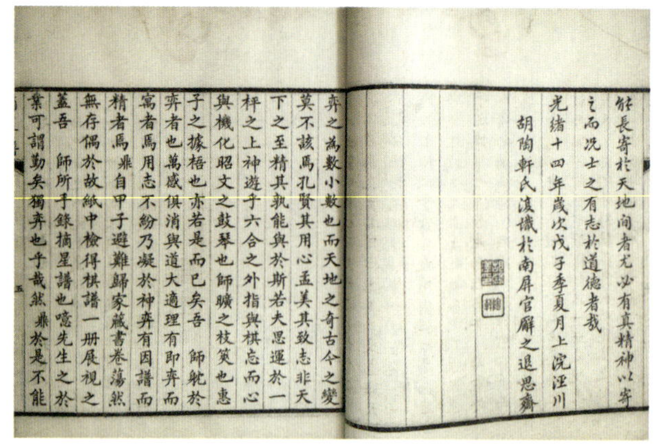
弈之為數小數也而天地之奇古今之變
莫不該焉孔賢其用心孟美其致志非天
下之至精其孰能與於斯若夫思逕於一
枰之上神遊乎六合之外指與棋忘而心
與機化昭文之鼓琴也師曠之枝策也惠
子之據梧也亦若是而已矣吾 師躭於
弈者也萬感俱消與道大適理有即弈而
寓者焉用志不紛乃凝於神弈有因譜而
精者焉 鼎自甲子避難歸家藏書卷蕩然
無存偶於故紙中檢得棋譜一册展視之
蓋吾 師所手錄摘星譜也噫先生之於
業可謂勤矣獨弈也乎哉然 鼎於是不能

能長寄於天地間者尤必有真精神以寄
之而况士之有志於道德者哉
光緒十四年歲次戊子季夏月上浣涇川
胡陶軒氏渡識於南屏官廨之退思齋

图17 胡鸿泽写于1888年的《摘星谱》序言

① 暟，音kǎi，照；美；美德。

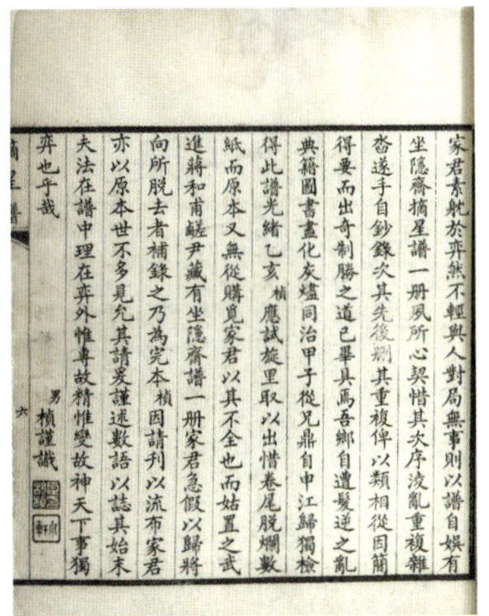

摘星譜　六

家君素耽於弈然不輕與人對局無事則以譜自娛有坐隱齋摘星譜一冊夙所心契惜其次序淩亂重複雜沓遂手自鈔錄次其先後刪其重複俾以類相從因簡得要而出奇制勝之道已畢具焉吾鄉自遭髮逆之亂典籍圖書盡化灰燼同治甲子從兄鼎自申江歸獨檢得此譜光緒乙亥楨應試旋里取以出惜卷尾脫爛數紙而原本又無從購覓家君以其不全也而姑置之武進蔣和甫艤尹藏有坐隱齋譜一冊家君急假以歸將向所脫去者補錄之乃為完本楨因請刊以流布家君亦以原本世不多見允其請爰謹述數語以誌其始末夫法在譜中理在弈外惟專故精惟變故神天下事獨弈也乎哉

男 楨謹識

图18 《摘星谱》中胡桢的序言

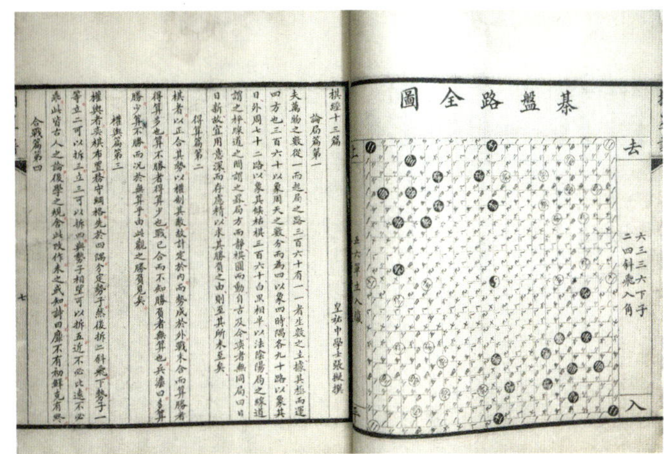

棋經十三篇　皇祐中學士張擬撰

論局篇第一

夫萬物之數從一而起局之路三百六十有一一者生數之主據其極而運四方也三百六十以象周天之數分而為四以象四時隅各九十路以象其日外周七十二路以象其候枯棋三百六十白黑相半以法陰陽局之線道謂之枰線道之間謂之罫局方而靜棋圓而動自古及今弈者無同局曰日日新故宜用意深而存慮精以求其勝負之由則至其所未至矣

得算篇第二

棋者以正合其勢以權制其敵故計定於內而勢成於外戰未合而算勝者得算多也算不勝者得算少也戰已合而不知勝負者無算也兵法曰多算勝少算不勝而況於無算乎由此觀之勝負見矣

權輿篇第三

權輿者弈棋布置務守綱格先於四隅分定勢子然後拆二斜飛下勢子一等立二可以拆三立三可以拆四與勢子相望可以拆五近不必比遠不必乖此皆古人之論後學之規舍此攻作未之或知詩曰靡不有初鮮克有終

合戰篇第四

七

图19 《棋经十三篇》的“棋盘路全图”及正文第1页

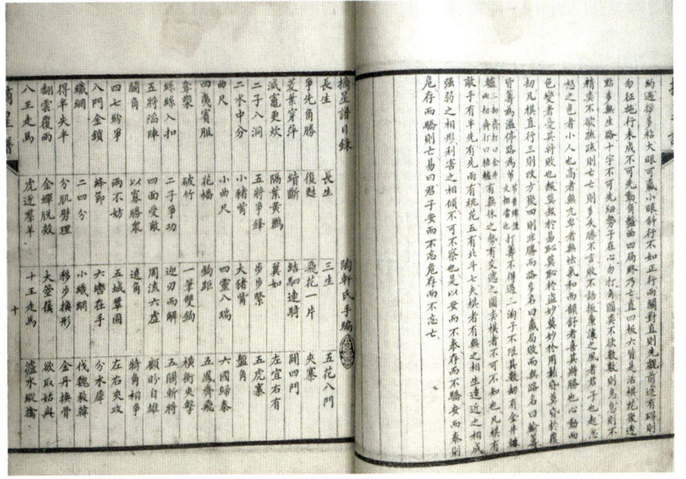

約遜拶多粘大眼可贏小眼斜行不如正行兩關對直則先觀前途有礙則勿征施行未成不可先動角盤曲四局終乃亡直四扳六皆是活棋花聚透點多無生路十字不可先紐勢子在心勿打角圖奕不欲數數則怠怠則不精奕不欲疏疏則亡亡則多失勝不言敗不語振廉讓之風者君子也起忿怒之色者小人也高者無亢卑者無怯氣和而韻舒者喜其將勝也心動而色變者憂其將敗也赧莫赧於易恥莫恥於盜妙莫妙於用鬆奇莫奇於能劫凡棋直行三則改方聚四則非勝而路多名曰贏局敗而無路名曰輸籌皆籌為溢停路為芉（芉音牌謂文相當也）打籌不得過三淘子不限其數劫有金井轆轤（二劫為打口金井 兩劫打口轆轤）有無休之勢有交遶之圖奕棋者不可不知也凡棋有敵手有半先有先兩有桃花五有北斗七夫棋者有無之相生遠近之相成強弱之相形利害之相傾不可不察也是以安而不泰存而不驕安而泰則危存而驕則亡易曰君子安而不忘危存而不忘亡

摘星譜目錄　陶軒氏手編

長生　長生　三生　五花八門
爭先角勝　復甦　飛花一片　夾寨
芟葉穿萍　續斷　結駟連騎　關四門
減灶更炊　隔葉黃鸝　莫如　左宜右有
二子入洞　五將爭鋒　步步緊　五虎寨
二水中分　小豬背　大豬背　盤角
曲尺　小曲尺　四靈八瑞　六國歸秦
四夷賓服　花幡　鉤距　五鳳齊飛
奪槊　破竹　一筆雙鉤　橫衝夾擊
絲絲入扣　二子爭功　迎刃而解　五關斬將
五將臨陣　四面受敵　周流六虛　顧盼自雄
鬬角　以寡勝眾　遶角　犄角相爭
四七紛爭　兩不妨　五城單固　左右夾攻
入門金鎖　蜂節　六轡在手　分水犀
織網　二四分　小織網　伐魏救韓
得半失半　分肌劈理　移步換形　金丹換骨
翻雲覆雨　金蟬脫殼　大瑩蕷　欲取姑與
八王走馬　虎逐羣羊　十王走馬　濫水縱擒

摘星譜　十

图20　胡鸿泽《摘星谱》疑似王小泉序言及正文目录

自甲子避难归，家藏书卷荡然无存。偶于故纸中检得棋谱一册，展示之，盖吾师所手录《摘星谱》也。[1]

第六页是胡鸿泽之子胡桢的题记：

吾乡自遭发逆之乱，典籍图书尽化灰烬。同治甲子从兄鼎自申江归，独检得此谱。光绪乙亥桢应试，旋里取以出。惜卷尾脱烂数纸，而原本又无从购觅，家君以其不全也，而姑置之。武进

① 胡鸿泽：《摘星谱》序三，状元阁刊，光绪十四年（1888），第5页。

蒋和甫鹾尹，藏有《坐隐斋谱》一册，家君急假以归，将向所脱去者补录之，乃为完本。①

第七页到第九页录宋代张拟的《棋经十三篇》。从第十页开始，录清代胡鸿泽的《摘星谱》。胡鸿泽编撰的这部《摘星谱》，通篇楷书写就，字体娟秀，是晚清时期的善本。书写者是不是王小泉，书中没有记录，但从风格看大概率是他的手笔。

（罗磊，古籍修复工作者，自由撰稿人）

新书快讯

儒学学者口述史（第一辑）
国承彦 主编
精装 32开 齐鲁书社2024年9月第1版第1印
ISBN 978-7-5333-4913-4
定价：88.00元

2023年9月份，尼山世界儒学中心、中国孔子基金会正式启动“尼山文库·儒学学者口述史”项目，计划对儒学界、文化界年高德劭、在海内外具有重要影响力的儒学名家、文化名家进行专访，以口述史形式全面系统呈现他们的成长经历、学术专长、主要思想等。组建学术指导委员会和执行小组，聘请张立文、安乐哲、陈来等为学术指导委员会主任，聘请温海明为执行小组总牵头人，以尼山世界儒学中心为工作平台，广泛联系海内外相关高校、科研院所的科研人员积极参与该项目。

《儒学学者口述史》（第一辑）收录了李锦全、张立文、骆承烈、成中英、孟祥才、宋志明六人的口述史文稿，内容涉及上述学者求学、治学、修身、立业的方方面面。呈现了中华儒学发展演变史的历史面貌，展现了当代儒家学者的学术特色和精神追求。

主编国承彦，现任尼山世界儒学中心（中国孔子基金会秘书处）党委书记、尼山世界儒学中心副主任、中国孔子基金会副理事长、秘书长，孔子研究院党委书记。主编《传统文化时代化与马克思主义中国化》等。

① 胡桢撰：《摘星谱》序四，状元阁刊，光绪十四年（1888），第6页。

南京访书小记

黄永年/文　黄寿成/整理

此次赴宁，在七月廿八日，是与缦安兄[①]同行的，因我不熟南京的路。缦安擅诗词，为中央大学[②]龙榆生先生高足。在车上，他说：到南京后如有余暇，何不去看看泽存书库之藏呢？

图1　龙榆生工作照

至宁后，找了下榻的地方。晚上缦安同我上汉口路。榆师刚游了玄武湖回来。由缦安介绍，认识了榆师与一位同游的吕茄盦[③]先生。因晚了，没有多坐，向榆师借了新出的《学海》创刊号，回去消磨了半夜。

明日，缦安伴我玩夫子庙，走朱雀路的旧书店，买了两本《书目答问补正》，有“盋山精舍”白文印。回至汉口路榆师处，一幢普通的西式房子，绕屋树木多荫，暑气不侵。进去一间会客室兼餐厅，陈设

① 缦安即张寿平，一字缦盦，江苏无锡人，曾任台湾政治大学教授、中国文化学院教授、西德法兰克福大学访问教授等，撰有《离骚校释》《九歌研究》等著作。

② 中央大学的1940—1945年南京部分。下同。

③ 吕茄盦即吕贞白，江西九江人，曾任华东师范大学、复旦大学兼职教授，精于古典诗词及版本目录之学，撰有《淮南子斠补》《吕氏春秋斠补》等著述。

朴素。四壁挂着书画，多近时名笔郑苏戡、易大厂[1]等。最注目者，即《彊村授砚图》二幅：一为方君璧[2]画，一为俞平伯[3]自画并题，皆精绝。时窗外蝉鸣频频，觉一种书卷之气，未知即风雨龙吟室否？榆师喜奖掖后进。在昔以缦安之故，已知道了我，与我谈了谈武进的学人。知我略懂版本，遂示所藏精品：其中榆师最珍爱者，为刘熙载《艺概》一册，白纸初印，刘氏门人某君用硃黄笔校字圈点。《艺概》传本颇寡，此为世间第一本矣。余若江建霞手批本《宋元旧本书经眼录》，汪氏初刊本《述学》四卷。复有明嘉靖郭云鹏本《分类补注李太白集》，白棉纸八册。此书有元本，未见，我曾见明沸玉斋小字本，与艺风堂所藏同者，并此为二美。座间并见到吕茄龕先生，吕先生治《小戴记》《三国志》，谙版本目录，尤熟乾嘉佳刊。取示榆师所藏徐树穀笺《哀江南赋》一册（康熙原刊，字体仿颜，时仅印百本，亦无重刻），言其如何如何之可贵，令后学俯首。

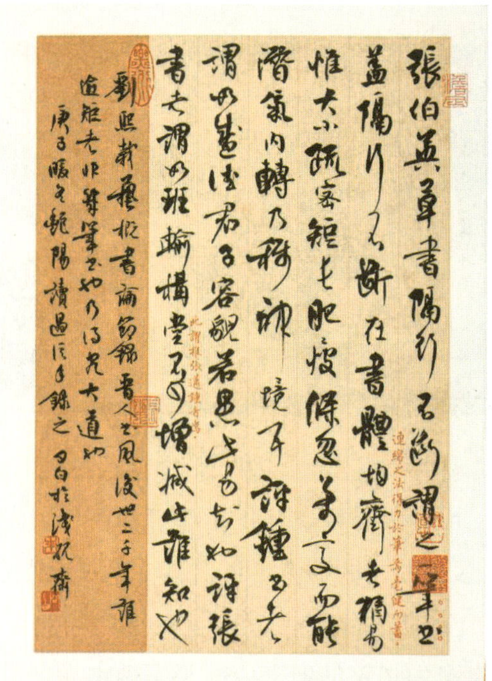

图2 刘熙载《艺概》一节（书法）

晚间缦安邀我并一位中大的朋友玩玄武湖，经过长长的柳堤，一片蝉声，十里荷塘。我不会划船，到五洲公园，找了一处临水的座位，泡了三杯茶，阅尽暮色

① 郑苏戡即郑孝胥，福建闽侯人。中国近现代词人，擅长书法，抗战中落水，出任伪职。易大厂即易孺，字馥，号大厂，广东鹤山人，精于音韵文字、乐理、书画、碑刻、篆刻，历任暨南大学、国立音乐院教授。

② 方君璧，福建闽侯人，出身名门望族，系20世纪初著名女画家，其画作《吹笛女》入选“巴黎美术展览会”。

③ 俞平伯，原名俞铭衡，字平伯，以字行，浙江德清人，出身名门望族。现代著名文学家，擅长《红楼梦》研究，为“新红学派”创始人之一，著述颇丰。

苍黄之景。茶间，缦安送给我从前为我做的几首绝句，有二首是：

离离花影旧湖塘，燕子春笺极断肠。
难寻伊人清梦远！两当轩下泪千行。

水阁红桥入断烟，江南曲弄奈何天！
蓬门更说侯公子，无赖生涯又几年？

这两首诗，使我重忆一年前在乡间湖镇同学的情形，有无限的感怀了。

我这次来宁，本非专为看书的，中大需去考一考。卅一日，翊君[①]也来了。同到外面去，经过文物保管委员会，他伴我去转了一下。委员会的主任委员就是榆师。进门，前面立着“博物馆”，进去草草地看了二楼的化石，三楼的动物标本，再到后面的文华馆去。馆中保存有历史上的遗物：一部分是石器、古陶，惜甲骨不多见；一部分是古瓷、古玉及清朝的美术品，如玉玺、御墨、内府的写经等。其中我最注意的，为唐宋墓志、六朝造像诸品，墓志约三方，并有拓片，惜匆匆不暇多看。

一日、二日，忙忙地考了二天。其中由缦安之介，熟识了一位朝于[②]兄。朝于家学渊源精研文字声韵，为一诚朴之学人。复提起看书之事，遂相约共访泽存之藏。请榆师写了张介绍片。二日午后，我们三人同去。泽存离中大不远，一座高大的西式建筑物，写着“泽存书库”四个大字。在会客室中见到了管理藏书的周子美[③]先生。周先生人很谦和，知我们来是想看善本，遂导我们上楼。楼上善本书库二大间，其中满列木制大书架，每架三层，二面放书，二室共三十余架。我们自经部看起，遇有精本或未见的书，抽下略翻看。库中之贮，大部为明本，清初本偶有一二，宋元本、钞校本较少，精品亦不多。宋本仅见二：一为宋十行本《注疏》之一种（似是《毛诗》），多修补钞配；一为宋刊元明递修之《真西山读书记》。元本约数十种，不甚记忆，惟记有元本《玉海》一

---

① 翊君系先父常州同学，其他情况皆不详。

② 朝于系先父在中央大学同学，家学渊源深厚，惜不知其姓氏。

③ 周子美，字君实，浙江湖州南浔镇人，生于书香门第，熟读经史，是著名版本目录学家，著述颇丰。

部，尚非后印。钞本多竹纸钞。《绛云楼书目》二册，有王芑孙跋者，似为佳品，惜影宋钞、名钞为少也。校本则有何义门[①]批集部书一二种。然其中特色，以我陋见，则有二：一有宋本《藏经》，一则其明本也。《藏经》约十余册（其目不甚记忆），宋刊梵夹本，折叠如今之清帖状。字画渐方，绝似傅沅叔[②]所藏《大唐西域记》，（印入《四部丛刊》者）纸质黄旧，墨色明朗，真宋本初印。傅氏本为宋理宗嘉熙三年（1239）安吉州资福寺刊，而宋刊《藏经》共五六种之多，此本未能定其何属也。至库中明本，蔚然大观，为藏书之大宗。其中嘉靖本、万历本最多，多棉纸印本。明代有名刊本，如司礼监经厂本、慎独斋本、郭云鹏本、世德堂本、东雅堂本等，无不具备，尤称特色，此皆表表者也。至其经史二部明本，颇多通常书目罕见者。集部词曲中之明末精刊，亦为名贵。库中多复本，若郭本《李太白集》、嘉靖小字本《唐诗纪事》等，无不重至再三。

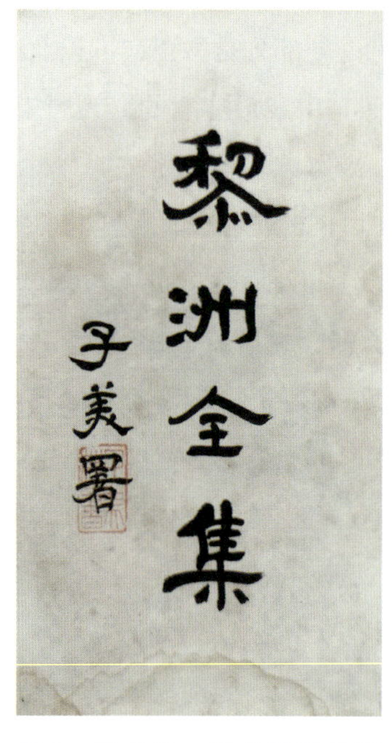

图3　藏书家、学者周子美题写书名的《梨洲全集》扉页

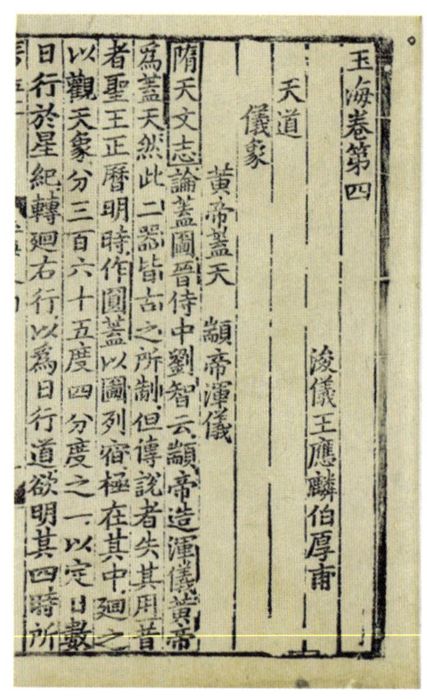

玉海卷第四

浚儀王應麟伯厚甫

天道

儀象

黄帝蓋天　顓帝渾儀

隋天文志論蓋圖晉侍中劉智云顓帝造渾儀黄帝爲蓋天然此二器皆古之所制但傳説者失其用昔者聖王正曆明時作圓蓋以圖列宿極在其中廻之以觀天象分三百六十五度四分度之一以定日數日行於星紀轉廻右行以爲日行道欲明其四時所

图4　元明递修本《玉海》第四卷“天道仪象”页

---

① 何义门，名焯，字屺瞻，号义门，江苏长洲（今江苏省苏州市）人。清代著名学者，通经史百家之学，考据造诣颇深，著述颇丰。藏书数万卷，擅长批校，且甚精审。

② 傅沅叔即傅增湘，字润沅，别号藏园居士、藏园老人、双鉴楼主人，四川江安人。近现代著名学者，著述颇丰。精于版本目录之学，富有藏书，系近现代著名藏书家。

语其书籍装订，则所贮虽多，无不完美。多金镶玉大本，绫角，写书根，琳琅插架，洵非寻常藏家所及矣。匆匆浏览一过后，至隔壁办公的地方休息。看到一堆堆高高的书籍，新书亦极多，皆为未编目入库者。周先生说："本书库是陈省长[1]私人创设的，但完全公开，欢迎外人来库借阅。库中书籍，多陈省长在京购置者。至省长在苏州在上海所得，不在其中。现出有铅字报纸印的《书目》，分善本、普通本两种，不久即将有续出。"谈话时，我记得刚才在库中看到一种丁氏八千卷楼[2]的藏书，因此就请问周先生丁氏善本的现况。周先生说："自龙蟠里国学图书馆因事变[3]破坏后，馆中书籍，颇多散失。但八千卷楼的善本，尚大部分存在，由文物保管委员会的图书专门委员会保管着。如要去看，请龙先生介绍，不会有问题的。"丁氏八千卷楼，为清同光间海内四大藏书家之一。光绪三十三年（1908）丁氏经商失败，端午桥制军[4]以七万五千之价，载其书归南京，因惜荫书院旧址，成立江南图书馆，民初易名江苏第一图书馆，最后终定名为江苏省立国学图书馆。我如今听到周先生这话，知"双丁"善本种子尚留天壤，怎不眉飞色舞，动一探琅嬛之兴呢？当时时候不早，我们即告辞回去。晚上，伴翊君、

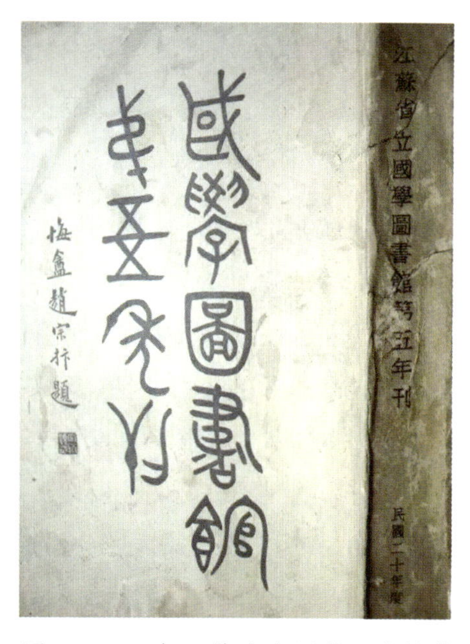

图5 1931年江苏省立国学图书馆第五年刊封面

---

① "陈省长"指陈群，字人鹤，福建闽侯人，富藏书，创建"泽存书库"。抗战中出任汪伪江苏省省长、伪考试院院长等职，1945年日本宣布无条件投降后自尽。

② 八千卷楼系丁申、丁丙兄弟的藏书楼，与铁琴铜剑楼、皕宋楼、海源阁并称为清末四大藏书楼，收藏古籍善本甚夥。

③ 指1937年七七事变后的日本全面侵华战争。

④ 端午桥制军即端方，字午桥，号陶斋，满洲正白旗人，清末大臣，官至直隶总督、北洋大臣，辛亥革命中在四川被杀。他又是金石学家，且藏书颇多，书斋名为"陶斋""宝华庵"。

图6　端午桥制军端方坐像

朝于等许多人玩玄武湖，深领略“萤火出深碧，池荷闻暗香”（王渔洋诗）之旨。

三日清晨，缦安伴吕茄龛先生离宁。我因渴望一访八千卷楼之遗，与朝于去见榆师。榆师写了张给图书专委会主管人的片子，大意说我懂一些版本目录，来特访丁氏善本书的，并告诉我们地址。午后，朝于因故未得去，我一个人走在长长的珠江路上，天正是热，衣全湿透了。好容易到了竺桥，踏进专委会图书馆的大门，里面一片草地，正中一座西式的大建筑，是贮藏图书与办公的地方。我走进最先的阅览室，把名片递给办事人员，等了一小会儿，我所欲见的杨委员出来了，在里面会客室里见客。我恭敬地说明来意。杨先生说：“本会所保管的图书，是由多方面汇集的，善本的部分承有前国学图书馆之遗，多丁氏八千卷楼故物。大部的明本、钞本贮在楼上，楼下一室是藏宋元本的地方。至于本会普通的书籍，可来馆借阅。善本部分，本是不公开的，但此次是龙先生的介绍，故已特为打开楼下宋元本的一室。”我连说谢谢。略坐一刻，杨先生即同我到隔壁宋元本书库看书。此室颇小，平时锁闭，两壁列橱共六，分上下层，每层又板隔为两层，橱门亦加锁。打开后，里面满贮一册册的古书。橱门内面，贴着纸单，写明橱中书名册数。书上满盖着某种树叶，盖为避蠹之用。但因室不通风，仍颇生蠹鱼。我得杨先生的允许，一面浏览，一面抽看。

其中书籍皆丁氏八千卷楼所藏，著录于《善本书室藏书志》（丁丙撰，光绪二十七年[①]刊）者。[②]《藏书志》载宋本四十种，元本九十三种。

① 光绪二十七年即1901年。

② 丁丙，字嘉鱼，晚号松存，浙江钱塘（今浙江省杭州市）人。是清末著名藏书家，与其兄丁申共创晚清四大藏书楼之一的八千卷楼，其中收藏古籍善本甚夥。他还撰有《善本书室藏书志》。

图7　1946年，江苏省立国学图书馆重开后的同仁合影。前排中坐者为柳诒徵。

此室所存，我当日匆匆，不暇细记。返里后，始案《江苏第一图书馆覆校善本书目》(此目民国三年[1]撰，大体同《藏书志》)就记忆者钞出之：约得宋本二十六，元本十一，校本十三，钞本一，明本二，然遗忘者多。此室所存元明本、校本，实不止此数也。至其中精刊名刻，耳稔其名，今日始得一睹真面者，得略记焉：《诗集传》六册，宋椠大字，吴兔牀[2]故物。《纂图春秋经传集解》三十册，宋本，字仿颜体。《春秋左传注疏》四十册，宋刊十行本。《详注东莱左氏博议》十册，元刊巾箱本，董思翁[3]旧物。《九经白文》二十册，宋刊巾箱本，密行细字，白纸印精绝，朱竹垞[4]、吴兔牀递藏，王渔洋[5]借观者。《汉书》残

---

① 民国三年即1914年。

② 吴兔牀即吴骞，字槎客，号兔牀，浙江海宁人。清代藏书家，多宋元珍本，自题书斋“千元十驾”。

③ 董思翁即董其昌，字玄宰，号思伯，松江华亭(今属上海市)人。明后期著名大臣、书画家，其书画作品及理论对后世影响颇大。

④ 朱竹垞即朱彝尊，字锡鬯，号竹垞，浙江秀水(今属浙江省嘉兴市)人。清初学者，撰《经义考》《日下旧闻》《曝书亭集》等；富藏书，自称“拥书八万卷”，书斋名“曝书亭”。

⑤ 王渔洋即王士祯，字子真，号阮亭，又号渔洋山人，山东新城(今山东省桓台县)人。清初著名文学家，一生著述五百余种，藏书颇多，书斋名为“池北书库”。

本十四卷十四册，宋嘉定建安蔡琪刊本，拜经楼吴氏（兔牀）所藏之最有名者，大字颜体，神采逼人，名跋如林，书中异宝。《晋书》五十册，宋本，密行细字，王弇州[①]钞配阙叶，毛子晋[②]宋漫堂递藏，即《百衲本二十四史》底本。《新唐书》三十册，北宋嘉祐本，行款类上列《晋书》，亦《百衲本》所据。《咸淳临安志》，影宋写本，覆校《善本书目》载有三部，此未知何属。《新序》二册，明覆宋本，何义门校，《四部丛刊》据之，而何校未存。《楚辞辨证》二卷《后语》四卷，四册，宋本精绝。《韦苏州集》四册，宋本配元刊点校本，国学图书馆已影印过，柳翼谋[③]先生加签尚存书中。《范忠宣集》二册，宋嘉定本，白纸大字，世不经见。《唐文粹》四十册，元刊本。《乐府新编阳春白雪前集》五卷《后集》五卷，元刊，蝴蝶装二册，钱牧斋、黄荛圃[④]故物，有"惜玉怜香"印，柳如是儒装小像。又残本二卷，蝴蝶装一册，荛翁手跋。凡此诸物，皆海内瑰宝也。不图于一旦亲为摩挲，眼福不浅矣。校本十九为抱经堂故物，卢文弨手校者，硃笔细书于竹纸万历本、清刻本上，精神绝伦。若据以录出为札记，汇刊行世，有裨学人多矣。

此外，嘉庆初刊初印《全唐文》一部（非丁氏书），残存百余册，亦列橱中。丁氏书装订，多极精美。宋元旧本，多金镶玉衬装，历久无少损。宋本书面，有用绫裱者，右上角硃笔篆书"经部"等字样。惜覆校《善本书目》所载有匣者，今匣均失去矣。各书一律写书根，首册

---

① 王弇州即王世贞，字元美，号凤州，又号弇州山人，南直隶苏州府太仓州（今江苏省太仓市）人，官至南京刑部尚书。系明代史学家、文学家，与李攀龙等人合称中国明代文学流派"后七子"。撰有《嘉靖以来首辅传》《弇州山人四部稿》《弇山堂别集》《艺苑卮言》等。

② 毛子晋即毛晋，原名凤苞，字子久，后改字为子晋，号潜在，别号汲古主人，江苏常熟人。明末学者、藏书家，所藏多宋元珍本，且好抄罕见之书，被称为"毛钞"。书斋名"汲古阁"。

③ 柳翼谋即柳诒徵，号劬堂、知非，江苏镇江人，近代史学家、文学家、版本目录学家。

④ 钱牧斋即钱谦益，字受之，号牧斋，江苏常熟人。明清之际著名学者，在史学、文学及版本目录学皆有很深造诣，撰有《明史稿》《牧斋初学集》《牧斋有学集》。富有藏书，书斋名"绛云楼"。黄荛圃即黄丕烈，苏州人，字绍武、承之，号荛圃、复翁、佞宋主人、宋廛一翁等。清中期学者、著名藏书家，藏书室有士礼居、百宋一廛。

书面页内，粘竹纸签条一张，详载各书版本、行款，收藏源流，墨笔细书，字迹草率，其中有《晋书》一部四十册，一看知为宋椠大字本，而书中签条题为元刊，心窃疑之。及后观《覆校善本书目》，载《晋书》四十册，“宋刊大字本，卷首丁氏题记定为元刊本”，然后始知此各书中签条，皆昔日丁氏手笔也。但未知即《藏书志》所本否？未得对校，不可知矣。我当时匆匆把室中所存，大略看了一遍。因时候不早，天又苦热，不及再看楼上之大部善本，即退出，向杨先生道谢告辞。回至中大，看到朝于兄，同去望榆师。从榆师处知道专委会楼上所贮善本中，亦略有宋元本。我所阅之室，是另一批发见的书，因多精本，故另辟一室也。

四日午后，与翊君等武进同乡同回。事前去榆师处告辞，承榆师好意，向他借了一册清初钞本《幸存录》（叶廷琯[①]旧藏，与刊本多有不同），翊君答应代我照写一本。临行时，朝于送我上马车。辘辘尘起，走向归途了。

一九四四年八月下旬记于武进贞和堂

按：此为先父旧文，为方便读者阅读，本人特增补脚注，对人名等加以注释。

二〇二四年六月黄寿成记于西安寓所

（黄永年，生前任陕西师大古籍所教授、所长，教育部高校古工委委员、全国古籍整理出版规划领导小组成员。代表作《唐史史料学》《古籍版本学》等。黄寿成，黄永年之子，陕西师大教授、博导，兼任山东大学尼山学堂导师。主要从事魏晋南北朝隋唐史、历史文献学教学科研工作，主持国家项目5项、出版专著《〈隋经籍志考证〉及其王颂蔚批校研究》等，在《中国史研究》等刊物发表论文多篇）

---

① 叶廷琯，字紫阳，号调笙，晚号蜕翁、十如老人，江苏吴县（今江苏省苏州市）人。清中后期学者，有著述。

四里山与致远书店

汪家明/文　荆强等/摄影

前几天回济南，去了一趟四里山旧书市场。穿过那片高大的杨树林，我注意到，叶片已有一元银币大小，在春风和阳光中颤抖着，似乎怕冷的样子。这使我感到亲切。

图1　济南英雄山文化市场西大门

已经记不得多少次穿过这片杨树林了。在济南生活了十八年，曾经带女儿来踏青，曾经陪父亲来遛弯，但更多的，是来淘旧书。在这里，我淘得了三十多年前对我产生关键影响的苏联小说，1956年版的《初升的太阳》(图2)，淘得了“文革”初期闲居在家，学画所用的主要指导书——商务印书馆的《素描画述要》，还淘得了我少年时最喜

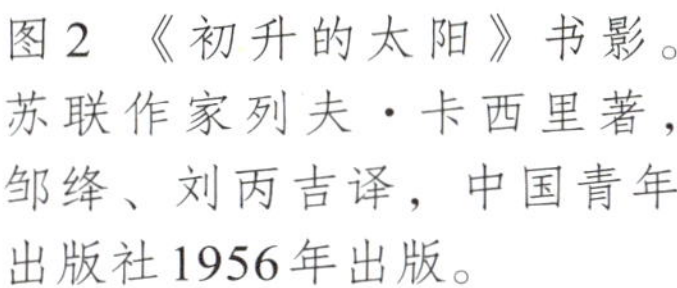
图2 《初升的太阳》书影。苏联作家列夫·卡西里著，邹绛、刘丙吉译，中国青年出版社1956年出版。

图3 汪家明著《孙犁：陋巷里的弦歌》封一。该书为李辉主编、大象出版社出版的“大象聚焦人物书系”之一。

欢的《译文》杂志二十余册，由此开始了对《译文》的收藏。令人惊奇的是，2002年10月，我正应大象出版社之约写作《陋巷里的弦歌——孙犁》（图3），一天去四里山，一下子就买到了孙犁的三本书：一本是1952年版的《风云初记》（前三十章），一本是1956年版的《文艺学习》，还有1957年版的《铁木前传》。这些都是难得的版本。同样奇异的，北京学者李书磊有一次到济南公干，想顺便查阅有关《大众日报》的史料，没想到第二天早晨去四里山旧书市场，一眼就看到了要找的书。后来，他曾向多人谈到此事。

四里山位于济南市区南部，与老城中心相距四里，故名。向南延伸，依次还有五里山、六里山、七里山。其山覆满松柏，四季苍郁。因山里设有烈士陵园，又名“英雄山”。旧书市场在山之北麓，原在文化市场内。每逢周六、周日，书摊在林间空地连成片，熙熙攘攘，很有人气。翻检从四里山淘来的旧书，多为图书馆藏书，私人藏书不多。2002年七八月份，山东大学和山东师范大学清理图书馆，一大批旧书到了四里山。那些日子，成了淘书者的节日。普希金的《波尔塔瓦》《抒情诗二集》，莫尔的《一个匈牙利富豪》以及《安东诺夫短篇小说选》、1937年《开明中学生丛书之二十二·陶渊明》等，都是我在这期间的收获。淘友们一边满载而归，一边嘲笑两所大学图书馆的无知。

图4　四里山下的书摊前，一位找书的小学生和一位埋头苦读的青年女读者。荆强摄于1992年6月。

现在想来，真是自相矛盾。其实，这些旧书尘封在图书馆，还不如这样流落民间，发挥其作用。山大、山师大图书馆的工作人员功莫大焉！

我不是藏书家，也没有收藏癖。我淘旧书只是喜欢而已，而且多是为了寻找少年时的书梦——寻找当年读的版本。真正在这方面使我得到满足的，是济南藏书家周晶。周晶是齐鲁书社的资深编辑。他从1958年就开始淘书了。我少年时最喜欢的几本书——《普希金抒情诗集》、《高加索的俘虏》（以上平明出版社出版）、海涅的《诗歌集》（图5），就是他送给我的，而且品相很好，插图一幅不少。他还答应送我一套老版的《静静的顿河》（一直未兑现）。1999年4月，周晶创意出版了丛书集刊《藏书家》，把个人爱好和出版工作结合起来，做得有滋有味。我们见面，除了谈书，别无话题，称得上是真正的书友。

济南是一个比较传统安逸的城市。文化不能说不发达，既有传统，如李清照、辛弃疾、张养浩等，又有省会优势，如十几所大学、十几家出版社、上百家文化单位，有名作家、名学者。但其文化生活总是那么沉闷，没有波澜，形不成浓郁的文化气候。泉城路、大观园的两家书店规模尚可，是我许多年的购书之所；经三路上的古旧书店原也不错，我在那儿买过十本七角二分一本的《呼兰河传》（图6）送朋友，还在那儿买过六角二分一本的《金蔷薇》。但后来它们乏善可陈。1997年秋，几位不甘寂寞的书友发起，借助各自单位的力量，创建了一家书店，主销人文类图书，坚持人文主义理念，一度经营得还算红火，被视为泉城书业的亮点之一，成为当时读书人的必至之地。书店名号

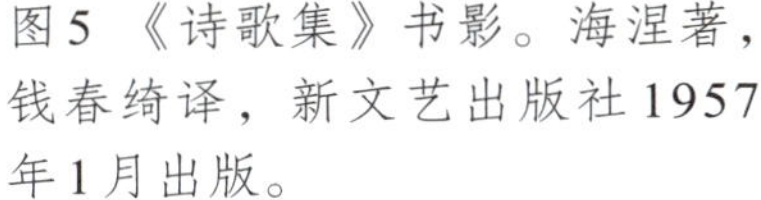
图5 《诗歌集》书影。海涅著，钱春绮译，新文艺出版社1957年1月出版。

图6 萧红著《呼兰河传》书影。黑龙江人民出版社1979年第1版第1次印刷。

是我起的——“致远”，一层意思来自古语“宁静致远”，另一层意思取自甲午海战中邓世昌的“致远号”。中日甲午战争“致远号”战沉是山东近代史上的重要一页。书店起名“致远”，初时大家以为不吉，但又想，取其凛然正气，何惧之！

有了致远书店，我就很少到其他书店买书了。书店不大，品种不少，与山东师范大学毗邻。店内挂鲁迅、海明威、吴尔芙、萧伯纳、萨特和西贝柳斯、卡萨尔斯的肖像，营造出浓郁的文化气息。店员中有极爱书者，谈话经常令人惊讶。除在此购书外，我还得了另外一种方便：每于图书订货会看到好书，即在订单上标记，交给致远书店，由他们帮忙订购，既快捷又便宜。共同创办

图7 1997年7月，致远书店山师店门头。荆强摄影。

图8　致远书店南郊宾馆店。荆强摄于2010年11月4日。

图9　作家张炜在致远书店济大路店签名售书。荆强摄于1996年11月。

图10　1996年11月，致远书店在济大路开业。全体董事会成员及工作人员合影。前排左二为荆强、左三为汪家明、左四为张瑞云，右一为王延平、右二为张炜。

致远书店者，有作家张炜、王延平，画家杨枫，摄影家荆强，报业要员张瑞云等，以柳晓影为经理。

（汪家明，青岛人，笔名汪稼明、吴禾等。曾任山东画报出版社总编辑、三联书店副总编辑、人民美术出版社社长。策划出版《老照片》《凯恩斯传》《小艾，爸爸特别特别地想你》等图书。出版《久违的情感》《爱看书的插画》《范用：为书籍的一生》等十余种著作）

武福鼐旧藏题识杂感（二）

马志立

武福鼐古籍题识，我们先期曾摘录与其生活境遇息息相关者略加揭示（见本刊第22辑》），旨在了解其生存状态和即时感慨，此乃孟子所云知人论世也。

武福鼐先生集学者、藏书家于一身，故其古籍题跋，版本价值和学术价值并重。作为书法名手，其题识亦关注书法艺术。本文仅摘取先生题识若干，稍加整理，以期有助于人们对武福鼐的认识。管中窥豹，略见一斑，笔者用意，如此而已。

一

今以武福鼐旧藏明万历刻《多识编》七卷为例，以见先生之精鉴。

本书乃武福鼐于乙亥年（1935）夏日收得，其楷书题签“诗经多识编　万历本”，湖北省图书馆编目人员认可遵从。

《多识编》，《四库总目提要》入存目，题为《诗经多识编》，《提要》云：

> 明林兆珂撰。兆珂字孟鸣，莆田人，万历甲戌进士，官至安庆府知府。是编本陆玑疏而衍之，凡草部二卷，木部鸟部兽部虫部鳞介部各一卷。多引郑樵、陆佃、罗愿之语，又兼取丰坊之伪《子贡传》、伪《申培说》，贪多务博，颇乏持择。其凡例称鸟兽昆虫草木，非三百篇所有不载。然如龙旂之龙非真龙，鸾镳之鸾非真鸾，而征引故实，累牍连篇，此自类书，何关经义。又如因

《尔雅》“荇，接余”之文，遂谓汉之婕妤取义于荇菜，其穿凿抑又甚焉。据其凡例，尚有《外编》《杂编》二书，此本无之，未知其为未刻，抑为偶佚也。

且看武福鼐题识：

专解《诗》之名物者，以陆玑《草木鸟兽虫鱼疏》为最古，余如蔡卞《毛诗名物解》、许谦《诗集传名物钞》、冯应京《六家诗名物疏》、姚炳《诗识名解》、陈太章《诗传名物集览》等书，皆其类也。冯书则因蔡书而扩充之，陈书则最晚出而最该博也。此明林兆珂《多识编》七卷，亦本陆氏之书而衍之者。凡草部二卷木鸟兽虫鳞介五部各一卷，援引甚为博洽。然多采伪书，不知择别，殊为大雅之累耳。兆珂字孟鸣，莆田人，万历甲戌进士，官安庆府知府。乙亥四月收自新郑王姓，与陈子龙《诗经人物备考大全》同购。陈书十三卷，多引此书，盖又因此书而成者也。此本字体疏朗精整，犹有嘉靖风趣，盖万历初年所刻。四库存目载之，藏书家多未箸录，可珍也。适斋记。

凡例一列有《外篇》《杂篇》，此本皆未附载，或未刊。

行与《存目》合。鼐又记。

对比阅读四库馆臣之提要和武福鼐之题跋，知各有侧重，后者题识于四库馆臣所撰提要有沿有革。武福鼐题识，首先揭示该书之学术价值及不足之处，次介绍作者其人，次及来源，次揭示版本，次及收藏家著录，末以“可珍也”三字总括该书价值。

1997年出版的杜泽逊《四库存目标注》卷四《毛诗多识编七卷》条云：

清华大学藏明刻本，作《多识编》，题“莆林兆珂孟鸣父篡述”。半叶八行，行二十字，白口，四周单边。前有柯寿恺、方承章、郭乔泰、蓝文炳题辞，凡例，目录。刻工：王子蟾。《存目丛书》据以影印。北图、北大、福建图书馆等亦藏此刻。案：上海馆藏林兆珂《考工记述注》万历刻本，行款相同，刻工“子蟾”，当即王子蟾，有万历三十一年文豪序，则此本亦当刊于万历间。

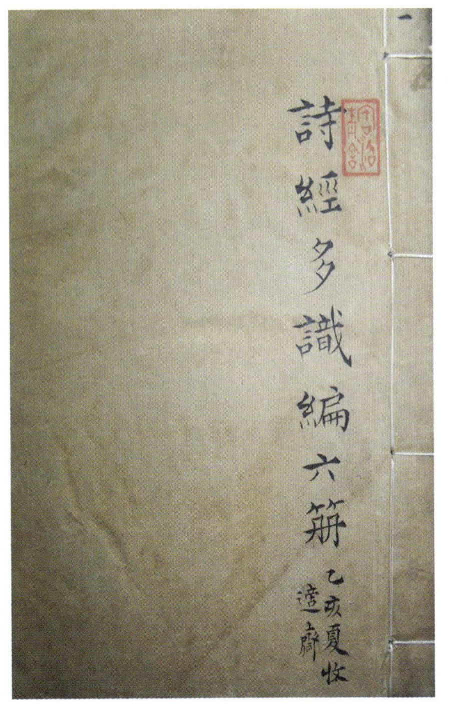

图1　武福鼐题《诗经多识编六册》　图2　武福鼐《诗经多识编》卷端题辞

武福鼐先生对于该书版本的鉴定，全凭个人学识和眼力。《四库存目丛书》影印清华大学藏明刻本《多识编》，和本馆藏书乃同一版本。《清华大学图书馆藏善本书目》著录为明万历刻本。杜泽逊先生综合各方信息，辅以刻工姓名，推断是刻当在万历年间。杜先生可轻松涉猎各大藏书机构的古籍善本，其结论自有坚实基础。武福鼐个人购藏古籍虽寥寥数年，然其古籍版本鉴定功夫，确实不可小觑。

查询书目，明林俊撰《见素集》二十八卷、《奏议》七卷、《素翁续集》十二卷，明郭良翰辑《问奇一脔》三十卷，两书作者和林兆珂均为福建莆田人，两书万历间刻本均有刻工王子蟾。

又，陈子龙《诗经人物备考大全》，武福鼐与《诗经多识编》同时购得者，今藏北京大学图书馆，钤“武福鼐印”。

二

履霜坚冰，其来有渐。作为古籍收藏家、鉴赏家，武福鼐不仅熟知历代书目题跋著作，同时极其关注同时代著名藏书家的题识和品鉴。于清嘉庆十二年（1808）张敦仁刻《盐铁论》十卷附《考证》一卷，甲戌年（1934）仲冬先生写到：

> 《盐铁论》世无宋本，以弘治间涂氏翻嘉泰本为最佳，嘉靖倪刻次之。涂刻流传天壤间者，仅缪艺风藏有孤本，近展转以三百金归之江安傅氏，见《藏园群书题记》。倪刻尚易得，然亦非百金不办也。此本精翻，且有张氏考证一卷，向为名流推重，近年亦不多见。

关于涂刻孤本，武福鼐日后补充道："昨过次师处谭书，据云向在平中，以六十金得一涂氏本，后贾人反悔，拟索三百金，缠诉不休，今仍未了，然则涂本不仅藏园一本矣。"时至今日，仅中国国家图书馆藏涂刻《盐铁论》不止一部。稍后，武福鼐翻检莫友芝书目，发现《盐铁论》居然有宋本，且看其题识："据莫郘亭《宋元旧本书经眼录》，此书有宋刻本，藏丰顺丁氏日昌许。"继续查阅，戊寅年（1938）十月先生于淯阳寓斋写道："后检《持静斋书目》（江刻三家书目本），知为淳熙改元锦溪张监税宅刻，有乙巳孟春冯武题识。半页十行，行十八字，则又在嘉泰本前矣，安得持之一校此本耶。"先生想目睹宋本的希望，数月后宣告幻灭。己卯年（1939）元日，时年四十的武福鼐于淯阳郑重抄录了傅增湘《藏书群书题记》关于所谓宋刻本《盐铁论》的辨误：

> 丁氏宋本详载《持静斋书目》及莫郘亭《经眼录》，群谓此真惊人秘笈矣。数年前丁氏族人捆载遗书入都，此书为保古斋殷估所收，余急往观之，乃明正嘉间刻本，卷尾淳熙改元锦溪张监税斋善本木记二行，乃别刻粘附者，卷首冯武题识，字迹凡俗，气息晚近，绝非窦伯所为，使人爽然失望，其后贬价百元售之。中丞公两目如漆，固不足责，郘亭先生号为精鉴，亦复随声附和，至不敢讼言其非，则真足诧矣。

至此真相大白。《盐铁论》今日所见最早刻本确为明弘治十四年（1501）涂桢刻本，《中华再造善本》正据中国国家图书馆所藏此刻影印。武福鼐之所以如此关注《盐铁论》版本问题，尚有一段公案。据傅增湘

《藏园群书题记》卷六《明涂桢刻本盐铁论跋》、潘景郑《著砚楼书跋》之《谭复堂手校盐铁论》条，涵芬楼四部丛刊影印叶德辉旧藏所谓“涂本”，实非真涂本。仅一部《盐铁论》，先生数年来题识不已，即使大年初一仍秉笔疾书，实属不易。除却对版本探求之外，即使一枚小小藏书印，武福鼐先生亦是苦苦考证其印主。于《新刻古今事物考》，先生写到：“有灵石杨氏藏印，即刻《连筠簃丛书》者，是可宝也。筱邨一印，亦似名流所钤，当详考之。”果然，日后题记云：“杨筱邨名佩璋，长葛县人。同治年进士，光绪末年卒者，其所藏也。”盛名之下，固无虚士。先生之功力，实非一朝一夕铸就。

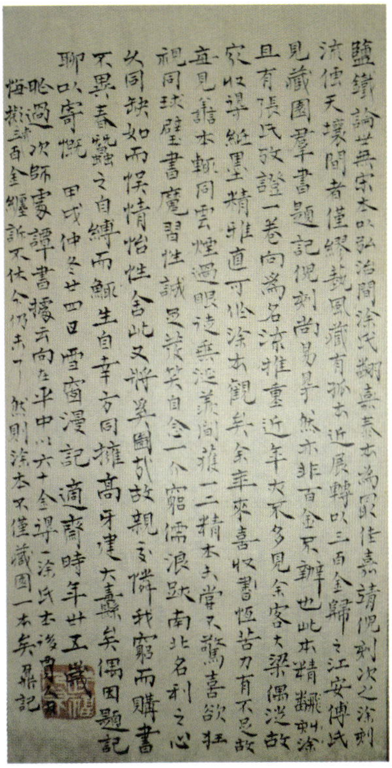

图3　武福鼐《盐铁论》题跋

三

作为学者，武福鼐题识富有学术价值。作为书法家，先生亦论及书法艺术。先生题识，或涉及学者对某书内容之考证，或阐发个人之见解。于明覆大德本《风俗通义》，先生写道：“此书卢氏《拾补》考订较精，孙氏《札迻》亦发正廿六事。镏申叔《左盦集》卷七有《书后》一篇，殊有订正。”卢氏《拾补》即卢文弨《群书拾补》，孙氏即孙诒让，镏申叔即刘师培。于《钱注杜诗》，先生写道：“浑脱舞，乐调属商，脱音驼，其义见王渔洋先生《皇华纪闻》及《居易录》卷十九、卷二十一。读杜《舞剑器行》序，往往以浑脱浏漓云云为句，皆误。浑脱舞、浑脱帽皆应作平声读。”以上音释句读，针对杜甫《观公孙大娘弟子舞剑器行》序文“观公孙氏舞剑器浑脱，浏漓顿挫，独出冠时”句而发，均为王世贞之语。先生阅读杜诗，翻检王氏著作，将其摘录于册末。

关于杜诗，先生推崇备至之余，亦写下自己眼中杜公之所短：“工部排律，才雄学富，新意雅辞，屡出不穷。它家虽用尽心力，不能到也。

虽亦时有累句，正不妨为大家，久玩令人意消。”“五律美不胜收，七律虽为变调，然亦旷绝古今，七绝则非杜公所长。人固有能有不能也。古诗则卓然大家，人无间言。”“今排律之长者，无过杜公夔府咏怀一百韵者。”以上三条，分居三册，知先生阅读所及，即时慨叹，信手写出。

于《颜氏家训》，先生写道：“辞浅而义深，实人生有用之书，固与周秦诸子谈玄理夸博奥者有间矣，何学者贵远而忽近耶。”于岳珂《桯史》，先生想起岳飞的不幸遭遇，以愤怒的笔调写到：“读武穆传，至今为之发指。何代无奸人，秦桧之嫉贤忌功，真狗彘所不含也。尝疑此事出高宗授意，不然武穆功高望重，南宋长城，桧虽权奸，宁敢擅杀大将而高宗不闻不问耶。高宗之愚，真不可及。”此可直作史论矣。

于明万历三十三年（1605）邹县之峄山刻石《庄子郭注》，先生写道：“冯叙书法仿黄山谷，却极似沈石田。吴序仿欧阳率更，而有魏晋风味，刻精故能传神阿堵也。”武福鼐先生长于书法，目睹冯梦桢和吴之鲸两序写刻之精美，难免情不自禁。

四

以上仅选择了若干题记来展示武福鼐个人的精鉴，这种选择充满了随意性：先生的题记总是精彩纷呈，以至于令后学废书三叹。

我真想迅速结束本文的写作，拖沓不符合我一贯的作风。匆匆结束的办法，就是戛然而止。然而，我总觉得，有些细节需要补充，武福鼐先生留给了我们太多需要关注的地方。思前想后，还是信马由缰，继续行文，以使武福鼐先生的形象更加丰满些。

武福鼐珍爱古籍，收得一书，若有必要，则请人装池，制作函套，亲自题签。实则，先生绝非仅热爱古籍而已，其深爱者，乃绵延数千年之中华文化，这点和其出身于书香世家密不可分。

然而，不管如何珍爱，先生总是极其理智。先生深知，自己仅是古籍的暂时保管者而已。所以，共和国肇建，先生便立即捐献大量藏品。所以，即使是自己日夕阅读之书，先生仍然郑重地写道：“此明末原装，万勿动。”“此书犹是明代原装，切不可动。”以上两条，是针对两部古籍而言。先生于书衣大书，只为提醒后来者。缘于时代和个人境遇，先生收藏，重于学人实用之书。就我馆所得先生旧藏，早不过明版，清代精校精刻本更是得其青睐。钞本、稿本，同在其收录之列。

明代原装不可动，那清代刻本又如何？先生总是善意地后学，故于清乾隆五十四年（1789）余姚卢氏刻《抱经堂丛书》本《颜氏家训》郑重写道：“有清中叶，江宁刻本弟一，广州次之，湖南为下，此等书百年后皆宝刻也。”值此之由，先生收藏清刻本多部，且自己目为难得之善本。

于清康熙六年（1667）静思堂刻本《杜工部集》，先生写道：“钱书在清初列为禁目，凡它书有钱序文皆割去无存，何况钱所自著者乎。此本完全无缺，国学扶轮社曾依此排印，亦可见流传之鲜矣。”于清康熙五十六年（1717）缪氏双泉草堂刻《李太白文集》，先生写道：“宋本面目藉此保留，湖北局本又从此出……印工之精，莫与伦比。”于清嘉庆八年（1803）扬州阮氏琅嬛仙馆刻《周易虞氏義》，先生写道：“此与《茗柯文》原刻本皆极难得。”于清嘉庆十年（1805）秦氏石研斋刻《鬼谷子》，先生写道：

> 《鬼谷子》一书，江都秦氏曾两次刻之，一刻于乾隆五十四年己酉，所据为道藏本，继而得鲍渌饮所藏述古堂旧钞本，校之始知道藏本伪脱甚多，复据以重刻，并自辑古今论《鬼谷子》者为附录，时在嘉庆十年乙丑，此本是也。写校之精，较前刻不只倍蓰，极为名流推赏宝贵焉。

于清嘉庆间（1796—1820）刻《国语补韦》，先生写道：“此书流传至鲜，以张、俞、王、李诸老闻见之富，亦未获睹，其之宝贵可知矣。”先生对于明版原装者，总是大声棒喝：万勿动！对于清中叶之前的版本，总是揭示其佳处，生怕学者“贵远忽近”。作为藏书家，先生同样重视稿本和钞本。

先生收藏有清张穆阳泉山庄稿本《遗山先生新乐府》，那是冷摊淘书所得，被邵瑞彭誉为“遗山乐府弟一善本”。于清钞本《草庐经略》，先生写道：“此本较粤雅堂刻本为善为足。”于清嘉庆二十四年（1819）钞本《变雅堂集》，先生先后三次写道：“此本较通行刻本为足。”“此钞不分卷，所据似最初本，最善。”“此书外间皆未足。”

或曰“真理不言自明”。我们崇尚这一境界。不过，个人依然寄望于“夫子自道”，故钟情于不断摘取武福鼐个人题识。明知无法助成滔滔江海之伟大，涓涓细流仍能不舍昼夜；明知无力发掘前辈之高深于万一，个人仍能不畏蚊虫肆虐而挥毫。仅从武福鼐先生出发，让我们感念那些逝去的读书人，感念为保存我民族文化延绵不绝而默默奉献过的先哲们。

（马志立，甘肃省静宁县人，供职湖北省图书馆古籍部，副研究馆员；编著《徐行可先生年谱》，参与起草《公共图书馆业务规范：省级公共图书馆》，参与编写《第一批湖北省珍贵古籍名录图录》等，在《魏晋南北朝隋唐史资料》《国家图书馆学刊》等刊物发表论文若干篇）

一位爱书人眼里的《藏书家》

周士元

世界每年出版的书刊有几百万种，中国每年出版的书刊有几十万种，但很少有一本书刊像它一样，只要一出版，就会吸引爱书人的眼睛：它就是齐鲁书社编辑出版的《藏书家》。回过头来看《藏书家》走过的路，好像世上没有哪一本书刊与它一样曲折。

一

《藏书家》是一本专门刊载有关藏书和读书文化的杂志，专注于藏书知识、藏书家访谈、藏书家和藏书楼遗迹寻踪及版本介绍等，读者能从其多种多样的关于藏书、读书的文章中，体会到藏书和读书的乐

图1 《藏书家》第1—26辑单行本和合订本之全家福

趣，提高自己的文化品位，并能藏以致用。

与几乎所有的读者一样，从见到它的第一眼起，我就被它深深地吸引，就想竭尽全力收齐它。2019年4月23日世界读书日，我专门去济南尼山书院参加了齐鲁书社成立40周年暨齐鲁书社《藏书家》第23辑首发式。记得杜泽逊教授在那次活动的讲话中说："今年是《藏书家》创办20周年，20年成23辑……"

没想到，从那时到现在五年又过去了，《藏书家》又仅成了3辑。

在那次活动中，齐鲁书社的资深出版人周晶，讲述了《藏书家》创办和出版的曲折经历。

《藏书家》最早由周晶先生于1997年倡议编纂，他说创办《藏书家》的宗旨是："兼顾学术性和趣味性，倾听爱书人求书若渴、爱书如命的心声，记载他们访书的苦辛、读书的痴情和藏书的乐趣，从而展示他们的思想境界和生活追求。"（见《藏书家》创刊号第1辑"编后记"）1999年4月，《藏书家》终于出版了第一辑，且一经出版就引起了强烈的社会反响。许多古籍收藏研究名家如顾廷龙、王绍曾、程千帆、来新夏等，都亲自为它题词表示祝贺，顾廷龙先生更是亲自为其题写了刊名。最初两年，每年出版一辑；2001年以后，每年出版两辑；2005年2月出版第10辑后，暂时休刊。

《藏书家》从提出创意到出版前10辑，一直都是周晶先生在具体操作，他也是该刊的责任编辑。周先生在2002年退休后，又坚持操办了两年，但由于他父母身体不好，而他又是家里的长子，只能把主要精力放在父母身上，于是《藏书家》只好暂时停办。

虽然暂时休刊，但《藏书家》已经在藏书界和读书人中赢得了非常好的口碑，受到众多爱书人的关注和钟爱。此后，在各方呼吁下，由被称为"当代藏书第一人"的著名藏书家韦力先生出资，聘请周晶先生担任责任编辑，由齐鲁书社时任社长宫晓卫先生任主编，韦力先生任执行主编，《藏书家》于2006年底重新复刊。至2009年夏天，三年出版了第11—16辑共六辑。这时，韦力先生与齐鲁书社合作的合同到期，《藏书家》再一次休刊。

2013年齐鲁书社的《藏书家》再次复刊，推出第17辑。此辑的"编后记"说：自2009年出版了第16辑后，《藏书家》又休刊了四年；

图2a　由周晶、韦力签名的《藏书家》单行本第15、16辑

图2b　《藏书家》(1—10)合订本珍藏版毛边本及藏书票

这期间，不断有专家学者及读者通过各种方式，对《藏书家》表达了关切和希望，大家都盼望《藏书家》能再次复刊。于是在2013年，由齐鲁书社联合天津图书馆、三希堂藏书及青年藏书家王振良，再次复活了《藏书家》。这次复刊，第17—18辑，由宫晓卫任主编，李国庆、王振良、袁鸿蕙任执行主编，第19辑的执行主编是李国庆、王振良、吴苏林，第20辑的执行主编则只有李国庆和王振良。到2016年1月，《藏书家》又编辑出版了4辑。

图3　2019年4月23日，在世界读书日暨齐鲁书社建社40周年、《藏书家》第23辑首发式上，由周晶、韦力先生签名的《藏书家》(第1—10辑)老版合订本。

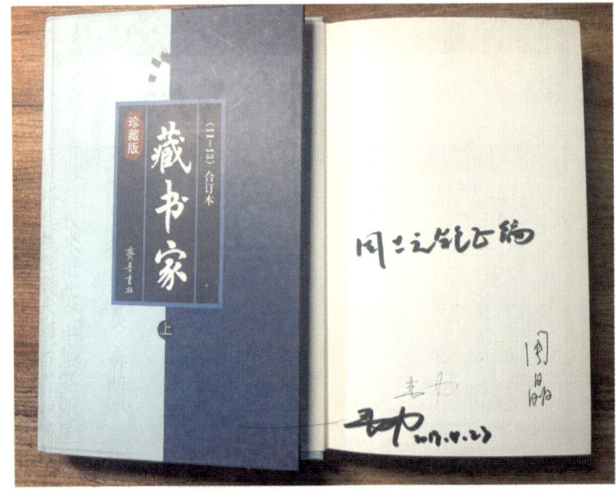

图4　2019年4月23日，在世界读书日暨齐鲁书社建社40周年、《藏书家》第23辑首发式上，由周晶、韦力先生签名的老版《藏书家》(第11—16辑)合订本。

图5　《藏书家》的毛边本和活动赠品

当时，编者曾在《藏书家》第17辑的“编后记”中声明——从本辑起暂定3个月一辑。但是这个愿望没能如愿。按照《藏书家》版权页上载明的出版时间，第18辑于2014年3月出版，第19辑于2015年2月出版，第20辑于2016年1月出版，第21辑于2016年8月出版。而第22辑到2018年1月出版，第23辑于2019年4月出版，第24辑于2022年8月出版，第25辑和26辑于2024年1月和6月出版。也就是说，从2013年8月第17辑出版到2024年6月第26辑出版，10辑又用了10年多的时间。

其中，从第21辑到第24辑，《藏书家》主编由齐鲁书社时任社长昝亮担任，没有执行主编，只有责任编辑在版权页上署名，如陈修亮、武良成、周梦雨、杨德乾。第25辑，主编由齐鲁书社现任社长王路担任，执行主编由齐鲁书社原总编辑傅光中担任，责任编辑是周磊。第26辑执行主编和责任编辑都是傅光中。值得注意的是，《藏书家》编辑部在去年12月份的“征稿启事”中说：自2024年起恢复每年两辑，并定于每年的1月和6月份出版。令人欣喜的是，2024年出版了第25辑和26辑，兑现了这个承诺。

二

下面是我搜集的关于《藏书家》的一组数字：

《藏书家》第1辑于1999年4月出版，印量4000册，2000年10月二印3000册；第2辑于2000年6月出版，印量4000册，2001年6月二印2000册。此后分别于2001年6月、2001年9月、2002年6月、2002年10月、2003年5月、2003年12月、2004年8月和2005年2月，先后出版了第3—10辑共8辑。这8辑一印都是4000册，没有二印。这样就一共出版了前10辑。2006年11月第11期复刊后，又分别于2007年6月，2008年1月、6月，2009年1月、6月先后出版了6辑。但这6辑都只有一印，而且版权页上没有标注具体印量。

从2009年6月的第16辑，到2013年8月的第17辑，《藏书家》有长达四年的休眠期。此后，至今年6月出版第26辑，九年间又陆续出版了9辑。其中，从第17辑到第20辑，都只有一印且没有标注印量，第21辑到第23辑一印标注印量2400册，从第24辑起又隐去了印量。

《藏书家》前10辑是大32开，5.5印张左右；第11辑至16辑是16开，12印张左右；第17辑至24辑，全部是12印张；第25辑增为15.25印张，第26辑为15.5印张。《藏书家》最初15辑的版权页都在前边，从第16辑开始版权页移到了后边，而从第23辑开始又移到了前边。不知什么原因，《藏书家》（1—10）新版合订本中第1辑版权页被移到了本辑后面，而老版合订本却是放前面。

还有，《藏书家》前16辑的“编后记”一直都是周晶先生撰写，第17辑撰写者不详，第18辑至第20辑由杜鱼（王振良）撰写，第21辑撰写者不详，第22辑至第24辑没有，第25辑的“编后记”由主编王路先生撰写的“专注、精粹与雅趣——写在《藏书家》创办25周年之际”替代，第26辑的则由执行主编傅光中先生撰写。

“编后记”是一本书刊的一扇门或者窗，它能让读者更便捷地了解有关书刊的内容及特点。希望这项工作能一直延续下去。

《藏书家》的装帧设计和印制质量一直很好。正如杜泽逊教授所说：《藏书家》除内容好外，虽然数次改变开本、版式，但它的装帧和印刷都是一流的。

从1999年4月出版第1辑到现在，《藏书家》已经有26个年头了，26年成26辑。一本《藏书家》，承载了多少藏书人和读书人的热望。但与历史上好多藏书家的命运一样，《藏书家》也是命运多舛，也经历了太多的曲折和坎坷。

三

受大环境的制约，现在《藏书家》这本深受读者喜爱的刊物的流通渠道不怎么顺畅。我最早曾在我们沂源县城的新华书店里买到过《藏书家》，后来为买它专门去济南，在文化路山师大校区附近的一家书店买到过一种。2019年4月23日，在济南尼山书院的第23辑首发式，居然也没有相关成品书销售，我是回家后从孔网购到的。第24辑是去年在济南书博会的齐鲁书社展台买到的，第25辑是从京东商城购得的。

新媒体的兴起，给我们爱书人带来了很大的便利。大约两个月前，我从齐鲁书社直播间买到了《藏书家》第1—10辑的新版合订本。出版社顺应读者的需求，除增订出版了普通精装本，还推出了毛边本

图6　2014年《藏书家》第1—10辑最新版合订本的书脊

图7　2014年《藏书家》第1—10辑最新版合订本的普通本、毛边本和金色刷边本的书口

图8　2024年7月，在济南全国书博会上买的带有《藏书家》创办25周年纪念号藏书票和周晶先生签名的《藏书家》(第1—10辑)最新版合订本。

图9　2024年7月，在济南全国书博会上买的盖有齐鲁书社建社45周年纪念章等印戳的《藏书家》(第1—10辑)最新版合订本。

图10　盖有齐鲁书社建社45周年纪念章等印戳的《藏书家》第26辑扉页

和刷边本。我买到的2024年新版合订本的毛边本，上有周晶先生的亲笔签名，据说这个签名毛边本是直播间里唯一的一套。这个最新版的合订本，我一下就买了一套毛边本、一套刷边本，两套普通本（其中一套送人）。

前两天在济南书博会购到了新出的《藏书家》第26辑，遗憾没能见到主编王路和执行主编傅光中等，签名的愿望落了空。所幸在这次书博会上，齐鲁书社备有社章、建社45周年纪念章、先师孔子行教像章及“文兴齐鲁，功在学林”异形章等，可以加盖。也是因为这些印章，我又特意买了一套新版的合订本。

四

在今年济南书博会齐鲁书社展台，意外听说《藏书家》第11辑以后各辑也要出版新的合订本，而且要打破以前第11—16辑的体量划分，很可能是将第11—20辑分开合订。至于其中的开本不一问题，据说能做技术处理。这是我在这次济南书博会上听到的最好的消息。

最后要说的是，据我所知，好像国内还没有一本书刊像《藏书家》一样，在万千读者的失望和哀叹中屡屡停刊，又在万千读者的期盼和呼唤中屡屡复刊。

《藏书家》，想说爱你不容易；《藏书家》，愿你砥砺前行不停息。

2024年8月3日

（周士元，曾在全国各种征文比赛中获奖，有作品入选各种选本，在《大众电影》等报刊发表文章若干。喜欢读书和旅行。系山东省散文学会会员、淄博市作家协会会员，现供职于山能集团新材料公司淄博卓意公司）

“千古第一卷”的故事

张朋圣/文　刘桂枝等/摄影

青州之名，始见于中国最早的地理学专著《尚书·禹贡》。大禹兴洪水之利、除洪涝之患，把古代中国按照山川河流的走向划分为九个区域，这九个区域就是现在所说的古九州，分别是冀州、兖州、青州、徐州、扬州、荆州、雍州、梁州、豫州。据历史文献记载，当时东到大海、西达泰山的这片广袤土地，便是《禹贡》所指青州地界，即“海岱惟青州”。

一、国家一级博物馆中首家唯一的县级博物馆

青州有7000多年的文明史，是东夷文化的发源地。不但有著名的苏埠屯商代大墓、昭德古街、驼山石窟、云门山，还有享誉海内外的

图1　青州博物馆旧馆远眺。刘桂枝摄。

图2　青州博物馆新馆。刘桂枝摄。

青州博物馆——中国首批国家一级博物馆中首个唯一的县级综合性博物馆。该馆现收藏文物5万多件，国家珍贵文物3000多件，包括陶瓷、青铜、书画、石刻、玉器等几乎所有的文物种类，有“小大博物馆”之称。

青州博物馆旧馆于2022年10月29日闭馆。2023年5月15日，新馆正式开馆。青州博物馆新馆建在青州城西范公亭公园南邻，处于仰天山路与凤凰山路交叉口东北角（青州市仰天山路7688号），占地30000平方米，建筑面积50934平方米，其建筑整体为四合院式，突出中国传统建筑的“高台、阙楼、坡屋顶”汉唐风格，各展厅间有回廊相通。陈列展览秉持精品化、专题化的原则，突出青州地域特色，集科学性、艺术性、观赏性于一体。

二、镇馆之宝赵秉忠状元卷

青州籍明代万历朝赵秉忠状元卷，是迄今为止在中国大陆发现的唯一一件殿试状元卷，属国家一级文物。曾是青州博物馆的三大镇馆之宝之一，现藏中国国家版本馆。这份状元卷保存状况良好，19折册页，横长共268厘米，每折通高47.6厘米，宽14.1厘米。封面、封底均为全绫装裱。在过去的四百多年里，这张状元卷历经天灾人祸等变

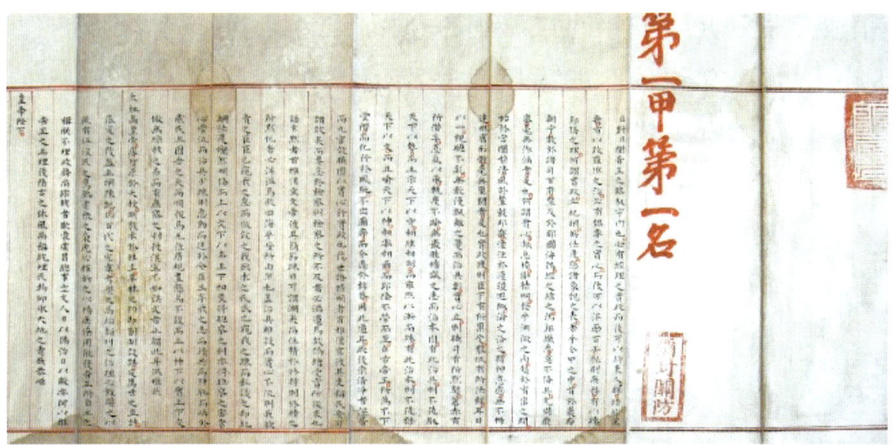

图3　万历皇帝御笔钦点“状元卷”(原件)

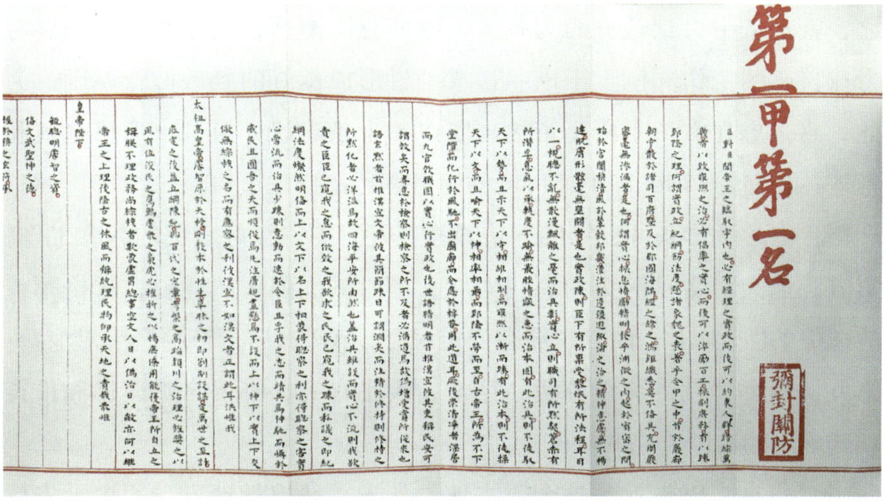

图4　赵秉忠状元卷(复制件)。刘桂枝摄。

乱而幸存下来，于1983年国庆节前夕，由赵秉忠的第十三代孙赵焕彬先生捐献给青州博物馆。经北京故宫博物院专家鉴定，该状元卷系明朝万历二十六年(1598)赵秉忠参加殿试的答卷真迹。此事在国内外引起极大震动。

这张明朝万历戊戌科殿试第一甲第一名的科考卷，全文2460字，不仅行文流畅、书写工整，而且思想深邃、见解独到，其中的部分论点对当代政治文明建设仍有借鉴意义。当时，策论的题目是“问帝王之政和帝王之心”，赵秉忠围绕这个命题，落笔如有神，一气呵成，没有一处修改和涂抹。在这张殿试考卷上，我们可以看到有些字句画有小红圈，它们是有关考官在试卷精彩之处所作的标记。小红圈说明文词优秀，这也是“可圈可点”一词的由来。考卷卷首还保留着明朝万历皇帝朱翊钧朱笔题写的“第一甲第一名”六个大字。该试卷可谓典型的台阁体书法作品，被称为“千古第一卷”。

赵秉忠状元卷贯穿全文的一个主题，是以实心行实政。他写道：

> 何谓实心？振怠惰，励精明，发乎渊微之内，起于宥密之间，始于宫闱穆清，风于辇毂邦畿，灌注于边疆遐陬，沦之洽之，精神意虑，无不畅达，肌肤形骸，毫无壅阏者是也。

赵秉忠在答卷中所说的“实心”，就是切实可行的治国思想。简言之，就是从中央到地方的为政者，都要克服懒惰，励精图治，都要努力在自己的工作岗位上干出一番成绩，形成良好的勤政敬业氛围。为此，赵秉忠在文章中给皇帝提出了以下十条建议：第一，严格选拔和考核各级官吏；第二，不让可耻的污言恶行招摇过市；第三，广开言路，严格官吏的举荐条件；第四，培养教育好官吏，抓好官吏的教育工作；第五，加大对贪官污吏的惩罚力度；第六，加强军队建设，严格军人的选拔条件；第七，消除积冤，安定民心；第八，厉行节约，反对浪费；第九，明辨功过，奖罚分明；第十，大小官吏，都要自觉遵循和推行朝廷确定的治国方略和举措。

青州自古以来就是一个人杰地灵、人才辈出的地方，历史上先后出过6位状元[①]，其中最杰出的无疑就是明朝万历年间的赵秉忠。赵秉忠（1573—1626），字季卿，号岉阳，出生于青州郑母村[②]的一个官宦世家。受家庭熏陶，他自幼勤奋好学、才华横溢，十五岁补府学生，二十四岁中举人，明万历二十六年（1598），二十五岁的赵秉忠到北京

---

① 据史料记载，自唐高祖武德五年（622）科举考试设殿试状元，至清光绪三十一年（1905）最后一名状元，中国科举史上共产生了777个文武状元。其中，姓名、籍贯均可考者440人，今山东地区共36人，而今青州市范围内就有6人。其数量之多，在山东地区仅次于孔子故里曲阜（7人）。

② 郑母地名来源于东汉经学大师郑玄。郑玄病逝后，初葬剧东郑墓店（今青州市谭坊镇郑母村），郑墓店，后讹为郑母店，即今郑母村。宋朝状元王曾与赵秉忠同属郑母村人，为全国唯一之“一村两状元”现象。

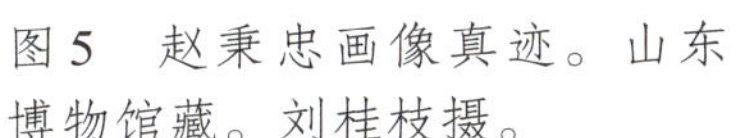

图5　赵秉忠画像真迹。山东博物馆藏。刘桂枝摄。

图6　万历皇帝明神宗朱翊钧像

参加殿试，在292名贡士中脱颖而出，被九位阅卷官和皇帝选中，成为了明代第47位状元。考中状元后，赵秉忠在仕途上累迁至礼部尚书，与父亲同朝为官。因秉性刚直，遭人弹劾，被迫去职还乡。天启六年（1626），五十三岁的赵秉忠含恨去世。崇祯三年（1630），朝廷为他平反，追复原职，加太子太保，按大臣礼节重新安葬。

赵秉忠状元卷是如何从宫廷大内中被带出的？又是如何被带回青州的？有人通过查询《益都县图志》等，发现赵秉忠的父亲赵禧曾经在京城做过礼部侍郎，科考就归礼部主管，礼部侍郎是有机会把封存在大内库房的殿试考卷带出的。在明清时代，殿试考卷属于朝廷大内机密档案，私自携带出宫犯下的是杀头之罪。有专家提出，时任礼部尚书的赵秉忠，为了避免魏忠贤的陷害，从大内档案库中拿出了自己的状元卷。因为这份状元卷，虽然主要阐述了自己治国安邦的意见建议，但同时也有很多抨击当朝政治的内容，赵秉忠担心魏忠贤等人利用这份状元卷来陷害他，于是利用自己担任礼部尚书的职务之便，将状元卷从大内库房取出，然后在被罢官返乡时带到了青州。但以上两种说法，均未获得赵氏后人的认可。

三、状元卷入藏青州博物馆始末

20世纪80年代，青州市政府决定筹建博物馆，开始向全市征集青州的历史文物。时任青州市文物管理所副所长的魏振圣，曾上过朝鲜战场，立过功，负过伤，是一名退伍转业的二等伤残军人。一直以来，他把寻找文物当成一项战斗任务来做。经多方打听，魏振圣终于找到了赵秉忠的第十三代孙赵焕彬的家，并前后登门23趟去做工作。当魏振圣第24次到访时，赵焕彬终于被打动。只见赵焕彬从屋里拎出一个米袋子，从里面抽出一副老得发黄的绫裱纸质折子，颤抖地对魏振圣说："这折子已经三百八十多年了，几个朝代的战乱都没被毁。它陪我闯过关东，十年浩劫期间，我把它藏在枕头里，缝在旧皮袄里。这可是我们家的传家宝啊。都传了13代了，一辈辈都把它看得比生命还重要。以前，我不太了解国家的文物政策，担心状元卷交出去后，上对不起祖宗，下对不起子孙。现在好了，我把它捐献给国家，算是找到了正头香主，也就放心了。"魏振圣接过折子，认真检查了一遍，发现卷子除了封面上有轻微虫蚀，正文部分有几点水渍，其余都完好。魏振圣紧紧握着赵焕彬的手，连连鞠躬："谢谢你，国家和人民谢谢你……"赵焕彬凝噎良久，最后，千言万语化作一句："魏所长，你可要好好保护它啊。这状元卷伴随了我几十年，要好好保护它啊……"

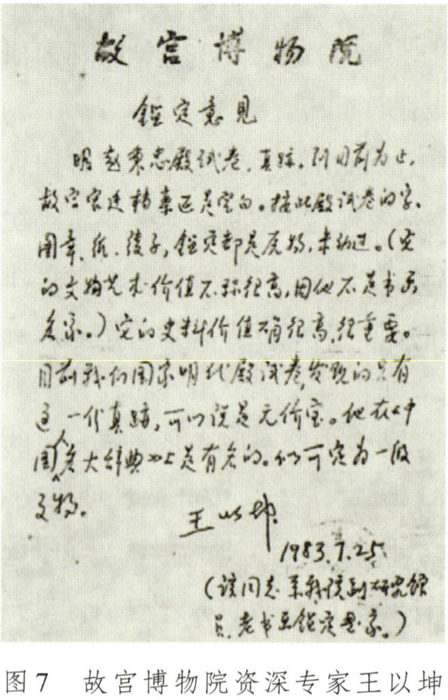
故宫博物院

鉴定意见

明赵秉忠殿试卷，真迹。到目前为止，故宫[illegible]还是空白。据此殿试卷的字、用章、纸、绫子，鉴定都是原物，未动过。（它的文物艺术价值不很很高，因他不是书法名家。）它的史料价值确很高，很重要。目前我们国家明代殿试卷发现的只有这一份真迹，可以说是无价宝。他在中国名人大辞典上是有名的。可定为一级文物。

王以坤

1983.7.25

（该同志系我院副研究馆员，老书画鉴定专家。）

图7　故宫博物院资深专家王以坤对青州状元卷的鉴定意见书

后来，赵秉忠状元卷被送往北京故宫博物院进行鉴定。几位专家从故宫博物院里取出了明代礼部的大印和试卷上的礼部印章进行比对，其中两位权威专家王以坤、冯华一致认定，这份明代赵秉忠状元卷是真品。他们在鉴定书上写下："目前我们国家的明代殿试卷，发现的只有这一份真迹，可以说是无价宝，属国家一级文物。"北京故宫博物院将赵秉忠状元卷复制了三份，分送故宫博物院、山东博物馆和赵焕彬本人。其原件，则送还青州博物馆收藏和展出。

四、轰动海内外的惊天大案

因为新添了赵秉忠状元卷这件镇馆之宝，青州博物馆再次受到全社会的高度关注。1983年6月5日，新华社发布消息称：山东省益都县文物部门发现了明代万历二十六年赵秉忠的状元卷真迹。此消息一经发布，《人民日报》等多家中央级新闻媒体争相报道，国内外慕名前来青州博物馆参观的人员络绎不绝。

但谁也没有想到，1991年8月5日，这件“海内外孤本”的国家一级文物竟不翼而飞。那天，青州博物馆的库房管理人员来到一级品库查看保险箱，突然发现有两个被撬，馆领导马上向青州市政府报告，并向青州市公安局报案。经过仔细检查，发现该馆两件馆藏一级文物——赵秉忠状元卷和宜子孙玉璧都不见了。青州市委书记隋华堂得报后，立即停止了正在进行的会议，匆匆赶到市博物馆。状元卷失盗的消息按程序立即上报，潍坊市公安局、山东省公安厅抽调精兵强将赶到青州，国家公安部的侦查专家也乘飞机赶到了青州。

经过仔细的调查和分析，办案人员发现盗贼对博物馆的内部情况十分了解。专案组开完简短会议后，决定采取敲山震虎的措施。当天深夜，博物馆保卫科干事林春涛潜逃。公安人员迅速将其锁定并展开抓捕行动，短短九天时间，林春涛被捉拿归案，状元卷等一批珍贵文物也被追回。林春涛时年24岁，初中毕业，退伍军人，在博物馆保卫科工作数年，十分熟悉博物馆的内部情况，本案系其监守自盗。1991年12月，潍坊市中级人民法院一审判处林春涛死刑，后山东省高级人民法院维持原判，于1992年6月执行。

五、我最想说的与状元卷有关的三个人

赵秉忠状元卷曾被无数次复制，被数以万计的人珍藏。至今，它仍然以其极高的文献价值和文物价值吸引着人们的目光，受到人们的珍视。在这里，我要特别提及与状元卷有关的三个人。

第一个是赵继光。赵继光是赵焕彬老人的儿子、赵秉忠的第14代

孙。2021年9月2日，他被青州博物馆聘为“特邀讲解员”，向前来参观者讲述赵氏十三代先人舍命保护状元卷，以及父亲赵焕彬捐献状元卷的故事。

第二个是在侦破状元卷失窃案中起领导作用的青州市委原书记隋华堂。隋书记刚参加工作时，是益都县粮管所的一名记账员，也是我的老相识。他对工作极端负责，从一名普通的记账员开始，一步一个脚印，历任公社秘书、公社党委书记、潍坊市中级人民法院院长，最后从潍坊市人大常委会副主任的领导岗位上退休。他是1986年青州撤县设市后的第一任市委书记。

第三个是青州博物馆原馆长夏名采。夏名采是该馆工作时间最长、贡献最大的一位馆长。他1941年8月出生于湖南省天门县，土家族人，1966年毕业于北京大学历史系考古专业，1968年6月到山东省博物馆工作。1973年12月调到青州博物馆工作，2001年8月退休。2012年4月18日，在青州衡王桥栏板雕刻评审会上，突发脑溢血，抢救无效而不幸去世。这位来自湖南的土家族汉子、北大高材生，无怨无悔扎根古城青州，潜心从事文博研究四十载，为青州的文化复兴呕心沥血、鞠躬尽瘁，将青州的文博事业推向辉煌的巅峰。2024年1月，在潍坊市委市政府组织开展的潍坊“40年40人”杰出人物评选中，夏名采入选。早年，夏馆长和我同在益都师范附小门前接孩子，在等孩子放学的间隙，他经常讲状元卷和博物馆里珍贵文物的旧事。他的讲解绘声绘色、神采飞扬，是青州博物馆最受游客欢迎的“编外导游”。与夏馆长交集的三年里，我从他那里学到了许多。他是青州的“市宝”，也是我的良师益友。

六、赵秉忠状元卷成为我的精神伴侣

1984年五一国际劳动节那天，笔者参加单位组织的参观青州博物馆的活动，第一次看到赵秉忠状元卷真迹。当时，我在青州市饮食服务公司（原益都县饮食服务公司）上班，主要负责公司的宣传、劳资等工作。参观回来后，我激动不已，彻夜难眠，脑海里一直萦绕着赵秉忠和他的状元卷。

1989年，我调到中国烟草总公司青州烟草中专学校工作，该校距青州博物馆不到半里路。赵秉忠状元卷就像一块磁石一样，吸引我常

图8　赵秉忠状元卷复制品。刘桂枝摄。

去博物馆观赏它，每观赏一次，就受到一次教育。后来，我干脆买了一副高仿状元卷放在书房，时常展卷鉴赏，一字一句地推敲，琢磨领会文章的含义。赵秉忠状元卷已成为我精神生活的重要伴侣，砥砺我奋力前行。

这张反映赵秉忠文韬武略的状元卷，穿越时空400余年，至今仍然散发着思想和艺术的光芒。它不仅是赵焕彬一家的骄傲，也是青州的骄傲，还是山东和中国的骄傲。

（张朋圣，山东省作协会员、散文学会会员。先后在《今古传奇》《东方烟草报》《齐鲁晚报》等报刊发表文章近60万字）

李学勤先生与我的第一部学术专著

——怀念李学勤先生

侯仰军

《考古发现与夏商起源研究》（侯仰军著，黑龙江人民出版社2009年10月出版）一书，是由我的博士论文扩充而成的我的第一部学术专著。该博士论文是在李学勤先生、方辉老师联合指导下写成的，转眼之间，该书已经出版15年，而李学勤先生也离开我们5年了。

一

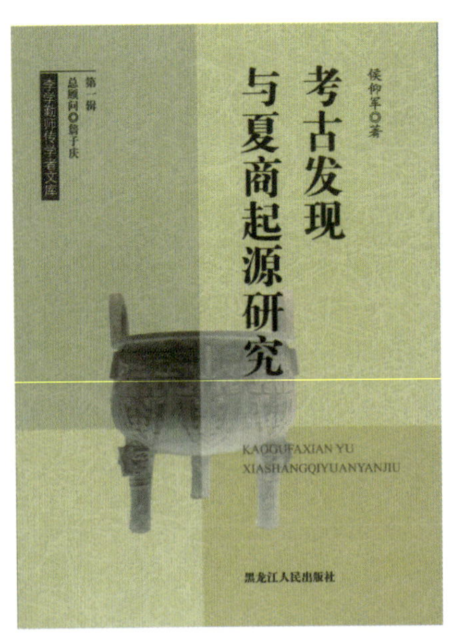

图1 《考古发现与夏商起源研究》书影。黑龙江人民出版社2009年10月出版。

李学勤先生是我国著名历史学家、考古学家、古文字学家、古文献学家和教育家，被学术界誉为百科全书式学者。2019年2月24日，李先生驾鹤西去，永远离开了我们。五年多来，我时时想起李先生，他的音容笑貌，他对我的谆谆教诲，常常浮现在我的眼前。

我能成为李先生的学生，实属偶然。2003年3月，我还在济南工作，参加了山东大学历史文化学院中国古代史专业的博士研究生入学考试，报考的是马新教授的秦汉史。有一天，院领导通知我，学校想聘请李学勤先生到山东大学做兼职教授，和方辉教授联合带一个博士，专业为考古学及博物馆学，我是高级职称，又两次荣获国家级图书奖，是比较合适的人选。听到这个消息，我倍感荣幸，又不免担心：虽然自己在齐鲁书社工作已经十年，也编辑过考古学方面的图书，周围的同事、朋友像贺伟、郑岩等都是考古学科班出身，他们也经常给我说些考古的事情，但我毕竟是历史学专业出身，没有从事过考古发掘，将来能不能写出考古学博士论文都是个问题。

当时，方辉老师正在济南东郊的大辛庄从事考古发掘工作，取得了惊人的成果，贺伟提议带我去现场看一看，以便对考古学有点直观感觉。五一节刚过，贺伟就开车带我去大辛庄考古工地。这是我第一次到考古发掘现场。方老师带着我们看了几个探方和挖掘出来的几件青铜器，介绍了挖掘进展情况，让我对考古学有了实实在在的感觉。参观期间，方老师针对我的担心，提出我不一定参加考古挖掘，可以发挥历史学的特长，做考古与历史相结合的论文，并说李学勤先生就是这么做的。

博士生入学后，我除了上专业课，又主动要求和考古学的硕士生一起上考古学理论课。用多年学习历史的思维来学习考古学，果然受益良多。我原以为，李先生工作十分繁忙，又远在北京，在山东大学做兼职教授也许只是挂名，没想到，先生对我学业上的关心、关注超出了我的预判。读博的第一个学期，我上了两门基础课，一门是“考古学理论”，一门是“中国古代史专题”。“中国古代史专题”由几位老师轮流上，一周上一次，一次上一个上午，王晓毅老师先讲。当时王老师已经调到清华大学任教，每次给我们上课就回济南。第二周上课时，王老师对我说，他和李先生住一个小区，经常遇见，先生告诉他，自己在山大带了一个博士，11月份来济南时要见个面。闻讯我很惊喜。过了不久，方辉老师给我打电话，说李学勤先生准备11月26日来济南，同我见个面并参加一个学术会议。我很感动，心想自己何德何能，竟然让先生如此关心?!

2003年11月26日晚上8点半，方老师带我到山大学人大厦，拜见李学勤先生。寒暄之后，我把自己点校的一套《绎史》(4册)送给先生。先生很高兴，说与我的母校南开大学、曲阜师范大学的老师很熟，并提到了我的老师王连升、杨朝明和同学潘守永。那个时候，我和山东社科院社会学研究所所长彭立荣、菏泽市人大副主任潘建荣正在酝酿搞尧舜文化研究，并联合起草了一份《关于请求国家探源工程前往山东省菏泽市（古陶）考古探源致李学勤先生的函》，就把信函交给了先生。先生看了信之后，就开始谈菏泽、曹县、尧舜文化，表示支持我们成立尧舜文化研究会。先生博闻强记、贯通古今，给我留下了难忘的印象。

第二天晚上，我再次到学人大厦拜见先生，并带上了潘建荣、彭立荣，希望先生能有时间去菏泽“探源”。先生说，据他掌握的历史文献与上古遗址材料，尧、舜、禹与菏泽关系密切是毋庸置疑的，现在的问题是菏泽至今没有发现一座龙山时代的城址，希望我们加强这方面的工作。

由于工作过于繁忙，先生一直没能去菏泽看一看，但他从此以后，始终关注着菏泽，关注着菏泽的考古工作，当然，更关注着我们的菏泽历史文化研究。在先生的指导下，十几年的时间里，我们做了大量工作，在菏泽广袤的大地上栉风沐雨，重拾了菏泽的文化记忆，重构了菏泽的文化根基，擦亮了菏泽的文化品牌，提升了菏泽的文化自信。

恍若隔世，近如昨日。二十多年过去了，回首我们在菏泽的学术之路，衷心感谢李学勤先生的热情指导和大力帮助！

二

读博三年，最重要也是最困难的事情就是写博士论文。在这方面，李学勤先生和方辉、马新老师为我花费了大量精力，提了很多建议。至今想来，我很感激，也很惭愧。

做博士论文，首先是一个选题问题，就是写什么。我入学不久，就和马新、方辉两位老师谈了自己的想法。11月中旬，方辉老师告诉我，他和齐涛、马新老师专门商量了我的博士论文题目，三人都认为我做有关尧舜故里的考证文章太渺茫；方老师提议写齐国、齐地盐业史的论文，认为写海岱地区的盐业史很有意义；齐涛、马新两位老师认为我对经济史不熟，主张写文化史的论文。李先生对我的博士论文选题很重视，11月28日上午，他让我陪着参观山东大学考古系博物馆，随后和我谈博士论文的选题，建议我做“大辛庄在三代时期的地理环境”。我有点为难，怕做不好。王育济院长则建议我写考古史方面的论文，说结合考古学和历史学，比较适合我，但我担心这方面写不出新意来。

第一个学期结束的时候，也就是2004年1月，方辉老师按照我熟悉文化史的特点，给我新拟了一个博士论文题目：《龟卜文化研究》。我对这个题目很感兴趣，决定写龟卜文化，年代从商周到唐代，以考古学作依托。自然，这个题目难度也不小。待到春节过后新学期上课时，方老师又提议从齐国货币入手，研究齐国经济发展状况，马新老师说这个角度的论文恐怕写不出新意，遂不了了之。后来，我还是决定写“中国古代的龟灵信仰研究”。

我那个时候还在齐鲁书社做编辑室主任，工作十分繁忙，博士生一年级的课很多，根本没有时间写博士论文，只是搜集了一些资料。2004年4月下旬，我应邀到河北省井陉县参加石头文化研讨会，并在会上发言，讲“龟灵信仰与灵石信仰比较”，得到了与会专家特别是刘魁立先生的赞扬。可通过发言，也让我意识到，讲了十几分钟，整理成文字也不过三千多字，凭我的学识，这个题目写不出一篇10万字的博士论文，必须改弦更张。

那时，我和潘建荣正在策划成立“菏泽中华尧舜文化研究会”，新组建的菏泽学院也邀请我前去任职、任教，我动了写菏泽历史文化的念头。有一段时间，我想把汉魏之际的高平王氏家族研究作为博士论文题目，王晓毅老师不同意，说不好做。

2004年10月16日，“考古发现与中国古文明研究国际论坛”在烟台大学召开，李学勤先生出席并作学术报告，我赶去参会。第二天吃早饭时，有人告诉我李先生找我，我赶忙去先生房间。先生问我博士论文动手写了吗？我说，“大辛庄在三代时期的地理环境”我做不了，我没有发掘经历，以后也不可能到工地实地挖掘，没时间。先生听后，说：“我以前没考虑到这一层，那就写考古史，怎么样？”然后，他建议我写鲁西商周考古史，定位在1926—1949年，便于写，便于找材

图2　前左是李学勤先生，前右是师母徐维堃。后立者为笔者。摄于2013年1月3日。

图3　笔者与李学勤先生的合影。摄于2013年6月18日。

料。我也认为很好。半个多月来，我一直为论文事担忧，先生这么一说，我就放心了。

因为工作忙，我那天即从烟台坐车回济南。四天后的大清早，杨朝明老师给我打电话，说李先生和师母下午要从济南机场坐飞机回北京。我赶到机场，送先生和师母登机。先生对我说，博士论文可以定为：《20世纪前半期的山东先秦考古史》。不能涉及现代，现代人物不好评，不能评，只能到1949年；范围为山东全省，时间段为秦统一之前。李先生让我看几本书，写下读书笔记给他看。

不久，我写了4000字的开题报告，给方辉老师、马新老师汇报后，他们都说可以。后来略作修改，增加到5000多字，在考古系举行的2003级博士生开题报告会上顺利过关。

三

开了题，只是万里长征的第一步，能不能写出博士论文来，依然很难说。那几年，正是我人生的爬坡阶段，十分忙碌，里里外外都得操心。孩子小，刚刚入小学读书；父母年纪大，几次生病，母亲还做了一次手术，虽有哥嫂姐妹照顾，我也难以安心；老家亲戚、邻居的孩子上学、找工作，动不动打电话来寻求帮助，让我疲于应付。这些还都是次要的，主要是工作繁忙：当时我还担任齐鲁书社编辑室的主任，策划选题、编发书稿工作量巨大，同时要带新入职的几个青年编辑……不知道什么时候，自己有了退学的想法。博士生开题报告会召开前十天，我去方辉老师家商量论文的事，恰巧头天晚上家里打来电话，商量安排母亲住院做胆结石手术，我的心理压力更大，感觉博士上不下去了，便向方老师提出退学的问题。方老师要我慎重考虑此事：毕竟考进来不容易，更何况怎么向李先生交代?！

当然，后来“涛声依旧”，我没有退学，也顺利通过了开题报告。

可是，哪有时间写博士论文呢?

2005年5月22日，我因事去河南安阳，恰巧遇到了方辉老师，便向他提出写《鲁西南考古与菏泽历史文化研究》作为博士论文，理由是：菏泽历史文化很有值得研讨之处，我在这方面也比较熟悉。方老师同意我做这个题目。十多天后，方老师告诉我，他几天前在国外出差，见到了李学勤先生，先生很关心我的博士论文写作事，要我抓紧写，并说过几天就要回国，回国后要同我见面聊一聊。6月中旬，我到北京拜见李学勤先生，先生建议：论文题目叫《鲁西南考古与先秦史研究》，时间跨度为夏到春秋，地域范围为泰沂山脉以西；不要涉及史前，可以不涉及战国，不要出山东，古国以《左传》上出现的为准。先生还强调，论文要经得起检验。

有了李先生的认可和督促，我开始利用一切机会搜集资料，撰写论文，真正做到了见缝插针。由于对菏泽的历史文化比较熟悉，到9月初，论文的框架和素材基本到位。又经过两个月的修改，11月7日，终于写出了草稿。

四

论文草稿写成后，我心里轻松了很多。第二天，我即赶到北京，同中国出版科学研究所（今中国新闻出版研究院）商定了调动事宜，“孤身进京”，担任中国书籍出版社副总编辑。一年来，为了调动事，我一直在犹豫，现在终于下了决心。

“孤身进京”后，暂时没有了杂事缠身，白天上班依然很忙，但晚上和周六、周日可以修改论文。那时，我和同事合租一套房子，房东住一间，我住一间，同事和其朋友住一间。我每天早早地就到办公室，晚上11点多甚至12点多才悄悄地回去休息，周六、周日也是这样，房东一星期难得见到我一次，最长的一次是三个星期。有时房东就会问我同事："侯老师是不是回山东了？怎么这么长时间不见了？"现在想来，如果不是到北京工作，我的博士论文是不可能如期完成的。

在论文修改过程中，我多次调整思路，又忍痛割爱，把西周、东周即"两周"的内容去掉了，专写商代以前，题目也改为《考古发现与夏商起源研究——以鲁西南考古为中心》。由于去掉了"两周"部分，内容删掉很多，到2006年1月中旬，才写好6万字。又过了一个月，再次大刀阔斧地增删，删除了第五章"鲁西南古国考"，增加了其他内容。3月下旬，我把论文修改好，计12万字，发给方辉老师看。三天后，方老师给我发来电子邮件，说我的论文他改过了，可以送给李学勤先生看了。我即打印出来一份，送到先生家里。

先生看论文十分认真。本来，我把论文交给先生时，先生让我过上一周或者两周给他打电话，十多天后我给先生打电话，他说还剩下一章没有看完，让我下周再给他打电话。又过了半个月，先生让我去清华大学见他。我的博士论文先生已经看完，标出了需要修改的地方，并讲了原因。我数了一下，有14处。按照先生的意见改好后，我把论文发到山东大学考古系，后来顺利通过了校外专家评审。

让我至今激动难安的是，李先生一直想参加我的博士论文答辩。2006年3月底，先生拿到我的博士论文时，他就说争取6月初到山东大学参加我的论文答辩。5月中旬，先生给我打电话，说5月底6月初要参加国家"211工程"验收，问我的论文答辩时间确定了没有，如果实在参加不了，他就写一篇长长的有关我的论文的鉴定意见。过了几天，先生在电话里说，如果他不能参加我的论文答辩，感到太对不起我了。可他实在太忙，到底难以成行。5月26日，王晓毅老师在电话里告诉我，他前天在圆明园散步时，遇上李学勤先生，李先生说由于"211工程"验收，不能参加我的论文答辩，总觉不安。王晓毅老师再三感慨："李先生对你太好了！对学生太关心了！李先生人太好了！"

5月29日，我应约到先生家，先生把他写好的致答辩委员会的一封信交给我。信上写道：

侯仰军博士学位论文答辩委员会

各位老师：

我在山东大学兼职，承校方要我同方辉教授一起指导研究生侯仰军同学攻读博士学位，深感荣幸。现侯仰军同学博士学位论文已提交答辩，但我由于公务，不能前来聆听您们指教，深为歉憾，敬祈鉴谅。好在论文指导工作主要是方辉教授的成绩，我没有多少贡献。

我已两次细读侯仰军同学的论文，并提出具体修改意见。我认为这是一篇成功的学位论文，其特点是将考古学研究与文献材料，包括古史传说尽可能密相（切）结合，在前人学说的基础上，提出自己的见解，在鲁西南这一重要历史地区的探讨上，有所创获。论文引用各家学说，态度谨慎，论证层次清楚，语言流畅，可以看出侯仰军同学在学科方面已具备较好基础，能承担科研及

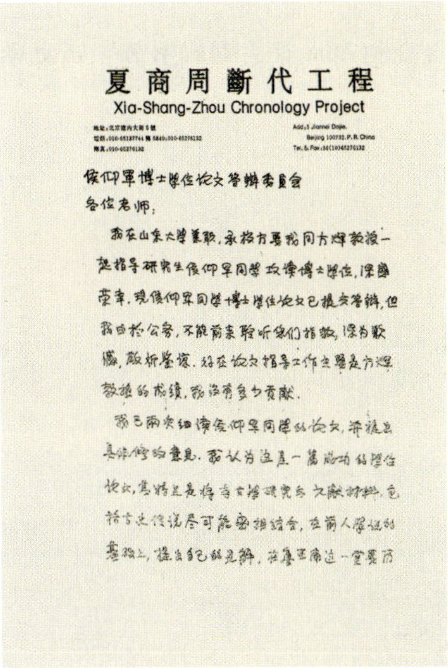

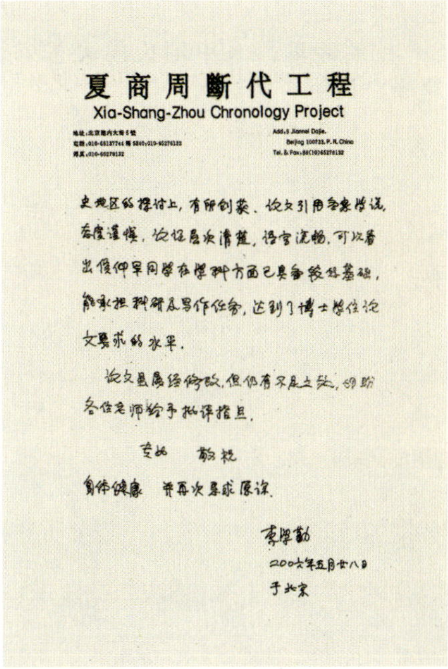

图4　李学勤先生手书致“侯仰军博士学位论文答辩委员会”信函（2006.5.28）

写作任务，达到了博士学位论文要求的水平。

论文虽屡经修改，但仍有不足之处，切盼各位老师给予批评指点。

专此　敬祝

身体健康　并再次恳求原谅

李学勤

二〇〇六年五月廿八日

于北京

五

让先生欣慰的是，2006年5月31日，我在山东大学考古系的博士论文答辩获全票通过。

泰山其颓，哲人其萎。一代宗师走了，一个学术时代结束了。作为李先生的弟子，今天深切缅怀先生，就要继承先生的遗志，发扬先生的优秀品质和敬业精神，以高度的历史责任感传承弘扬优秀民族民间文化，为建设中华民族的现代文明尽绵薄之力。

（侯仰军，系中国民间文艺家协会分党组成员、副秘书长，历史学博士，编审）

明藏文版《大藏经》修复纪要

郑艳丽　周　岳

《大藏经》又名《一切经》，是以经、律、论为中心的佛典集成，简称《藏经》或《大藏》。《大藏经》的编纂，始于释迦牟尼涅槃不久，现存的藏文版《大藏经》，主要以抄写本形式流传。藏文《大藏经》是由14世纪的藏族僧人翻译并编撰而成，包含的藏文书籍多达4500余种，是一部极为宝贵的经典，也是藏传佛教的僧人们必须学习的著作。各国都有不少学者对它开展研究。

现存藏文版《大藏经》主要收藏在西藏、甘肃及北京地区，主要是由元、明两代凉州地区的高僧抄写而成。由于年代久远，前期保存条件较差，不少经叶受到不同程度的损害，其中许多经叶需要进行抢救性修复，此文就以《大藏经》的修复情况加以记述。

一、文物基本信息

此次修复的《大藏经》字体中保留了部分古藏文的拼写法，诸多后记中注明了中央政权年号，如元天历、明万历等，是研究汉藏文化交流的重要史料。

《大藏经》所用纸张是产于甘肃的藏纸及西夏纸，这两种纸张的制造技术在当时都是相当先进的。此外，部分书写材料是由金银等金属材料研磨制成，这种奢华的书写方式在古代并不常见，因此显得尤为珍贵。这些纸张和书写材料，不仅为研究藏纸的制造技术提供了第一手资料，也为我们了解中国古代书写材料的演变提供了实物证据。

《大藏经》版本众多，绝大部分是手抄本，包括短条手写版、萨迦手写版和木刻版等。这些不同版本的《大藏经》在内容、排版、字体等方面都有差异，为研究我国古代版本学提供了丰富的素材。

从艺术角度来看，这部藏文版《大藏经》同样具有很高的价值。它的经文文字，多为古藏文"斡坚"即正楷体，字体潇洒、书写工整，给人一种美的享受。部分经叶上甚至绘有精美佛像，这些佛像线条流畅、色彩鲜艳，具有很高的艺术水准。该书的文字和图像，不仅展示了古代藏传佛教艺术的魅力，也为研究西藏古代书法和绘画艺术提供了宝贵的资料。

二、文物现状、样品检测及病害分析

（一）文物现状

受自然灾害的影响，这部《大藏经》曾在水中浸泡了一周左右。整理后的《大藏经》纸张尺寸各异，长度大约在45—70cm，宽度大约在13—25cm之间。这种尺寸的变化可能反映了不同版本或不同抄写者的工作习惯。其中大多数为短条手写版，显示了其独特的手抄本特色。

在颜色方面，多数纸张为蓝色，共分三层，外面两层经过靛蓝染色，上面涂有黑色颜料。这些颜色的选择搭配，不仅使经文更加醒目，也增添了一种神秘色彩和庄重感。同时，使用金色或银色材料书写经

图1　黄纸经文

文，进一步凸显了经文的尊贵和珍重。少数黄色纸张的《大藏经》内文，单层设计，使用银色、红色或黑色颜料书写经文（图1）。

（二）样品检测与分析

在检测过程中，分两次取样，分别对它的纸张纤维、制作工艺、制造年代、纸张染色成分、书写材料、粘连原因、纸张表面微生物等进行了检测与分析，并对粘连经叶做了拆解试验。

取样原则为不能伤及经书，因此两件样品皆为残片，样品1取自1号包裹第121号，长约2.3cm，厚约0.21mm，表面以黑色为底色，其上书写银色经文，表面存在虫洞、污渍等病害（图2）；样品2取自2号包裹第203号，长约3.5cm，厚约0.29mm，整体保存状况不佳，纸张纤维老化严重，书写银色经文，存有虫蛀、破损等病害（图3）。

图2　样品1

图3　样品2

1.体视显微镜观察

利用体视显微镜观察样品形貌，可见样品1存在虫蛀、污染物、纤维断裂等问题。这可能是由于保存不当或材料本身易受虫害所致。虫蛀不仅破坏了样品的完整性，还对样品的性能和使用寿命产生负面影响。样品表面存在的污染物，主要来源于外部环境或制造过程中的残留物。而纤维断裂则是由于材料老化、机械损伤或环境因素导致。

样品2的银色经文呈现出颗粒状外观，这是由书写材料的不均匀分布或制造工艺的问题所致。在经文的下方，可以观察到蓝色和淡黄色的纤维，这些纤维同样存在虫蛀、掉色和断裂等问题。

2.纤维分析鉴定

两份样品的纤维长度较长，纤维壁上有明显的横节纹，这些特征在显微镜下清晰可见。当使用碘-氯化锌溶液进行染色时，纤维呈现出的颜色开始变浅，呈棕红色，并且不容易分丝帚化。这些染色和形态上的特点，都指向了一种特定的纤维类型——麻纤维。

特别值得注意的是，麻纤维的显微结构特征通常表现为纤维较宽，轴向纹明显，这与在观察中看到的样品纤维特征高度吻合。因此，可以初步判断这两个样品的主要纤维成分为麻纤维。此外，藏纸作为一种使用特定原料的传统纸张，其主要原料通常为瑞香科灌木和狼毒草。然而，在样品中并未发现这两种植物纤维的存在。这一发现表明，该样品的原料与传统藏纸原料存在显著差异。

根据实验结果和已知的历史文献记载进一步推断，这两份样品所使用的造纸技术可能与西夏时期的传统造纸技术存有一定的延续性。历史上，西夏纸通常以大麻、亚麻、构树等纤维作为原料，制成的纸张较厚，无帘纹。这些特征与在样品中所观察到的特点非常相似，因此可以推测，样品的造纸工艺可能源于西夏时期的传统造纸技术。

3.纸张制作工艺分析

样品1中碳、氧元素含量较高，表明样品中含有较多的有机物质，它们是纸张的主要成分。同时，硅和铝元素的存在暗示了高岭土的使用。

样品2同样显示出碳、氧元素含量较高，表明其有机物质含量丰富。而钙元素的存在，则说明它可能来源于白垩。

在古代造纸工艺中，填料的使用是非常普遍的。高岭土、滑石粉、白垩等细粉都是常见的造纸填料。这些填料的加入，不仅可以改善纸张的物理性能，还可以降低成本，同时可以提高纸张的平滑度和均匀度，并改善吸墨性，降低吸湿性。

三、纸张染色成分检测分析

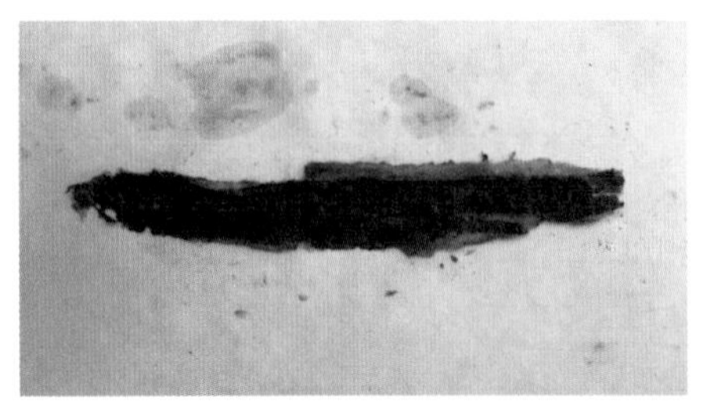

图4　样品3

选取样品3（图4），该样品取自3号包裹第310号残片，长约11cm，由三层纸组成，外层蓝色，中间黄色，厚约0.31mm。

对样品3进行显微拉曼光谱分析得知，它采用靛蓝染色，纸张上的涂料为炭黑，线框为赤铁矿。

1.银色书写材料检测分析

用导电胶将经叶带有银粉文字的残片固定在扫描电镜样品盘上，喷金后使用SEM分析，检测结果如下表：

表1　SEM分析结果

检测区域	主要成分（Wt%）									
	C	O	Na	Mg	Al	Si	CI	Ca	Fe	K
无字区	55.68	26.42	1.44	0.69	1.92	3.98	1.25	2.64	3.57	1.26
文字区	20.65	23.79	1.4	1.21	2.57	5.56	6.69	1.56	1.32	0.74

2.纸张制造年代检测

采用加速器质谱（AMS-14C）检测方法对样品1和样品2的制造年代进行测定，初步得出其生产年代为1600—1650年。为进一步提高测定的准确性，继续采用树木年轮法进行年代校正。经校正，样品的生产年代范围有所调整，变为1480—1650年，这一结果涵盖了大约170年的时间跨度。需要注意的是，这一结果仍然是一个估计值，仍存在一定的误差范围。

3.粘连原因检测

在显微镜下观察粘连在一起的纸张表面的差别后发现，样品1的纸张纤维分布较致密，表面附着有小颗粒晶体。纤维与块状聚集物之间紧密结合，单根纤维表面覆盖着大量不规则形状的物质，并且有长条状的胶凝体物质穿连纤维。这种物质结构，可能增强了纸张的机械强度和耐久性。

样品2的纤维之间存在明显的胶凝状物质，这些物质将纤维紧密地连接在一起。纤维表面也附着有大量的颗粒状物质，并且胶凝状物质充斥在纤维的空隙中。能谱仪的检测结果显示，这些颗粒状物质主要包含碳（C）、氧（O）、钙（Ca）和硅（Si）元素。

胶凝状物质的产生，与纸张制造过程中使用的矿物原料有关。古代造纸时的填料，如白垩、滑石粉和高岭土等，会在煮料时与残留的草木灰、石灰水等碱性物质发生反应。这些碱性物质可以作为胶凝材料的激发剂，打断Ca-O、Si-O、Al-O等共价键，导致相应的离子（如Ca^{2+}、Si^{4+}、Al^{3+}）在水中溶解。随后，硅酸盐水解产生的硅酸根阴离子与Ca^{2+}等离子发生水化反应，形成聚合度较高的具有胶凝性的物质和其他水化产物。这些胶凝性物质相互交织，形成胶凝物，附着在纤维上或填补在纤维的空隙内，从而导致纸张的粘连现象。

此外，纸面纤维间散布的大量孢子也是造成纤维粘连的原因之一。这些孢子主要来自于纸张保存环境中的微生物。在微生物生长期间，它们会分泌一些粘性物质，这些粘性物质可以直接造成纤维之间的粘连。这也是经叶粘连难以揭开的原因之一。

4.粘连经叶拆解实验

由于该《大藏经》大量经叶粘连板结，为找出揭开方法，取样进行粘连纸张拆解实验。

实验过程为：选择粘连较为严重且没有文字内容的残片进行实验，将这些残片剪成约10mm见方的小块，并分别命名为样品A、B、C、D、E、F、G，以便对其进行后续的实验观察和分析。

准备7个玻璃试管，并将这些样品分别放入试管中。每个试管中都加入10ml的不同试剂，以观察这些试剂作用于板结纸张的效果。这些试剂分别对照A–G，依次为40℃左右的纯净水、5%吐温20的水溶液、5%曲拉通（EDTA）X–100水溶液、20%的乙醇、5%柠檬酸水溶液、5%乙二胺四乙酸水溶液和20%的二甲基乙酰胺水溶液。

实验过程中，只将样品A置于加热至40℃的水溶锅中，其余样品则放置在正常室温条件下，以便与样品A进行对比。

在实验的不同阶段，分别观察各个样品在加入试剂开始时、1.5小时后、24小时后的情况，并在24小时后使用超声波震动5分钟，以进一步观察试剂与超声波联合作用于板结纸张所产生的影响。

实验结果表明，样品A使用温水浸泡的方法，样品板结情况得到一定改善。这表明，温水可以在一定程度上促进纸张纤维的膨胀和松弛，从而有助于减轻板结现象。

样品B、C由于使用表面活性剂浸泡，纸张的润湿性提高了，但并未对板结情况有所改善。这说明板结并非是由于纸张表面张力过大或浸润性不足造成。

样品D、E也未改善纸张的板结状况。这表明板结并非是纸张中的金属离子造成。

使用有机溶剂浸泡的样品F、G，同样没有改善纸张板结的情况，表明纸张板结现象并非由常见的有机材料形成。

结合分析试验结果，初步认为样品纸张板结情况，主要是由纸张微生物生长所造成。

后续使用了蛋白酶K，试验表明，蛋白酶K对纸张板结严重部位有一定效果。蛋白酶K主要用于生物样品中蛋白质的一般降解，已被广泛应用于食品、医药、酿造等方面，其有效pH值范围为pH4.0—12.5，最佳pH值范围为pH7.5—8.0。

蛋白酶K最佳反应温度为65℃，高于65℃的蛋白酶K会迅速溶解，因此纸张修复时要将蛋白酶K的工作温度设定在50℃—55℃，浓度为1mg/ml。

5.纸张表面微生物检测分析

该《大藏经》表面存在大量微生物损害的痕迹。经显微镜观察样品1和样品2可知，样品中主要的微生物细胞呈菌丝状，菌丝直径为7—10μm，为真菌。

6.酸度检测

将该《大藏经》样品表面浸湿，使用pH30酸碱度仪进行多点检测，测得pH值在7.0—7.5之间。

（三）病害分析

该《大藏经》经叶的粘连和微生物损害，与纸张的材质和保存环境密切相关。纸张中的动物胶、淀粉和树脂等成分是细菌和虫害滋生的有利条件，这些有机物为微生物提供了食物来源，促进了它们的生长和繁殖。同时，不稳定的保存环境，如温度和湿度无法有效控制，以及灰尘和有害气体的侵害，都加剧了纸张的损害程度。

特别值得注意的是，这些经叶曾经在污水中浸泡过很长时间，这对纸张造成了严重的损害。污水中的微生物、化学物质和杂质都可能渗入纸张纤维，导致纤维强度降低、结构破坏。这种损害往往是不可逆的，给后续的文物保护和修复工作带来了极大的挑战。

其病害种类主要有：

1.污渍——经叶由于受到外界污染而形成的污迹。

由于经叶材质的特殊性和保存环境的不稳定性，污渍的形成是不可避免的。这些污渍不仅影响了经叶的外观和整洁度，更重要的是，它们有可能会对经叶造成永久性的损害。例如，一些化学性质的污渍可能会与纸张发生反应，导致纸张变色、变质甚至腐烂。此外，污渍还为微生物提供生长条件，进一步加剧经叶损害。

2.生物破坏——纸张中的有机成分，如动物胶、淀粉和树脂，为霉菌、细菌和虫害提供了生长和繁殖条件，从而导致纸张的损害和破坏。这些有机成分是微生物的食物来源，可以促进它们的生长和繁殖，进而对纸张造成损害。霉菌可以在潮湿的环境中生长并分泌酸性物质，导致纸张变色、腐烂和粘连。细菌和虫害也会对纸张造成损害，它们可能破坏纸张的纤维结构，使纸张变得脆弱易碎，甚至产生孔洞和残缺。

3.残缺——经叶局部损毁、缺失。

4.糟朽——因化学结构发生严重降解，导致经叶结构疏松，力学强度大幅降低的现象。这种降解过程通常是由多种因素共同作用引起，包括纸张自身的材质、保存环境以及微生物的侵蚀等。

5.褶皱——因各种因素作用在经叶表面形成的凹凸皱纹。

6.变形、粘连——因被水浸泡或保存不当而使经叶形态发生改变，同时因受潮、霉变等原因而造成的经叶之间的粘结（图5）。

图5　变形、粘连的经叶

四、修复流程

（一）照片采集、建立档案

经叶保护修复前后及保护修复的过程中都要对其进行拍照存档，

并按照国家文物局颁发的《馆藏纸质文物保护修复档案记录规范》建立档案，修复前详细记录文物名称、登录号、年代、尺寸及病害情况等文物信息，并记录保护修复的整个过程。

（二）灭菌消毒

经叶修复前后，需使用充氮冷冻法杀虫除菌。

（三）经叶揭展

经叶揭展可运用传统修复技法，主要有干揭、湿揭和蒸揭。粘连严重的经叶，可选用蛋白酶K溶液助揭。

1.干揭

干揭法适用于粘连程度较轻的经叶，用竹启子插入经叶粘连的缝隙处，慢慢深入，使经叶缝隙逐渐扩大，直至完全揭开。

2.湿揭

湿揭法适用于粘连程度较重的经叶。湿揭前，要先对经叶进行脱色试验，将毛笔蘸50℃左右的温水涂于字迹处，将白纸按压其上，若无脱色，即可进行湿揭。

首先将粘连程度较重的经叶放入温水中浸泡，时间在12—24个小时不等，经叶充分浸透后取出，然后逐叶揭开。

3.蒸揭

粘连严重或糟朽严重的经叶，可用纱布包裹好，悬空放在蒸锅内蒸，使热气穿透经叶，然后取出趁热揭开。由于经叶离开蒸锅后容易冷却，可使用带有蒸汽的加湿器配合揭展。

蒸揭是一种技术性较强的操作，需要由经验丰富的专业人员来进行。此外，在进行蒸揭之前，最好对经叶进行详细的检查和评估，以确定是否适合采用这种方法。

4.蛋白酶K溶液助揭

将蛋白酶K溶液轻涂于经叶板结严重部位，润湿3—5分钟后，使用启子慢慢揭开。

（四）清除污渍

清除表层污渍主要采用湿洗和干洗两种方法。

干洗法：将白面和成面团，手持面团在污迹上滚动，利用面团的吸附力清除尘垢。

湿洗法：将经叶放置水槽中，用毛笔清洗去除经叶表面的污渍，之后晾干即可（图6）。

图6　经叶湿洗后晾干

（五）清除微生物损害

先用干棉球轻轻擦去经叶表面浮霉。霉斑渗入经叶纤维的，使用棉球蘸用75%浓度的酒精轻轻去除。

（六）清除褶皱、变形

大部分经叶具有褶皱，有的褶皱很深，造成经叶变形。清除褶皱时，要将揭开的经叶喷水展平，反复压平多次。

（七）修补经叶的损害、脱落、残缺

修补采用机补、手补、机补加手补三种方法。

机补主要是利用专业的修复机器进行大规模、高效率的修补工作。这种方法适用于经叶损害程度较轻、面积较大的情况。然而，机补通常只能顾及一种颜色，对于经叶原本具有的多种颜色（如黄色和靛蓝色）以及因霉斑导致的褪色问题，机补无法完全应对。

手补则是一种更为精细、灵活的修补方式。手补可以针对经叶的具体损害情况，进行个性化处理。此外，对于黄色和靛蓝色两种经叶宽度和长度不一致的情况，手补还可以进行精细的调整和匹配。

在某些情况下，为了达到最佳的修复效果，需要机补和手补两种方法结合使用。即先进行大规模的机补处理，再针对剩余的部分进行手工的精细修补。这种机补加手补的方式，可以充分发挥两种方法的优势，提高修复效率和质量。

1.纸浆补书机修补

构皮纸纸色古朴，纤维丰富，柔韧耐磨，因此补纸首选产自贵州的构皮纸。由于构皮纸的颜色与经叶有些许差异，所以需要对其染色。染色材料主要为栗子壳、橡碗子和红茶，兑水比例需依据经叶颜色而定。

将构皮纸制成纸浆，再将经叶放入纸浆补书机内的拦浆网上，放下压纸架，向纸浆槽内缓缓注水。注满水后，将纸浆倒入水中，抬起压纸架，待水泻净后，将经叶取出放于毛毡上，上下用夹书板夹住，放入压平机压平，然后将其放到晾纸架上令其自然干燥。

2.手工修补

将经叶放置于修复台上展平，用毛笔将浆糊涂抹在破损、脱落边缘处，浆糊涂抹宽度控制在3毫米以内，使用与经叶颜色相近或略浅于经叶颜色的补纸进行手工修补。

3.手工纸浆滴注

将选好的补纸放入搅拌器中，加入水、悬浮剂，搅拌粉碎均匀后制成纸浆。纸、悬浮剂和水的比例为：纸5—20g，悬浮剂5—15g，水500—1000g，搅拌时间为30—90秒。

将经叶平放在修补架上铺平，将制备好的纸浆装在滴管中，对经叶破损脱落处进行滴补。修补好的经叶从修补架上取下，平放在吸水纸上自然晾干。

（八）压平

修补后的经叶不够平整，需要压平。用喷壶将经叶喷湿后放在上下两张吸水纸之间，上面放上纸板，再在纸板上放置石块，待经叶干燥后取出。

（九）裁齐

修补后的经叶，需要将经叶四周多余的补纸裁切整齐（图7）。

（十）装帧

使用比经叶略大的夹板，上下夹住修复好的经叶，再用包袱包好，放入包装盒内（图8）。

图7 补纸裁齐

图8 装帧效果

（十一）修复文物的保存环境

文物保存环境必须做到恒湿恒温，库房及展厅需使用通风和恒温恒湿设备，并按照国家标准设置过滤器，以减少空气中的有害气体和灰尘。展室、库房、包装等必须使用符合有关标准的建筑装潢材料，库房及展厅内的空气质量也必须满足古籍书库对空气质量的要求。

五、总结

此次修复历时半年，共修复经书3种91件，1207叶。在对该藏文版《大藏经》进行修复的过程中，我们根据其具体的病害特点，运用恰当的技术手段，发现造成文物病害的具体原因，并寻找出最适宜的修复方法和修复材料。在修复前和修复的过程中，借助了科学仪器展开检测和分析，尽可能地获取文物的历史信息，使文物的修复和保护工作有的放矢，最大程度地减少了对文物的损害及其固有信息的流失。文物保护工作一定要有科学的理念作指导。在修复过程中，必须坚持最小干预、可识别、可逆性等基本修复原则，尽量使用传统的修复方法，少使用或不使用化学试剂，使经书最大程度地保留其原有特点，其文物价值不会因修复工作而受损。

参考文献：

[1] 王蕙贞：《文物保护学》，北京：文物出版社，2009年。

[2] 郭宏编：《文物保存环境概论》，北京：科学出版社，2001年。

（郑艳丽，北京大学图书馆馆员；周岳，北京大学图书馆馆员）

由科举文书说开去

贾江溶

唐代大诗人李白曾用“蜀道之难，难于上青天”感叹攀爬蜀道之艰险，这或多或少带有夸张的手法，但是在中国古代科举考试中，士子们所走的科举仕途之路，却当真要难于上青天了。在我的中学时代，语文课本中印象最为深刻的一篇课文，就是题名为《范进中举》的讽刺小说。该文出自吴敬梓先生所著《儒林外史》，通过对范进中举前后胡屠夫言语举止的变化，形象地刻画了范进中举后发疯的情形：范进考中秀才后，胡屠夫提酒“道贺”道：“我自倒运，把个女儿嫁与你这现世宝，历年以来，不知累了我多少。如今不知因我积了甚么德，带挈你中了个相公，我所以带个酒来贺你。”范进虽然进了官学，成了秀才，却并没有赢得岳丈的足够尊重，换来的却是岳丈大人的嘲讽，并强调范进中秀才，全是因他积了公德。

图1　线装14册群玉斋本《儒林外史》封面

此后，范进因参加乡试去找岳丈筹措盘缠，却被胡屠户一口啐在脸上，骂了一个狗血喷头，道：“不要失了你的时了！你自己只觉得中了一个相公，就‘癞蛤蟆想吃起天鹅肉’来！我听见人说，就是中相公时，也不是你的文章，还是宗师看见你老，不过意，舍

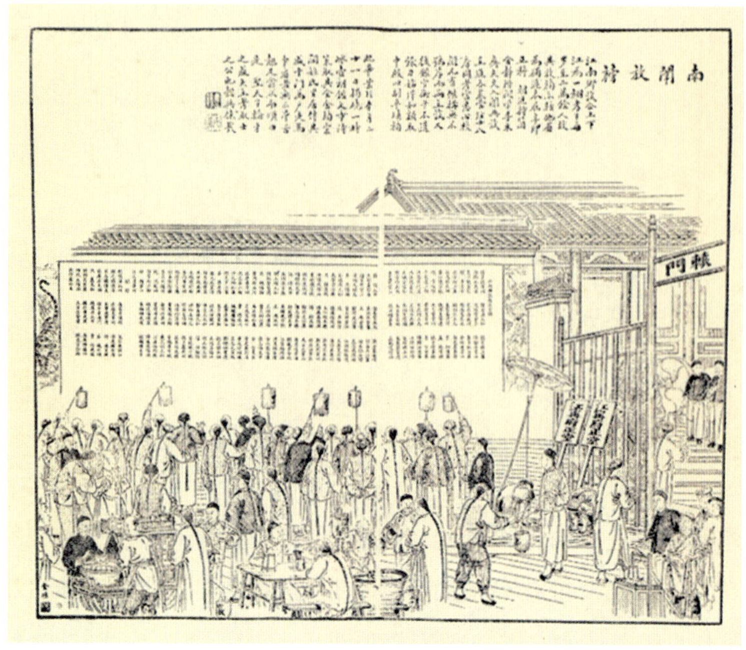

图2　清代南京江南贡院南闱放榜图

与你的。如今痴心就想中起老爷来！这些中老爷的都是天上的‘文曲星！’”在胡屠夫的眼中，范进考中秀才，已是宗师大人（又称学政）的施舍，想考中举人，那真是痴心妄想。故事的剧情，在范进中举后，发生了天翻地覆的变化。当门斗将中举的捷报送上门时，范进看了一遍，又念一遍，自己把两手拍了一下，笑了一声，道："噫！好了！我中了！"说着，往后一跤跌倒，牙关咬紧，不省人事。胡屠夫对范进的态度，也发生了180度的大转变："有我这贤婿，还怕后半世靠不着也怎的？我每常说，我的这个贤婿，才学又高，品貌又好，就是城里头那张府、周府这些老爷，也没有我女婿这样一个体面的相貌。你们不知道，得罪你们说，我小老这一双眼睛，却是认得人的。想着先年，我小女在家里长到三十多岁，多少有钱的富户要和我结亲，我自己觉得女儿像有些福气的，毕竟要嫁与个老爷，今日果然不错！"

我曾经认为，《范进中举》只是一部讽刺小说，表达了世人趋炎附势的社会风气。范进中举有什么？竟然会发疯？经过十几年对科举文献的挖掘整理和研究，我逐渐体会到了吴敬梓想要表达的，除了讽刺当时人们趋炎附势的社会心态，更重要的是要表达科举仕途的艰辛。那么，科举仕途到底有多艰辛？

一、漫长等待，层层选拔

科举制度创始于隋代大业元年（605），止于光绪三十一年（1905），沿用了1300年。以清代科举考试为例，科举正途要经历童试、乡试、会试、殿试四个层级。童试是选拔秀才的考试，又称小考，每三年考两次。各省学政每三年对本省生员开展的这两次童试，一曰岁试，一曰科试，主要目的在于选拔秀才以及从生员中选拔人才参加下一轮的乡试。秀才的学名称生员，报名参加童试的考生，无论年龄大小统称童生。童试包括县试、府试、院试三级考试。县试由知县出题、主持，一般分为

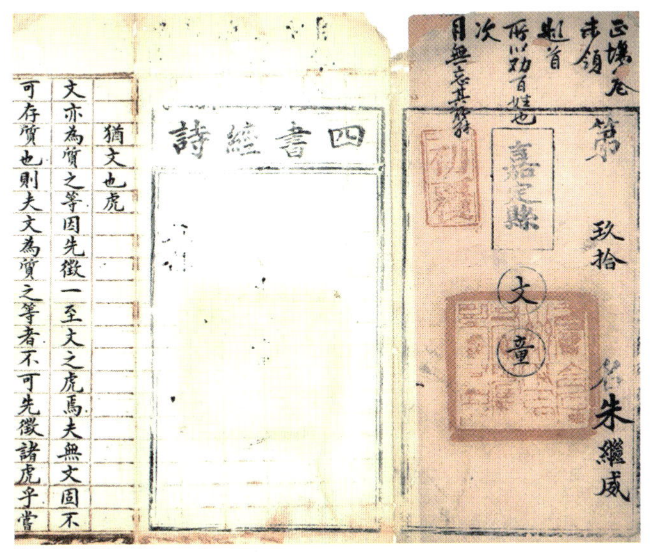
四書經詩
嘉定縣
第玖拾
文童
名朱繼威
猶文也虎
文亦為質之等因先徵一至大之虎馬夫無文固不
可存質也則夫文為質之等者不可先徵諸虎乎當

图3　嘉定县童试卷

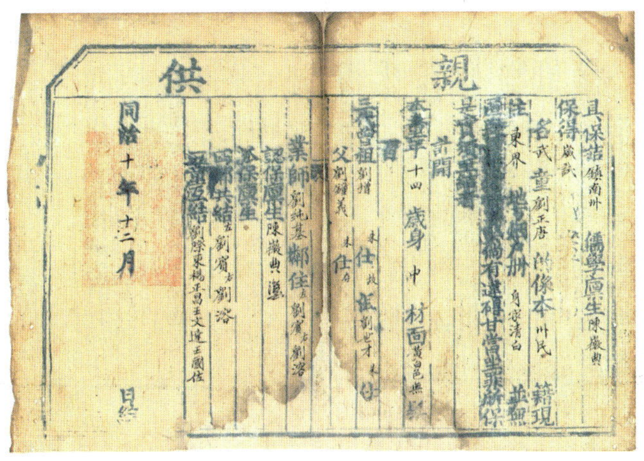
親供
同治十年十二月

图4　武童试亲供保结单

五场——正场、初复、二复、三复、终复。府试是由当地知府主持的考试，一般也是五场，名目与县试相同，经过十场淘汰制考试后，考生最后要参加学政主持的一场院试，考中者即可“入泮”（古代的学宫均设有泮池，考中秀才也称“入泮”）进入官学，成为秀才。

算下来，一个生员考中秀才，最少也要参加十一场的淘汰制考试。乡试是秀才考举人的考试，也称大考。通常每三年举行一次，如遇朝廷大典会特开恩科（如慈禧六十大寿、新帝登基等），不受三年一次的限制。乡试需要考三场，三天一场，共九天。考中举人后，方能参加第二年春天的会试。会试与乡试略同，也需要三场九天。得中者称会元，可参加皇帝主持的殿试。一般来讲，童生考中秀才，尚无资格为官，只能出任私塾先生这样的教职；由秀才成为举人，才能参加朝廷的拣选，分派官职。因此，乡试是科举考试和士子命运的一道分水岭。

二、严苛的资格审查

在中国古代社会，想要通过参加科举考试博取功名，一般要具有良好的出身。在最低级别的童试中，需要童生亲填亲供保结单，亲供中书写童生的姓名、年貌、身材、有无胡须、籍贯、三代履历、业师

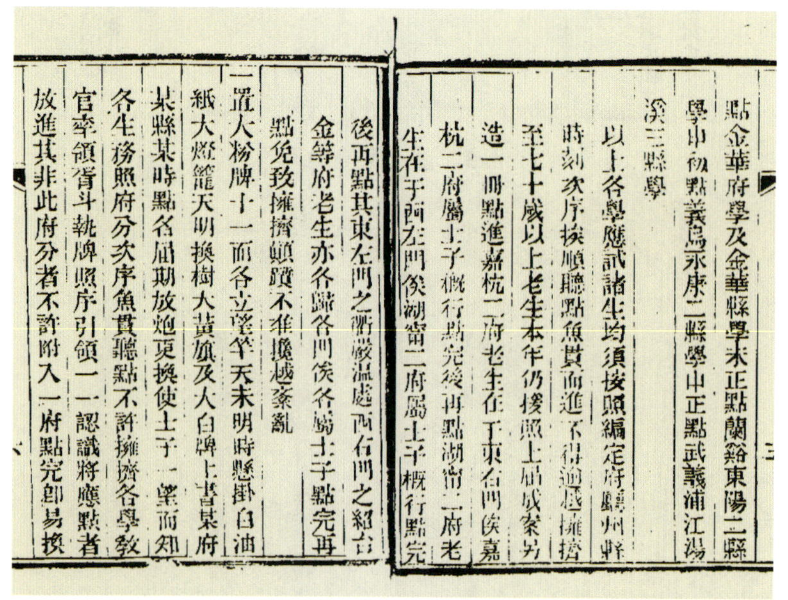
點金華府學及金華縣學未正點蘭谿東陽二縣
學中初點義烏永康二縣學中正點武義浦江湯
溪三縣學
以上各學應試諸生均須按照編定府廳州縣
時刻次序挨順聽點魚貫而進不得逾越擁擠
至七十歲以上老生本年仍援照上届成案另
造一冊點進嘉杭二府老生在于東右門俟嘉
杭二府屬士子概行點完後再點湖甯二府老
生在于西左門俟湖甯二府屬士子概行點完
後再點其東左門之衢嚴溫處西右門之紹台
金衢府老生亦各歸各門俟各屬士子點完再
點免致擁擠顛躓不准攙越紊亂
一置大粉牌十一面各立望竿天未明時懸掛白油
紙大燈籠天明換樹大黃旗及大白牌上書某府
某縣某時點名屆期放炮更換使士子一望而知
各生務照府分次序魚貫聽點不許擁擠各學教
官率領胥斗執牌照序引領一一認識將應點者
放進其非此府分者不許附入一府點完即易換

图5　光绪十一年（1885）浙江乡试《监临条约》中为老年考生特开绿色通道

姓名、前后左右邻居姓名，此外，还需要五名参加童试的童生互保，并由本地廪生做认保、派保，证明参考童生无匿丧（考生如丧父母，需守孝三年，期间不能参加任何科考）；冒籍（各地生员名额不尽相同，童生不能跨籍考试）；三代中无娼妓、优（戏子、说书人等）、皂（衙役当差）、隶（犯罪充军）等情况，无枪替等不端行为。如果发现上述情形，均受连坐处以刑罚。

三、指标有限

科举考试的名额相当紧俏，以光绪七年（1881）浙江严州府属庚辰年黉案公布的各县学生员数量来看，录取生员的名额最少的寿昌县十二名，最高者如严州府也只有二十五名。生员的指标如此有限，举人的配额就更少。在清代，江南乡试（南闱）和顺天乡试（北闱）是全国最大的两个贡院，其中江南乡试包括江苏和安徽两省的考生，应考人数多达两万余，但是分配到的举人指标只有一百出头，而举人指标最多的顺天乡试，录取指标也只有二百人左右，这其中还包括八旗子弟所占特准指标。其他省份如云南、贵州等偏远地区，举人指标只有五十人左右。鉴于乡试举人指标有限，各省学政于乡试前会举行科试，从秀才中甄选参加乡试人员，这类考试又称录科和录遗。以江南乡试为例，两万多人录取一百名左右，比例相当于百分之五，但是将录科和录遗选拔计算在内，江南乡试的录取比例将少到千分之一，甚至更少。这就是我们通常所说的千里挑一。各省举人进京参加会试、殿试，倘能得中状元，更是万里挑一。

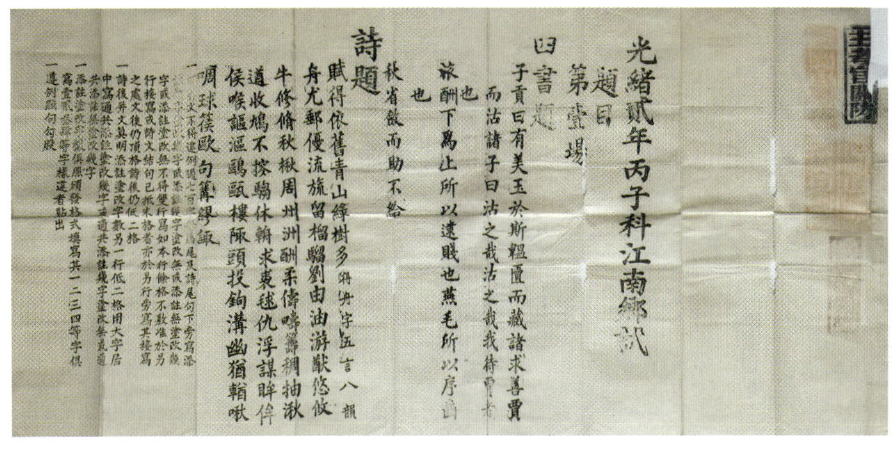
光緒貳年丙子科江南鄉試
題目
第壹場
四書題
子貢曰有美玉於斯韞匵而藏諸求善賈而沽諸子曰沽之哉沽之哉我待賈者也
旅酬下爲上所以逮賤也燕毛所以序齒也
秋省斂而助不給
詩題
賦得依舊青山綠樹多 得多字五言八韻
身尤郵優流旒留榴騮劉由油游猷悠攸
牛修脩秋楸周州洲酬柔儔疇籌稠抽湫
道收鳩不揉騶休輈求裘毬仇浮謀眸侔
侯喉謳漚鷗甌樓陬頭投鉤溝幽猶輶啾
啁球篌歐句篝繆諏

图6　江南丙子科乡试题目

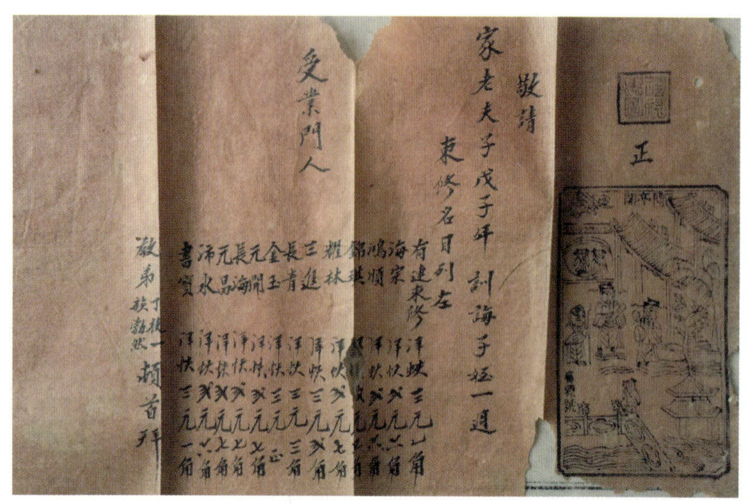
敬請
家老夫子戊子年訓海子姪一週
束修名目列左
受業門人

图7　私塾先生聘书（束修即学费）

科举时代，众多士子在第一关童试中就要付出一生的心血，年逾七十岁的老童生不在少数。光绪十一年（1885）浙江巡抚部院颁发的科场条例，记载了乡试点名之期，专设了老年考生进场的绿色通道，条例规定：年逾七十岁以上老生，“本年仍援照上届成案另造一册点进”。其以制度的形式确定老年秀才点名进考场，正说明当时的老年童生、老年秀才是一个庞大的群体。

四、繁冗的规银

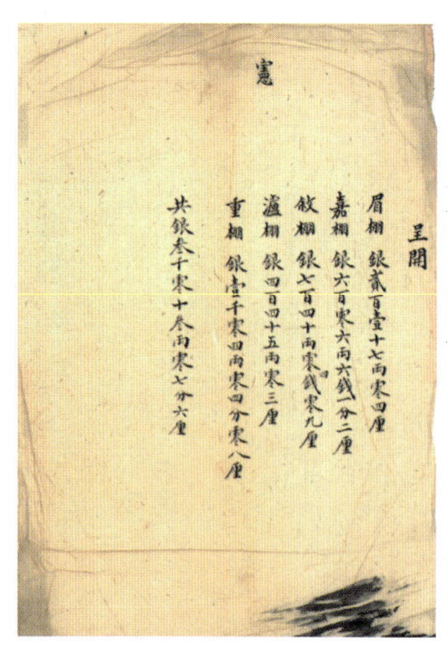
憲
呈閱
眉棚　銀貳百壹十七兩零四厘
嘉棚　銀六百零六兩六錢一分二厘
敘棚　銀七百四十兩零四錢零九厘
瀘棚　銀四百四十五兩零三厘
重棚　銀壹千零四兩零四分零八厘
共銀叁千零十叁兩零七分六厘

图8　四川学政所收规棚银

我们通常认为，寒门更易出人才，实际上，在古代的科举考试中，真正的贫苦人家，是很难通过科举改变人生的。各层次的科举考试，都要缴纳各种名目的费用。各省学政在当时可谓肥差，科举考试之期即学政敛财的大好时机。当然，这也是统治者默许的一种行为，各省童试，各州府县学都会按照一定数目向学政呈上大笔银两，美其名曰“规棚银”。一套清代四川学政岁试各属地规棚银账单，共收到重、眉、嘉、泸、叙五属

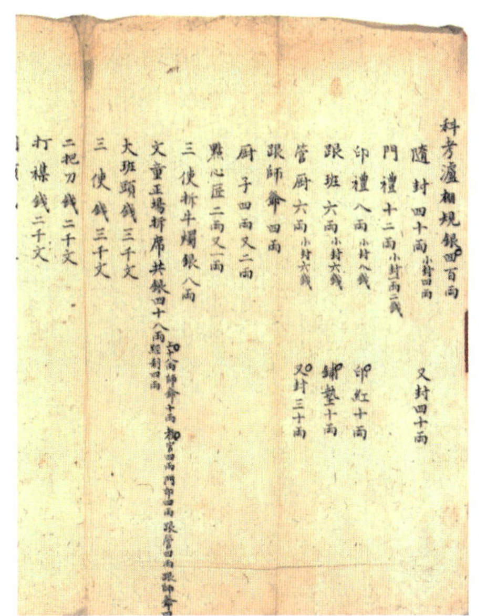

科考瀘棚規銀四百兩
隨封四十兩 小封四兩 又封四十兩
門禮十二兩 小封一兩二錢 印紅十兩
印禮八兩 小封八錢 鋪墊十兩
跟班六兩 小封六錢 又封三十兩
管廚六兩 小封六錢
跟師爺四兩
廚子四兩又二兩
點心匠二兩又一兩
三使折牛燭銀八兩
文童正場折席共銀四十八兩
大班頭錢三千文
三使錢三千文
二把刀錢二千文
打祿錢二千文

图9　四川学政科考泸棚所收规棚银明细1

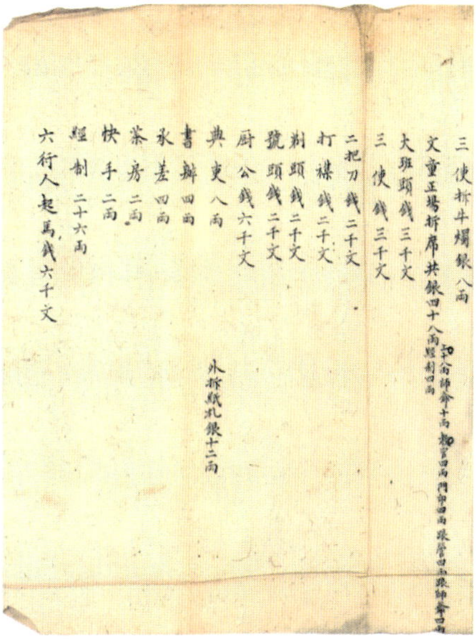

三使折牛燭銀八兩
文童正場折席共銀四十八兩
大班頭錢三千文
三使錢三千文
二把刀錢二千文
打祿錢二千文
剃頭錢二千文
號頭錢二千文
廚公錢六千文
典吏八兩
書辦四兩
承差四兩
茶房二兩
快手二兩
經制二十六兩
六行人起馬錢六千文
外辦執扎銀十二兩

图10　四川学政科考泸棚所收规棚银明细2

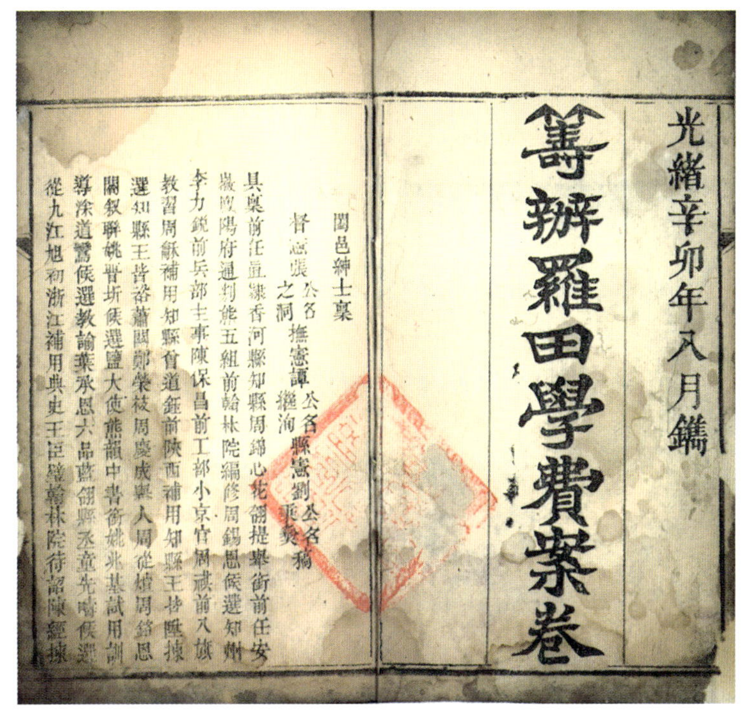

光緒辛卯年八月鐫

籌辦羅田學費案卷

闔邑紳士稟
督憲張公名之洞
撫憲譚公名繼洵
縣憲劉公名

图11　张之洞筹办罗田学费案卷

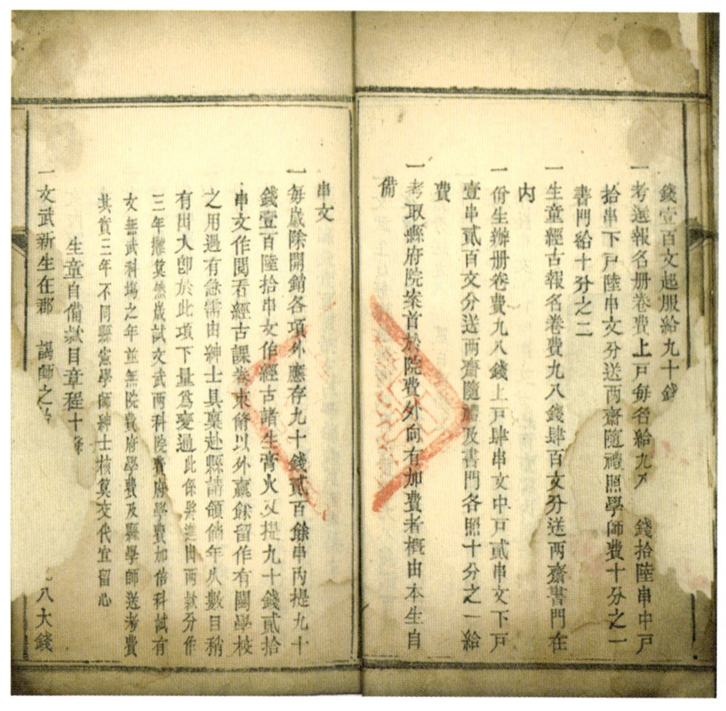
錢壹百文起服給九十錢

一考選報名册卷費上戶每名給九八錢拾陸串中戶拾串下戶陸串文分送兩齋隨禮照學師費十分之一書門給十分之二

一生童經古報名卷費九八錢肆百文分送兩齋書門在內

一佾生辦册卷費九八錢上戶肆串文中戶貳串文下戶壹串貳百文分送兩齋隨禮及書門各照十分之一給費

一考取縣府院案首於院費外向有加費者概由本生自備

串文

一每歲除開銷各項外應存九十錢貳百餘串內提九十錢壹百陸拾串文作經古諸生膏火又提九十錢貳拾串文作閱看經古課卷束脩以外贏餘留作有關學校之用遇有急需由紳士具稟赴縣請領倘年久數目稍有出入即於此項下量爲變通此係與進甲兩款分作三年攤算無歲試文武兩科院費府學費加倍科試有文無武科場之年並無院費府學費及縣學師送考費其貲三年不同縣憲學師紳士核算交代宜留心

生童自備款目章程十條

一文武新生在郡謁師之[illegible]八大錢

图12 张之洞筹办罗田学费案卷内页

规棚银合计三千零十三两零七分六厘，各属规棚银清单中罗列了随封、门礼、跟班、跟师爷、管厨、拆牛烛、大班头、二把刀、剃头钱、号头钱、茶房、典吏等众多名目。如此繁冗的规棚银，足以使贫苦子弟望而却步。

光绪辛卯年（1891），张之洞在担任湖北学政时，曾联合有关官员制定了《筹办罗田学费案卷》，规定文武童生和生员参加考试需要交纳的各种费用明细，明码标价以杜绝各级官员私自加收银两，此举在很大程度上缓解了湖北各州府县学学生的资金压力。

五、简陋的考场条件

号舍是士子参加科举考试的场所，高不到两米，左右前后只有一米左右，号舍内壁有砖托，分上下两层，上置号板，白天写作时上下各放一块，作为伏案和座位；睡觉时则两块号板并列，考生睡于号板之上。以最为严酷的江南乡试为例，乡试的试期在八月，尚在酷暑时节，两万余士子需要在闷热狭窄的空间，呼吸着弥漫有粪便味的空气，吞咽着考篮中极易变质的饭菜，食物中毒、中暑等现象时有发生。若号舍燃烧的烛台不慎跌落，就会造成士子死于非命，历代都有发生科场火灾、命案的记载，以至于贡院号舍，成为古代广大灵异小说家最为钟爱的题材之一，成就了《科场异闻录》《科名宝鉴》等鬼神小说。而这无异于火上添油，为科举考场增添了阴森恐怖的气氛。由此可见，科举考试是对士子身体和精神的双重考验，考生不但要具备足够的知识才华，还要拥有健强的体魄。

图13　考篮

图14　《科名宝鉴》封面

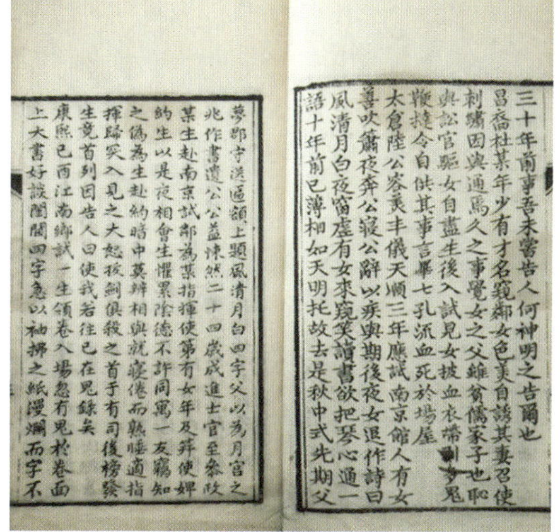

三十年前事吾未嘗告人何神明之昔爾也
昌番杜某年少有才名窺鄰女色美自誘其妻召使
刺繡因與通焉久之事覺女之父雖貧儒家子也恥
與訟官驅女自盡生後入試見女披血衣帶[illegible]鬼
鞭撻令自供其事言畢七孔流血死於場屋
太倉陸公容羨丰儀天順三年應試南京館人有女
善吹簫夜奔公寢公辭以疾與期後夜女退作詩曰
風清月白夜窗虛有女來窺笑讀書欲把琴心通一
語十年前已薄相如天明托故去是秋中式先期父

夢郡守送區額上題風清月白四字父以為月宫之
兆作書遺公公益悚然二十四歲成進士官至參政
某生赴南京試部為某指揮使第有女年及笄使婢
約生以是夜相會生懼累陰德不許同寓一友竊知
之偽為生赴約暗中莫辨相與就寢倦而熟睡適指
揮歸突入見之大怒拔劍俱殺之首手有司後榜發
生竟首列因告人曰使我若往已在鬼錄矣
康熙己酉江南鄉試一生領卷入場忽有鬼於卷面
上大書好談閨閫四字急以袖拂之紙浸爛而字不

图15　《科名宝鉴》内页

六、严苛的阅卷制度

科举考试有严苛的阅卷制度，阅卷并非品读考生的文采，而是筛选考生试卷有无残缺，是否留有墨痕，有无冒犯避讳等。一旦出现上述情况，三年之功往往毁于一旦。为了最大程度地减少此类事件的发生，各省监临部院都会在乡试前刊印《科场条例》，发给考生仔细阅读，从衣冠礼仪，到点名进场，再到考试注意事项等无不明示。另外，还允许考生将带有避讳、抬头款式内容的卷夹（也可以保护试卷不受污损）带进考场，甚至在光绪十一年浙江监临部院颁发的《科场条例》中提到，为士子备份五十份空白试卷，出现不慎污损的可以进行调换。这说明当局也会针对存在的弊端不断改进，以保证科举考试的公平性。

監臨部院　刊給士子入闈簡明規約十二條
一士子彬彬儒雅自應禮法是遵進場之時雖不能[illegible]袍帽
亦不宜僅著短衣甚且挽起髮辮手執粗大煙桿奮袂而前
豈似為門狠來者試問自居何等耶夫興賢能舉廉孝
朝廷待士至重士尤不可自輕況點名已立法度不致擁擠更
何用爭競為乎今與爾士子約點名之時均須身著長衣凡
挽辮執械諸惡習皆宜切戒勿干當場呵斥
一點名既派定起數時刻先給諭單又於附近之文德橋利涉
橋並貢院之大門前三處委員懸挂大字燈旗注明時刻起
數學分自寅初一起始至申正十四起止每隔半箇時辰放
炮一聲三處同時換旗又恐旗上字遠望不清並於旗上題
燈每一起懸燈一箇燈數恰如起數如士子寓所稍遠雖令
不識字之人往來代看亦易辨認設該學起數未到萬無先
點之理該士子但自認定學分起數時刻循序漸進自然寬
綽從容不致有擁擠守候之苦查上科士子皆恪遵功令各
依起數次序魚貫而入毫無擁擠洵屬可嘉茲恐新進多士
不諳舊規誤蹈從前爭先擁擠習氣以致求速而反遲延特
復明加示諭至臨場時本部院當多派委員協同送考教官
於東西柵欄及貢院大門前三處隨時查驗取保臨點之學
分方准前進違者擯逐該士子皆須自重勿以躁妄招尤
一上兩科開點之時有學分在前而屢點不到者在彼不過慳
於起早且見每場封門不出申刻遂以為最後補點更屬得
計獨不思人人皆存此念觀望不前則每名空點數番試問
何時始了且本部院所定章程從實初點起其時天色將明
並非過早若尚貪眠懶起何必圖取功名即謂臨點偶有參
差亦何至任呼不應此次每學點完之後有不到者按名補
點一次再有不到仍於半時辰點畢換牌之前復行補點一
次如此多方體卹已無不周此後不准零星補點致大局反
為所誤若再有[illegible]者定予扣除不准入
場以儆積習

图16　监临部院刊“入闱简明规约十二条”

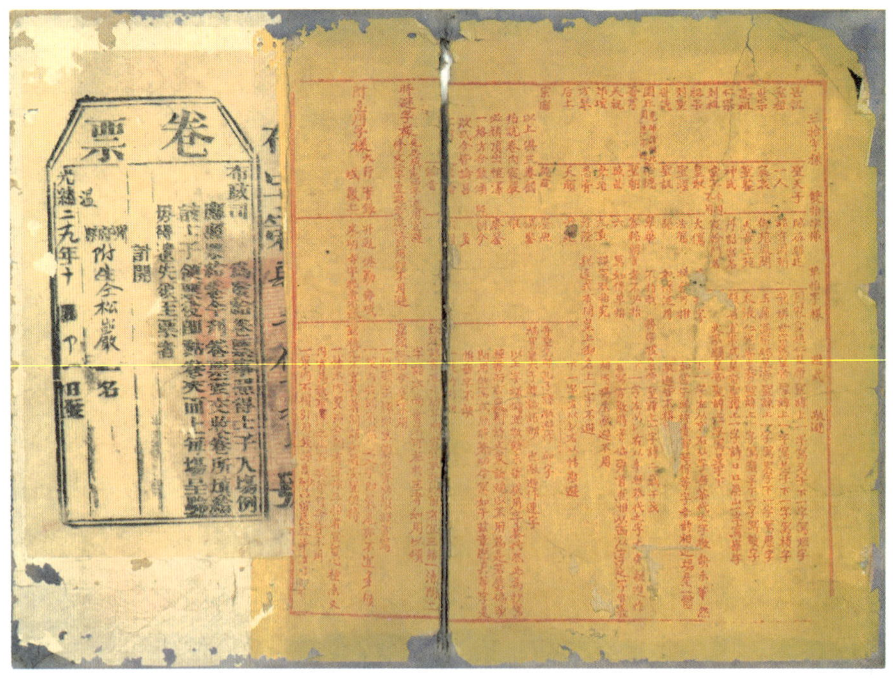

图17　光绪二十九年（1903）乡试卷票和卷夹（用于提示避讳和保护试卷）

七、不可或缺的运气

大家都知道，清代最后一位状元是光绪三十年（1904）甲辰科的刘春霖。然而，据野史记载，刘春霖起初并未被拔得头筹，取得状元的本应是广东人朱汝珍。慈禧太后因对广东人有偏见，认为康有为、孙中山这些广东人喜欢造反，所以对朱汝珍不太放心，再者朱汝珍名字里有一个“珍”字，恰恰慈禧最讨厌珍妃，所以决定把他换掉。后来慈禧看到刘春霖的名字，认为这个名字很吉利，于是便把他取为头科状元。当然，这只是野史记载，其实在真实的科举史上，士子对好运气的追捧也是存在的。本人看到的一套士子算命单印证了这一点。山西考生胡丰年与同窗郭其章参加乡试之前，曾到灵石县关帝庙求签，胡丰年抽到的是第五十四签，好友郭其章对该签进行了解读：“此胡丰年问科举者，乃必中之签也。三句‘风未便’者，言尚待录遗也。‘青灯’句言其到介读书也。圣训煌煌，尚无负刺骨之教乎？”结果此签果真灵验。于是，郭其章在参加会试前，也来到灵石县关帝庙求签。这一次，他抽到的是第三十一签，签中第二句为“春到门庭渐吉昌”，郭其章兴奋地自解到：“此问乙丑会试者，绎第二句或有可望”。

由上述事例可以看出，古代的科举考试之艰难真如行走在蜀道，读书士子用心血智慧创造了一千多年的不朽传奇。

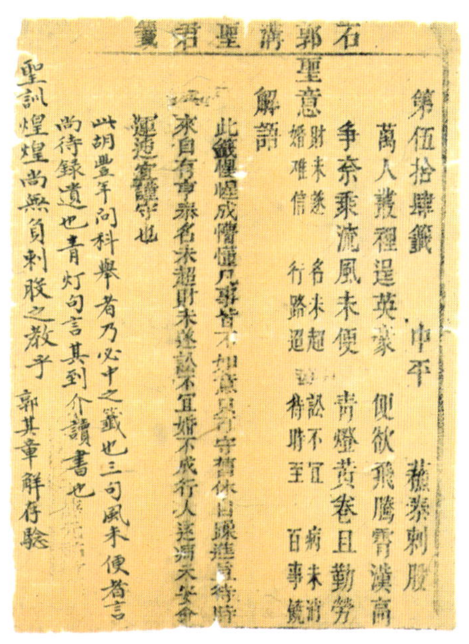
石郭蔣聖君籤

第伍拾肆籤 中平 蘇秦刺股

萬人叢裡逞英豪 便欲飛騰霄漢高

爭奈乘流風未便 青燈黄卷且勤勞

聖意 財未遂 婚难信 名未起 行路遲 訟不宜 待時至 病未消 百事饒

解語

此籤惺惺成懵懂凡事皆不如意只可守舊休自躁進且待時來自有亨泰名未超財未遂訟不宜婚不成行人遲病未安命運逆宜謹守也

此胡豐年问科舉者乃必中之籤也三句風未便者言尚待錄遺也青灯句言其到介讀書也聖訓煌煌尚無負刺股之教乎

郭其章解存驗

图18 胡丰年抽到的乡试算命签

科举制于1905年被废除。从1905年至今，科举制度已终结120年，越来越多的学者试图为科举平反，称之为中国“第五大发明”。其实，作为一项考试制度，科举能够延续存在1300年，即使放在世界范围也是绝无仅有。虽然科举制度有其弊端和局限，但它也有公平合理的一面，不乏科学性和创造性，它不仅造就了中国古代的文官队伍和政治格局，极大地影响了中国历史，也很大程度上影响了周边国家的人才选拔和培养制度。

（贾江溶，男，博士，河北医科大学教师、特聘学者。河北省首届十大藏书家之一，中国教育文物研究会会员。个人收藏以涉及科举、新学、民国教育等稀见教育类、考试类专题文献为主。主要研究方向为中国教育史、医学史、科举制度等）

好书推荐

大齐·会盟天下
张鸿福 著
平装 16开 齐鲁书社2024年7月第1版第1印
ISBN 978-7-5333-4822-9
定价：68.00元

《大齐》系列历史小说共分四部，分别为会盟天下、稷下学宫、失国复疆和河海汇流。本书是其中的第一部，主要描写齐桓公在管仲的辅佐下，面对王室式微、礼崩乐坏的局面，放眼天下，对内采取革新强国战略，富民强兵，国力大增；对外采取尊王攘夷战略，惩暴烈、御外侵，迁邢存卫；在会盟的过程中，不以兵车相会，有意识地推进诸侯各国的文化融合，使中华文明增强了吸引力和多元性。齐桓公及齐国因此获得巨大的声誉，终于成就春秋首霸大业。

作者张鸿福，历史小说作家，济南市作协主席，著有长篇历史小说《林则徐》《左宗棠》《李鸿章》《袁世凯》《大清王朝1860》《红顶商人盛宣怀》等。

愿借牙签三万轴

——宋人的借书生活

杨阿敏

借书在古人的读书生活中，可说是常事。在钞本时代，全靠手写笔录，书籍获得的难度可想而知。宋代刊印书籍成为大势所趋，但书籍的获取仍非易事。经济因素就限制了许多寒素之家对书籍的购买，因而，在宋人笔下，常可见到青少年时代因家贫而只能借书读的士人。

著名者如欧阳修，“公幼孤，家贫无资，太夫人以荻画地，教以字书。稍长，从闾里借书读，或手抄之，抄未毕而成诵”[①]。欧阳修少时家在汉东，汉东僻陋无学者，其家又贫，没有藏书。州南有大姓李氏，其子尧辅，颇为好学。欧阳修儿童时，常游其家，看到有个弊筐贮藏旧书放在壁间，从中找到唐代韩愈《昌黎先生文集》六卷，脱落颠倒无次序，欧阳修请求李氏同意他将书借回家。这是欧阳修接触韩文的开始。据《宋史》记载，任布“力学，家贫，尝

图1　欧阳修像

① ［宋］欧阳修著，李逸安点校：《欧阳修全集》，北京：中华书局，2001年3月第1版，第2693页。

从人借书以读”①，郎简“幼孤贫，借书录之，多至成诵”②，汪应辰“家贫无膏油，每拾薪苏以继晷。从人借书，一经目不忘”③。赵师民“八岁丧父，哀恸如成人。九岁能属文，家贫，借书读已辄还，人怪其速，叩问皆已成诵。”④事实上，过目不忘的是少数，但古人这种“力贫苦学，借书抄诵”的精神，值得今人汲取。

在不难获得书籍的情况下，倒没有必要效法“书非借不能读”的做法，但抄写和诵读还是必要的。袁章博学多闻，自少至老，未尝废书，虽有疾病而书不离手，他说：“吾每观书，不知沉疴之去体也。”与宾客交谈无杂言，问古今事，其应答如响，有一事不知，深自愧怍。曾经从人借书，亲手抄写，蝇头细字，一一精谨。⑤至于诵读，在今天也多为默读。从宋诗中，我们可以看到当时诵读诗书之风气。陆游有《睡觉闻儿子读书》，李时可有《舟中夜闻读书》，吕本中有《夜深归家闻邻家小儿读书可喜有作》。陆游《春夜读书感怀》云：“荒林枭独啸，野水鹅群鸣。我坐蓬窗下，答以读书声。”⑥此诗为淳熙十一年（1184）春陆游六十岁时所作，不同于小儿学堂咿呀吟诵，可知诵读乃是宋人读书的常态。

苦读数载，幸运者得以登科及第，而更多的学子则与金榜题名无缘，如叶适所作《毛积夫墓志铭》的主人公毛子中：“或闭门袖手，借书危读，经旬月无不通，人畏其博而专也。然不得骋于科举，礼部尝欲第其文，又议不合而止。”⑦读书是为了科举，又不只是为了科举。欧阳修《读书》诗云：“念昔始从师，力学希仕宦。岂敢取声名，惟期

---

① ［元］脱脱等：《宋史·任布》，北京：中华书局，1985年6月第1版，第9682页。

② ［元］脱脱等：《宋史·郎简》，北京：中华书局，1985年6月第1版，第9926页。

③ ［元］脱脱等：《宋史·汪应辰》，北京：中华书局，1985年6月第1版，第11876页。

④ ［宋］李焘：《续资治通鉴长编》，北京：中华书局，2004年9月第2版，第3223页。

⑤ 曾枣庄、刘琳主编：《全宋文》第二百八十一册，上海：上海辞书出版社、安徽教育出版社，2006年1月第1版，第358页。

⑥ ［宋］陆游著，钱仲联、马亚中主编：《陆游全集校注》，杭州：浙江古籍出版社，2015年12月第1版，第83页。

⑦ ［宋］叶适著，刘公纯等点校：《叶适集》，北京：中华书局，2010年7月第2版，第409页。

脱贫贱。忘食日已晡，燃薪夜侵旦。谓言得志后，便可焚笔砚。少偿辛苦时，惟事寝与饭。”[①]然而欧阳修没有追随俗流，束书不观，依旧好学不厌。

出仕之后，士人的经济状况得以改善，不至于因家贫而借书。然而宦海风波无常，贬谪之事几乎是为官常态。被贬谪之地多为偏远州县，经济欠发达，读书士子亦少，书籍难觅。欧阳修第一次被贬到夷陵，欲求《史记》《汉书》一观都没有。官员长途迁徙，不便过多携带书籍，所以在被贬之地，读书就成了问题，不得不借书来读。正如周紫芝《借书》诗云：“牢落偏州少士夫，一鸱[②]求借是书无。道山堂外长廊下，黄卷如云记石渠。”

苏辙《书白乐天集后》云：“元符二年夏六月，予自海康再谪龙川（今广东省河源市辖县），冒大暑，水陆行数千里，至罗浮。水益小，舟益庳（bì），惕然有瘴暍（yē）之虑，乃留家于山下，独与幼子远葛衫布被，乘叶舟，秋八月而至。既至，庐于城东圣寿僧舍，闭门索然，无以终日。欲借书于居人，而民家无畜书者，独西邻黄氏世为儒，粗有简册，乃得《乐天文集》阅之。”[③]旅途艰难，苏辙最后只得与幼子二人前往贬所，所携只有“葛衫布被”。想读书只能向当地居民借阅，然而当地读书人家稀少。幸好还有西邻黄氏世代为儒，有些藏书，才得以借到白居易的文集。

此时，苏轼被贬在海南岛，也只有幼子苏过陪在身边。绍圣四年（1097）四月十七日，苏轼得琼州别驾、昌化军安置的告命，随后前往海南岛。在海南，父子俩借书以读。苏轼在海南有《与程秀才书》曰：“儿子比钞得《唐书》一部，又借得《前汉》欲钞，若了此二书，便是穷儿暴富也。”苏过还作有一首《借书》诗：

> 妙年不可再，白日谁能系。空惭粱肉索，不悟齿发逝。季子

---

① ［宋］欧阳修撰，刘德清等笺注：《欧阳修诗编年笺注》，北京：中华书局，2012年6月第1版，第1682页。

② 鸱，音chī，鸱夷的略称，皮革制的口袋。

③ 曾枣庄、刘琳主编：《全宋文》第九十五册，上海：上海辞书出版社，合肥：安徽教育出版社，2006年1月第1版，第248页。

> 颇亦困，还家笑奴隶。经年得揣摩，尚可资游说。良田初不耕，拱手那望岁。谁令困不学，斯与草木弊。海南寡书籍，蠹简仅编缀。诗亡不见雅，易绝空余系。借书如假田，主以岁月计。常恐遗地力，敢有不敛穧。便便五经腹，三冬良可继。傥有愧寸阴，得无讥没世。①

苏过二十六岁至二十九岁随侍苏轼在海南，正是“妙年”。青春年华一去不复返，没有谁能够用长绳系住太阳，阻止时间的流逝。一般人只是担忧食无佳肴，汲汲于物质生活的享受，却忘记了岁月流逝，光阴虚度。苏秦困而发奋，回家之后伏案研读周书《阴符》，终于明白如何游说当世君王，终佩六国相印。自家有良田却不去耕种，拱手站着怎能希望丰收。困而不学，终究只能与草木同朽。海南缺少书籍，所见都是残缺不全的，如《诗经》的《风雅颂》少了《雅》，《周易》只

图2　清朱耷《东坡朝云图》

① 傅璇琮等主编：《全宋诗·苏过·大人生日其七》，北京：北京大学出版社，1995年，第15503页。

剩《系辞》。借书之不易如同租借田地，主人计算着时间，到期就要归还。因此在耕种时常常担心遗漏了地力，不敢有已割而未收的。便便五经腹，形容学问广博深湛，《后汉书·边韶列传》：“韶口辩，曾昼卧，弟子私嘲之曰：‘边孝先，腹便便。懒读书，便欲眠。’韶潜闻之，应时对曰：‘边为姓，孝为字。腹便便，五经笥。但欲梦，思经事。寐与周公通梦，静与孔子同意。’”[①]倘若浪费光阴，一事无成，没世而名不称焉，岂不被人讥笑。通过此诗，可见苏过在颠沛流离之中尚有志于学，不愿与草木同朽。

为了编著图书而借书，也是宋人记载中较为常见的现象。苏轼在海南岛，为撰写《尚书》的注解《书传》，就向人借书查阅相关资料。其《与郑靖老（三）》云：“《志林》竟未成，但草得《书传》十三卷，甚赖公两借书籍检阅也。”[②]在“海南寡书籍”的情况下，能够完成《书传》的撰写实为不易。南宋刘克庄编选《中兴五七言绝句》，就因无处借书而留下遗憾：“乃取中兴以后诸家五七言，各选百首。内五言最难工，前选犹有未满人意者，此编则一一精善矣。穷乡无借书处，所见少，所取狭，可恨惟此一条尔。至于江湖诸人，约而在下，如姜夔、刘翰、赵蕃、师秀、徐照之流，自当别选。”[③]南宋谢枋得欲编诗选，也苦于无借书之地：“某旧日选毛诗、陶诗、韦诗、后山诗，为劫火所焚，今欲编类，无借书之地。江仲龙有刘果斋火前杜诗颇存，某曾为校正，今为阮二道士所执矣。执事若有意，谩借李、杜、陶、韦、黄、陈、《文选》诗，随得一种，便发来，当为拣择，必有一得，可以备风骚坛下奔走之末。”[④]

编撰书籍不免要参考大量资料，单纯依靠自家藏书很难自给自足。《欧阳文忠公集》卷帙浩大，为了编辑《欧阳文忠公集》，南宋周必大曾借抄别人的《六一集跋》。周必大《与项平甫正字书》云：“只是欲

---

① ［南朝宋］范晔撰，［唐］李贤等注：《后汉书·边韶》，北京：中华书局，1965年5月第1版，第2623页。

② ［宋］苏轼撰，［明］茅维编，孔凡礼点校：《苏轼文集》，北京：中华书局，1986年3月第1版，第1675页。

③ 曾枣庄、刘琳主编：《全宋文》第三百二十九册，第99页。

④ 曾枣庄、刘琳主编：《全宋文》第三百五十五册，第62-63页。

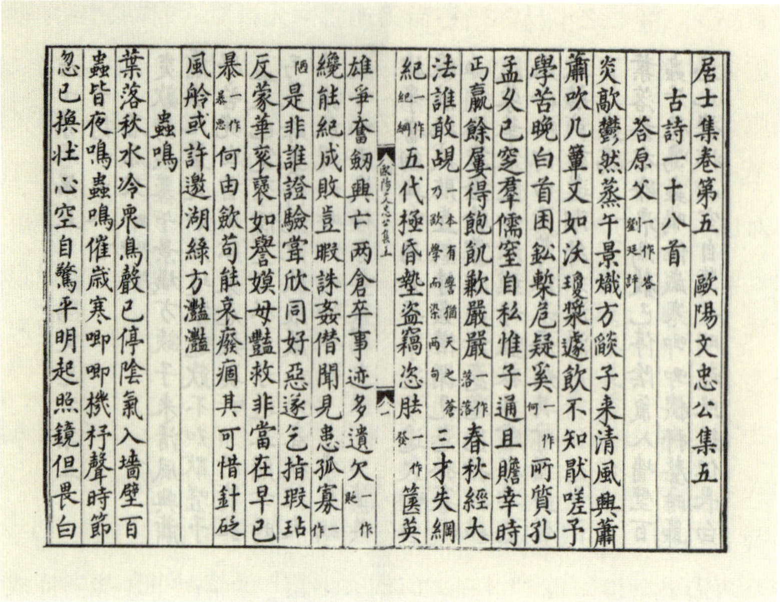
居士集卷第五　歐陽文忠公集五
古詩一十八首
荅原父一作荅劉廷評
炎歊鬱然蒸午景熾方歊子来清風輿蕭
蕭吹几簟又如沃瓊漿遽飲不知猒嗟予
學苦晚白首困鉛槧危疑奚一作何所質孔
孟久已窆羣儒窒自私惟子通且贍幸時
丐贏餘屢得飽飢歉巖巖一作落落春秋經大
法誰敢覘一本有譬猶天之蒼乃欲學而染兩句三才失綱
紀一作紀綱五代極昏墊盜竊恣胠一作發篋英
歐陽文忠公集五　一
雄爭奮劒興亡兩倉卒事迹多遺欠一作貶
纔能紀成敗豈暇誅姦僭聞見患孤寡一作陋
是非誰證驗嘗欣同好惡遂乞指瑕玷
反蒙華衮褒如譽嫫母豔救非當在早已
暴一作暴患何由歛荀能衰癈痼其可惜針砭
風舲或許邀湖緑方瀲灩
蟲鳴
葉落秋水冷衆鳥斂已停陰氣入墻壁百
蟲皆夜鳴蟲鳴催歲寒唧唧機杼聲時節
忽已換壯心空自驚平明起照鏡但畏白

图3 《欧陽文忠公集》卷五“古诗一十八首”前二页。宋庆元二年（1196）周必大刻本。

从汪季路借《六一集跋》十卷甚切。季路性缓，又有不肯借书之癖，望吾友雇人就抄一本，速附示，厥直当奉还。得此则欧集可成编。”①

南宋郑樵“家贫无文籍，闻人家有书，直造其门求读，不问其容否。读已则罢，去住曾不吝情”。②为撰写《通志》，他至朝廷三馆借书，据陆游《跋石鼓文辨》云：“予绍兴庚辰、辛巳间，在朝路，识郑渔仲，好古博识，诚佳士也，然朝论多排诋之。时许至三馆借书，故馆中尤不乐云。”③对此事，后来李谨思在《文献通考序》中评论道：“渔仲进《通志》，诏许于三馆借书，务观谓馆中诸公皆不乐。以馆中所有而易所无，岂非快事，一时名胜狭中乃尔耶！”④馆臣不乐，实出于狭隘心理，并非出于公心。秘书省的管理一向十分疏漏，据绍定元年（1228）叶禾《秘书省严借书之制奏》称：“近之士夫，至有借出馆书，携而去国者，是久假不归，恶知其非有也。有人所未见之书，私

① 曾枣庄、刘琳主编：《全宋文》第二百二十九册，第247页。
② 曾枣庄、刘琳主编：《全宋文》第一百九十八册，第43页。
③ ［宋］陆游著，钱仲联、马亚中主编：《陆游全集校注》，第35页。
④ 曾枣庄、刘琳主编：《全宋文》第三百五十六册，第250页。

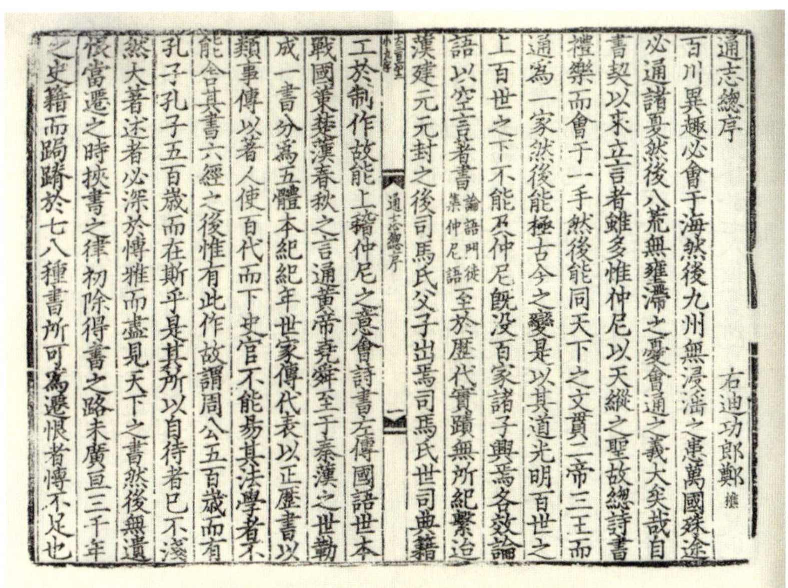

通志總序　右迪功郎鄭樵
百川異趣必會于海然後九州無浸淫之患萬國殊途必通諸夏然後八荒無壅滯之憂會通之義大矣哉自書契以來立言者雖多惟仲尼以天縱之聖故總詩書禮樂而會于一手然後能同天下之文貫二帝三王而通爲一家然後能極古今之變是以其道光明百世之上百世之下不能及仲尼既沒百家諸子興焉各效論語以空言著書（論語門徒集仲尼語）至於歷代實蹟無所紀繫迨漢建元元封之後司馬氏父子出焉司馬氏世司典籍

通志總序　一

工於制作故能上稽仲尼之意會詩書左傳國語世本戰國策楚漢春秋之言通黃帝堯舜至于秦漢之世勒成一書分爲五體本紀紀年世家傳代表以正歷書以類事傳以著人使百代而下史官不能易其法學者不能舍其書六經之後惟有此作故謂周公五百歲而有孔子孔子五百歲而在斯乎是其所以自待者已不淺然大著述者必深於博雅而盡見天下之書然後無遺恨當遷之時挾書之律初除得書之路未廣亘三千年之史籍而跼蹐於七八種書所可爲遷恨者博不足也

图4　南宋郑樵编撰的《通志总序》前二页

印其本，刊售于外者，是以秘府之文，为市井货鬻之利也。”[①]如出于公心，就不应有此等事情发生。

不愿借书与人之事，古今常有。宋代笔记中对一则关于借书的俗语的讨论，集中反映了宋人对借书一事的看法，参与讨论此事的笔记有十三家，可见其影响之广泛。据宋人的笔记，所引证的文献多为唐代李匡乂的《资暇集》：

> 借借（上子亦反，下子夜反）书籍，俗曰：借一痴，借二痴，索三痴，还四痴。又案《玉府新书》，杜元凯遗其子书曰：书勿借人。古人云：“古谚：借书一嗤，还书二嗤（嗤，笑也）。后人更生其词至三、四，因讹为痴。[②]

魏晋时期经学家杜预之事，据唐代段成式《酉阳杂俎》云：“今人云：‘借书、还书，等为二痴。’据杜荆州（即杜预）告贶（贶，音kuàng，义赠送。许逸民认为，《资暇集》作‘遗子书’，不言其名。预

① 曾枣庄、刘琳主编：《全宋文》第二百九十二册，第233页。

② ［唐］李匡文撰，吴企明点校：《资暇集》，北京：中华书局，2012年3月第1版，第193页。

有子名锡，此所谓‘觋’，或即‘锡’字之讹。）云：‘知汝颇欲念学，今因还车致副书，可案录受之。当别置一宅中，勿复以借人，古谚云：有书借人为嗤，借人书送还为嗤也。’”[①]据李匡义的说法，这则俗语最初只有“借书一嗤，还书二嗤”两句，后来衍生为“借一痴，借二痴，索三痴，还四痴”，所谓“借二痴”，即是“借与二痴”。同时，嗤也讹为痴。宋人普遍认为“痴”应当为“瓻”（chī），又有用“鸱”字者，都属于盛酒器。南宋高似孙《纬略·鸱夷》云：

> 扬雄《酒赋》曰：“鸱夷滑稽，腹大如壶，昼日盛酒，人复借酤。常为国器，托于属车。”按《史记》：吴王夫差，取子胥尸，盛以鸱夷革而浮之江中。应劭曰：取马革为鸱夷。鸱夷，榼形也。《唐韵》曰：“瓻，丑饥切，酒器，大者一石，小者五斗。古之借书盛酒瓶。”则借书一瓻，当用此字。或又用“鸱”字者。鸱夷，亦盛酒器也。所谓“鸱夷滑稽，腹大如壶”，盖此物也。山谷诗：“愿公借我藏书目，时送一鸱开锁鱼。”“莫惜借行千里，他日还君一鸱。”然则借书一鸱，用鸱字也。崔浩《汉书音义》曰：“滑稽，酒器也。转注，吐酒终日不已，若今之阳燧樽。”[②]

关于“瓻”字，北宋孙宗鉴《东皋杂录》有更加简明的解释：“借书馈酒一瓻，还书亦馈酒一瓻。故山谷从人借书，有诗曰：‘勿辞借我千里，他日还君一瓻。’”[③]北宋吴垧（shǎng）《五总志》解释何以“借书与一瓻，还书与一瓻”云：“是以此媚藏书者，冀其乐借，而后人讹以为‘痴’。独东坡云：‘不持一鸱酒，肯借五车书？’乃以为鸱夷之‘鸱’，与古语近之。余于长安崔氏得唐张一字书，其略云：‘瓻，盛酒

---

① ［唐］段成式撰，许逸民校笺：《酉阳杂俎校笺》，北京：中华书局，2015年7月第1版，第1641页。

② ［宋］高似孙撰，储玲玲整理：《纬略》，精装版，郑州：大象出版社，2019年5月第1版，第69-70页。

③ ［宋］孙宗鉴撰，储玲玲整理：《东皋杂录》，精装版，郑州：大象出版社，2019年5月第1版，第47页。

肆升器也，好事者持以借书。’当以‘瓻’为正。”[①]综合言之，当如北宋何薳（yuǎn）《春渚纪闻》所云：“当是古人借书必先以酒醴通殷勤，借书还书，皆用之耳。”[②]对于这种借书送酒的行为，宋代袁文在《瓮牖（yǒu）闲评》中表达了自己的羡慕：

> 瓻，酒器，古之盛酒以遗借书者也。故古语云：“借一瓻，还一瓻。”然《唐韵》云：“瓻大者一石，小者五斗。”如此则以书借人者得酒甚多。余家贫常苦无酒，虽不善剧饮，而每欲以饮客。今当广置书以借人，若时得数瓻以为用，顾不美耶！但恐今人非古人，虽借书而酒不可得也。[③]

更多的则是表达对“借与人书为一痴，还书与人为一痴”的批评，北宋邵博《邵氏闻见后录》云：“予每疑此语近薄。借书还书，理也，何痴云？”[④]北宋吕希哲《吕氏杂记》云：“予幼时有教学老人，谓予曰：‘人借书而与之，借人书而归之，二者皆痴也。’闻之便不喜其语。后观《颜氏家训》，说借人典籍皆须爱护，先有阙坏就为补治，此亦士大夫百行之一也。乃知忠厚者如此。《诗》曰：‘我思古人，实获我心。’”[⑤]宋代文人周煇《清波杂志》也认为此语有失忠厚：

> 借书一瓻，还书一瓻，后讹为痴，殊失忠厚气象。书非天降地出，必因人得之，得而秘之，自示不广，人亦岂肯以未见者相假？唐杜暹家书，末自题云：“清俸买来手自校，子孙读之知圣

---

① ［宋］吴垧撰，黄宝华整理：《五总志》，郑州：大象出版社，2019年5月修订版，第292页。

② ［宋］何薳撰，储玲玲整理：《春渚纪闻》，郑州：大象出版社，2019年5月修订版，第118页。

③ ［宋］袁文撰，李伟国整理：《瓮牖闲评》，郑州：大象出版社，2019年5月修订版，第152页。

④ ［宋］邵博撰，李剑雄、刘德权点校：《邵氏闻见后录》，北京：中华书局，1983年8月第1版，第213页。

⑤ ［宋］吕希哲撰，夏广兴整理：《吕氏杂记》，郑州：大象出版社，2019年5月修订版，第309页。

> 道，鬻及借人为不孝。”鬻为不孝，可也；借为不孝，过矣。然煇手抄书，前后遗失亦多，未免往来于怀。因读唐子西庚《失茶具说》，释然不复芥蒂。其说曰：“吾家失茶具，戒妇勿求。妇曰：‘何也？’吾应之曰：‘彼窃者，必其所好也。心之所好，则思得之，惧吾靳之不予也而窃之，则斯人也，得其所好矣。得其所好则宝之，惧其泄而秘之，惧其坏而安置之，则是物也，得其所托矣。人得其所好，物得其所托，复何言哉！’妇曰：‘嘻，是乌得不贫！’”煇亦云。①

周煇认为书并非天地自然生成，必须要通过人与人之间的互相交换才能得到，如果你得书之后秘不示人，别人又怎肯将未见之书借出？他还批评了唐代杜暹“鬻及借人为不孝”的观念，认为卖书可算不孝，但借书也算不孝就太过了。虽然他手抄的书遗失不少，不免挂怀，但读过北宋文人唐庚《失茶具说》之后，最终释然。

将书借出，难免有所疑虑，毕竟不是所有人都能有周煇这样的认识与境界。退而求其次，能够允许当场抄阅，也胜过秘不示人。据南宋徐度《却扫编》记载，宋代学者赵畯少治《易》，当时龚原《周易新讲义》新出，流传还不够广泛，人多未见。赵畯听说考城（今属兰考县）一个士人家里有这本书，就徒步前往，只携带十多枚饼出门。到了之后，求见主人，问以借书之事，主人有些为难，请他吃饭。赵畯推辞说：“所为来者，欲见《易解》耳，非乞食也。”主人嘉其意，这才允许他看书，将他安置在一室中。赵畯闭户昼夜写录，饿了就吃自己携带的饼，数日读毕。归书主人，长揖而还。科举落榜的第二天，抄书如平时，其励志如此。后数年始登科。赵畯这种读书若渴的精神令人钦佩！在书籍获取日益便利的今天，面对书籍，我们该是什么态度呢？

（杨阿敏，男，江西吉安人，《中华瑰宝》杂志编辑，创办“尔雅国学”微信公众号。著有《三通序笺注》《胡铨年谱》《学海沧桑：古典文学名家访谈录》，发表文章30余篇）

① ［宋］周煇撰，刘永翔、许丹整理：《清波杂志》，郑州：大象出版社，2019年5月修订版，第41页。

日本藏汉籍及其再版丛书目录

罗志欢/文　赵中浩等/摄影

中华典籍浩如烟海，《中国古籍总目》《全国古籍普查登记目录》的编纂出版，标志着我国全面开展古籍抢救、保护、利用与研究进入了一个新阶段。同时，作为中国文化遗产重要部分的国外所藏汉文古籍，也随之得到相应的关注和重视。

我国典籍流传到海外，以日本最多亦最早。在中国西晋时期，《论语》《千字文》等汉籍名著就已传入日本，此后印刷术也在日本传播。随着中日友好往来的发展及中日文化交流增多，传入日本的汉籍越来

图1　《中国古籍总目·史部》(全八册)书影。《中国古籍总目》(16开，26册)于2009年10月1日由中华书局、上海古籍出版社出版，由中国古籍总目编纂委员会编写。

图2　《复旦大学图书馆古籍普查登记目录》(全三册，上)封一书影。

越多，在日本出现了许多汉籍文库和汉籍收藏家，收藏汉籍的机构遍布日本。据日本京都大学“全国汉籍データベース——日本所藏中文古籍数据库”统计，全日本收藏汉籍的机构多至79家，可检索到91万条汉籍书目；严绍璗《日藏汉籍善本书录》著录日本藏汉籍主要文库95家①，记录1万余种文本资料②；据杜泽逊团队的初步调查，日本收藏中国古籍的单位有129家，编制书目315种③；中国国家古籍保护中心将日本藏汉籍书目录21种开发成电子文本，共有49万余条④。以上统计数据说明，日本收藏汉籍繁富，其数量之多、范围之广、质量之优，均在海外其他各国之上。

本文分二部分：一是日本藏汉籍举要，二是日本藏汉籍丛书的再版。

一、日本藏汉籍举要

随着中国汉文典籍被源源不断地传入，日本兴建了许多收藏汉籍的文库与图书馆。他们竞相珍藏汉籍、苦心经营，前后积累数十年，收藏甚丰且各具特色。本节根据有关文献和报道，撮其指要，以窥一斑。

东洋文库

东洋文库是目前世界著名的汉学研究机构，被日本人称为在本国研究亚洲资料的“世界性宝库”，也是日本国内关于“满洲学”“西藏学”“敦煌学”研究的资料中心。民国六年（1917），曾任中华民国大总统顾问的澳洲新闻记者乔治·厄内斯特·莫理循（G.E.MORRISON，1862—1920），在北京的住宅里，将其搜集近二十年的有关中国问题的中文书籍、地图等，计三万余册，以三万五千英镑的价钱，出售给日本三菱公司创办人岩崎弥太郎的公子——岩崎久弥，随后岩崎久弥将这批图书运到日本收藏。此事成为当时世界性的一大新闻，备受各界瞩目。

① 《书录》著录日本藏汉籍主要文库一览表，严绍璗编著：《日藏汉籍善本书录》，北京：中华书局，2007年，第2071-2080页。

② 自序，严绍璗编著：《日藏汉籍善本书录》，北京：中华书局，2007年，第13页。

③ 刘建亚：《日本藏中国古籍总目》启动仪式发言稿，杜泽逊主编：《国学茶座》，第18期，济南：山东人民出版社，2018年，第105页。

④ 杜泽逊：关于《日本藏中国古籍总目》项目的情况说明，杜泽逊主编：《国学茶座》，第18期，济南：山东人民出版社，2018年，第106页。

1924年，岩崎久弥以莫理循的这批藏书为基础，又捐赠二百万日币，建立了“东洋文库”。世界二战后，东洋文库演变成日本国会图书馆系支部，而他个人则另购五千三百部的日本古书，以“岩崎文库”之名，将其归藏于东洋文库。

图3　莫理循（前排中）与日本收购人员合影。前排左起：小田切万寿之助、莫理循、石田干之助。

东洋文库藏书达七十余万册，汉籍约占三分之一。所藏汉籍主要是我国历代文化典籍，其中善本达四百八十七种。在这些藏书中，被日本政府列为国宝级的有：我国唐写本《毛诗》，日本儒学家所撰《春秋经传集解》，我国南朝宋（420—479）时代的抄本《史记》，日本据《昭明文选》抄写而成的《文选集注》，我国唐代书写的《古文尚书》[1]等。值得

图4　东洋文库的库房

① 严绍璗：《日本藏汉籍珍本追踪纪实　严绍璗海外访书志》，上海：上海古籍出版社，2005年，第183页。

注意的是，该文库还藏有多达三千部六万余册的中国地方志，多达八百部的族谱，将近六千部的文集和近乎全部的《缙绅全书》，数千件拓本，八千件左右的甲骨片，世界各国所藏敦煌吐鲁番文书的缩微胶卷，以及相当数量的满文和藏文文献。该文库编有《岩崎文库和汉书目》[昭和九年(1934)]、《东洋文库地方志目录》[昭和十年(1935)]、《东洋文库汉籍分类目录》[昭和二十年(1945)、四十年(1965)增订]。

内阁文库

内阁文库是日本内阁直属之国家文库。创设于日本明治六年(1873)，原称太政官文库，翌年改称内阁文库。它继承了原日本实际统治者德川幕府的私人文库——红叶山文库(库存汉籍最多时达十万册)和曾经收藏汉籍较多的官学——昌平坂学问所的汉籍。经过近代以来的补充、扩展，现藏汉籍四千八百八十余种。其中，宋刊本二十九种、元刊本七十五种，其余是明清刊本和抄本，数量达三十余万册，居日本公私图书馆之首。内阁文库所藏大部分，是仅有或珍贵的汉籍。另外，还收藏有朝鲜人的汉文著述和朝鲜人翻刻的汉文书籍，以及日本人批点和改编的中国图书。该文库编有《内阁文库图书第二部汉籍目录》[大正三年(1914)]、《内阁文库汉籍分类目录》[昭和三十一年(1956)]，《改订内阁文库汉籍分类目录》[昭和四十六年(1971)]。

图5　日本内阁文库藏书楼正门外景

宫内厅书陵部图书馆

宫内厅书陵部图书馆，二战前称宫内省图书寮。图书寮始设于日本大宝元年（701），属中务省①，专事图书的搜集、誊抄和保存，以供日本中央各省查阅。所藏汉籍主要来自日本皇室贵族、名门世家的私藏，后实际成为日本皇家图书馆。明治二十三年（1891），图书寮改归宫内省管理，负责收集、保管日本宫内图书，掌管皇室皇族的记录文书。1949年与诸陵部合并为宫内厅书陵部。所藏宋、元、明刻本颇多，仅善本就有经部117种、史部110种、子部325种、集部216种，其中唐钞本6种，宋刊本72种，元刊本、钞本74种。该馆编有《帝室和汉图书分类目录》［大正五年（1916）］、《增加帝室和汉图书分类目录》［大正十五年（1926）］、《图书寮汉籍善本书目》［昭和五年（1930）］、《图书寮宋本书影》［长泽规矩也编，昭和十一年（1936）］、《图书寮典籍解题》［昭和三十六年（1961）］。

图6　日本宫内省图书寮编、国家图书馆出版社出版的《图书寮汉籍善本书目》封面

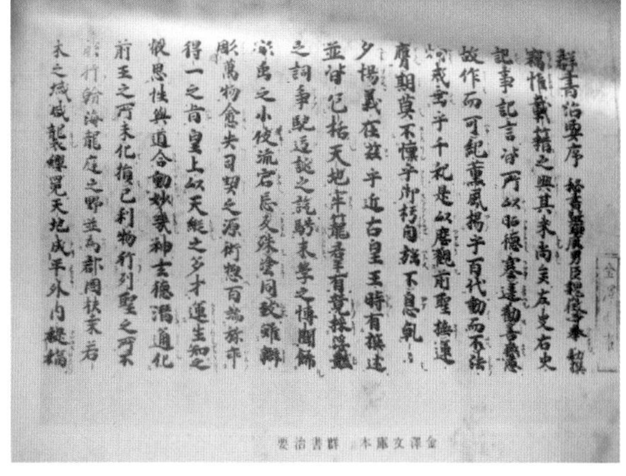

群書治要序　祕書監鉅鹿男臣魏徵等奉勑撰
竊惟載籍之興其來尚矣左史右史
記事記言皆所以昭德塞違勸善懲惡
故作而可紀薰風揚乎百代動而不法
炯戒垂乎千祀是以歷觀前聖撫運
膺期莫不懔乎御朽自強不息乾乾
夕惕義在茲乎近古皇王時有撰述
並皆包括天地牢籠群有競採浮艷
之詞爭馳迂誕之說騁末學之博聞飾
雕蟲之小伎流宕忘反殊塗同致雖辯周
萬物愈失司契之源術總百端乖
得一之旨皇上以天縱之多才運生知之
叡思性與道合動妙幾神玄德潛通化
前王之所未化損己利物行列聖之所不
能行翰海龍庭之野並為郡國扶桑若
木之域咸襲纓冕天地成平外內褆福

金澤文庫本　群書治要

图7　宫内省图书寮所藏金泽文库本《群书治要》序首页

蓬左文库

“蓬左”是日本古代名古屋的别称。1912年，德川家康（德川幕府

①　中务省，又称内务省，是负责辅佐日本天皇发布诏勅与叙位等相关文告的机构，为日本内阁八省之中重要部门。

图8　名古屋蓬左文库大门

的开创者）的第十九代裔孙德川义亲，在名古屋市正式成立“蓬左文库”。所藏汉籍为德川家族三四百年来的珍藏，规模数量仅次于尊经阁文库，在日本享有盛名。

根据1975年的统计，该文库藏书约8万余册，其中汉籍占40%，即3.2万余册。所藏中国古籍有日本庆长年间（1596—1615）的骏河文库本290部3861卷1705册；元和、永宽间（中国明朝天启至崇祯年间）买本391部16534卷5752册，同时期的献本35部1516卷358册。合计该文库所藏，我国明朝以前古籍为716部21907卷7815册。日本昭和二十九年至三十二年（1954—1957），日本政府决定将7种汉籍定为日本重要文化财（即日本国宝），其中我国古籍占三部：三国曹魏何晏撰《论语集解》二十编，日本元応二年［中国元朝延祐七年（1320）］写本；北魏贾思勰撰《齐民要术》十卷（缺第三卷）[①]，日本文永十一年［中国南宋咸淳十年（1274）］写本。这是《齐民要术》现存最早的钞本，我国现存最早的是明嘉靖间刻本，约迟于这个钞本二百多年。北宋王怀隐撰《太平圣惠方》一百卷目录一卷，宋刊十三行本，日本宽政十三年［中国清嘉庆六年（1801）］补抄。该书在我国已刊行目录中还没有见到，可能是仅存的最早刻本。另外，据日本昭和五十年（1975）

① 缪启愉：《齐民要术校释》第2版，北京：中国农业出版社，1982年，第812-814页。

名古屋市教育委员会编《名古屋市蓬左文库汉籍分类目录》所列，其中有部刻本属于我国元代：宋叶时《礼经会元》四卷、元赵汸《春秋师说》三卷附录二卷加《春秋属辞》十五卷、《元贞新刊论语纂图》一卷、《释文音义》一卷(《音义》唐陆德明撰)、宋王应麟《玉海》二百卷附《辞学指南》四卷、宋杨齐贤集注、元萧士赟补注《分类补注李太白诗》二十五卷、元虞集《新编翰林珠玉》残四卷。除此之外，还有大量的明刊本，其中罕见的有七十余种。

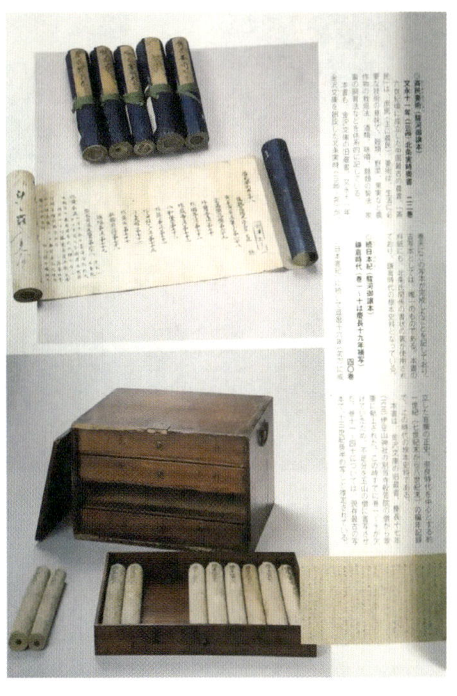

图9　蓬左文库藏书《齐民要术》等卷轴书影

静嘉堂文库

静嘉堂创设于1899年，文库业主为岩崎弥之助(1850—1908)，设在日本东京都多摩市内，是日本著名的私人藏书处。该文库主要收藏汉籍，经史子集俱全。其特点是少而精，专以搜罗古本、孤本为主，是收藏宋元古本较多的文库。至日本明治四十年(1907)，其汉籍藏书已达8万余册。是年，经日本汉学家岛田翰介绍，从我国购得“皕宋楼”“守光阁”“十万卷楼”藏书5万余册，其中有十分珍贵的宋刊本《说文解字》《白氏六帖》[①]等。岩崎弥之助去世后，由河田罴、小泽隆八等进行整理。1949年，该文库归日本国会图书馆所有。现藏汉籍1100余种，其中宋元刊本280余种，已经审定为重要文化财的达17种[②]。20世纪20年代，我国著名版本学家张元济和傅增湘曾访书于静嘉堂文库，指出其所藏汉籍善本颇多，并有中国本土亡佚失传者。编有《静嘉堂秘籍志》[河田罴撰，

---

① 黄云眉:《史学杂稿续存》，济南：齐鲁书社，1980年，第148-149页。

② 严绍璗:《日本藏汉籍珍本追踪纪实　严绍璗海外访书志》，上海：上海古籍出版社，2005年，第242-313页。

图10　位于东京都世田谷区冈本2丁目23番1号的静嘉堂文库库房

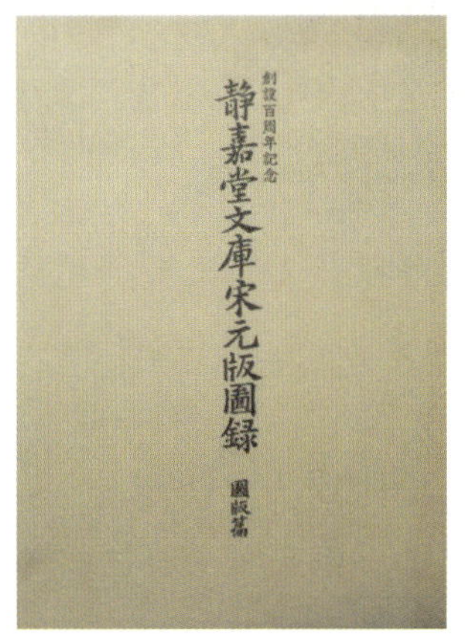

图11 《静嘉堂文库宋元版图录》图版篇封面（1999年静嘉堂创设百周年纪念）

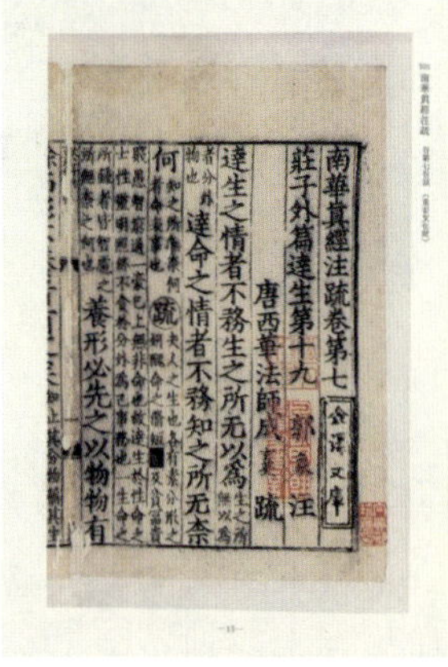
南華真經注疏卷第七
莊子外篇達生第十九　郭象注
唐西華法師成玄英疏

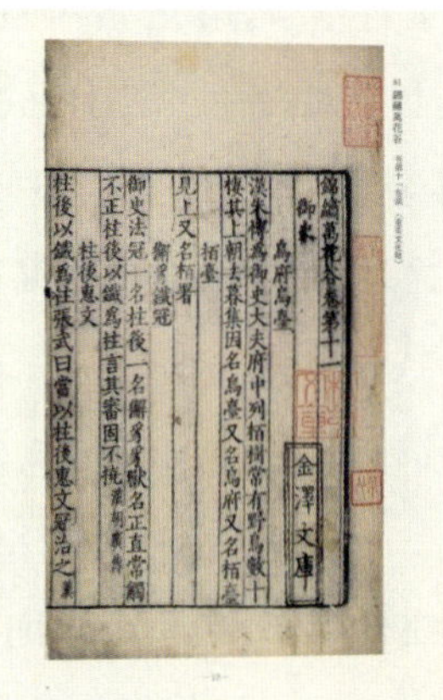
錦繡萬花谷卷第十一

图12　静嘉堂文库藏书《锦绣万花谷》第十一卷、《南华真经注疏》第七卷的卷头页。有关古籍均被日本确定为国家重要文化财产。

大正六年（1917）]、《静嘉堂文库汉籍分类目录》[昭和五年（1930）]、《静嘉堂文库宋元版图录》《静嘉堂宋本书影》[昭和八年（1933）]。

东京大学东洋文化研究所图书馆

东京大学东洋文化研究所创建于1941年，主要研究中国的地方志和社会民俗，是日本国内研究中国文化的中心。该所图书馆现收藏汉籍17.7万余册，善本800余种，其中唐抄本7种、宋元刊本20余种。所藏汉籍主要来自以下几家私人文库的捐赠。

（一）“大木文库”旧藏4.5万余册。业主大木干一，东京帝国大学毕业生，曾在中国担任律师40余年，收藏有包括中国法律、经济、文

图13　东京大学东洋文化研究所图书室入口

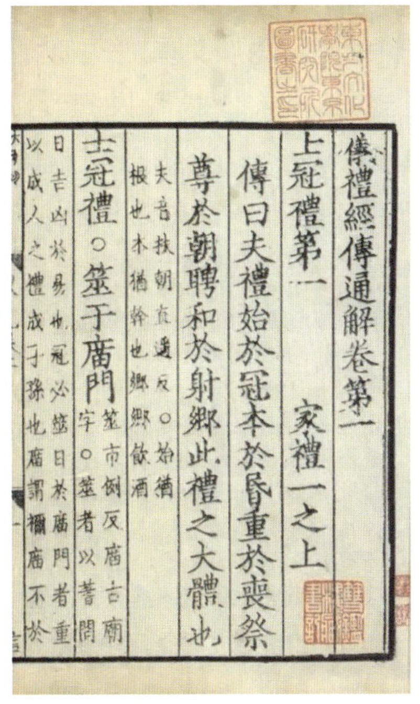

儀禮經傳通解卷第一
上冠禮第一　家禮一之上
傳曰夫禮始於冠本於昏重於喪祭
尊於朝聘和於射鄉此禮之大體也
夫音扶朝直遙反○始猶根也本猶幹也鄉鄉飲酒
士冠禮○筮于廟門筮市制反廟古廟字○筮者以蓍問
日吉凶於易也冠必筮日於廟門者重
以成人之禮成子孫也廟謂禰廟不於

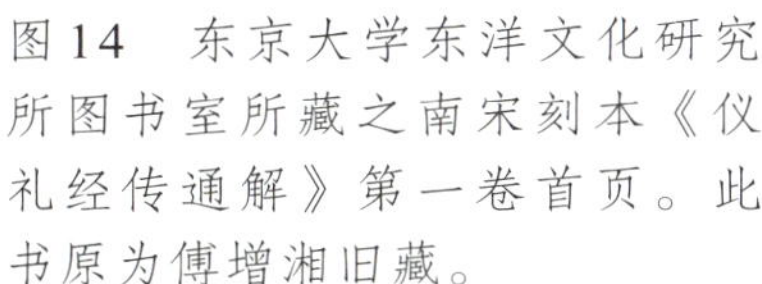

图14　东京大学东洋文化研究所图书室所藏之南宋刻本《仪礼经传通解》第一卷首页。此书原为傅增湘旧藏。

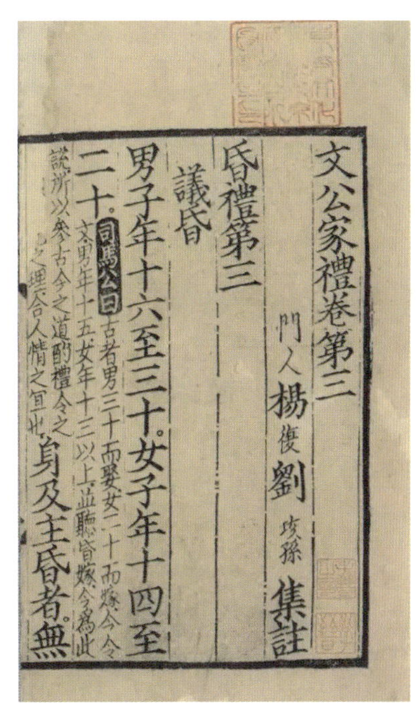

文公家禮卷第三
門人楊復　劉垓孫　集註
昏禮第三
議昏
男子年十六至三十女子年十四至
二十司馬公曰古者男三十而娶女二十而嫁今令文男年十五女年十三以上並聽昏嫁今為此說所以參古今之道酌禮令之中順天地之理合人情之宜也
身及主昏者無

图15　东京大学东洋文化研究所图书室所藏之朱熹撰宋刻残本《文公家礼》内文页。原为毛晋汲古阁旧藏。

学、历史、地理、宗教等门类图书。其中，有中国元刻本《唐律疏义》《明法类说》残页，明刻本《大明律》16种、《大明会典》等善本。

（二）“双红堂文库”旧藏3000余种。业主长泽规矩也，日本文献学家。所藏主要是中国明清文学、戏剧方面的书籍。

（三）“仁井田文库”旧藏5000余册。业主仁井田陞，东京大学东洋文化研究所教授。所藏多为中国法律方面的古籍。

此外，该馆还藏有原日本外务省从中国浙江青田“东海藏书楼”购买的旧藏4万余册[①]。值得注意的是，该馆藏书有较多的丛书。编有《日本东京大学东洋文化研究所汉籍分类目录》[昭和五十年（1975）]。

京都大学人文科学研究所图书馆

图16 京都大学人文科学研究所图书馆《宋元书影》封面。清末藏书家缪荃孙亲自编选。全书不分卷，内选宋元书影41种。此书大致为清宣统三年（1911）江阴缪氏刊本。

京都大学人文科学研究所图书馆前身是东方文化研究所图书馆，系1938年东方文化研究所以其在中国天津购得的武进陶湘氏藏书为基础建立。后来通过收购或接受捐赠，又纳入了“村本文库”“中江文库”“松本文库”“内藤文库”“矢野文库”的旧藏。到1989年，该馆藏书总数达42万余册，其中汉籍达27万余册[②]。其他日文书和欧文书中，也有不少有关中国的著述。其宋版和元版等珍贵版本并不多，但一般的中国古籍则收集得非常齐全。注意收藏版本价值一般但实际有用的古籍，乃该馆的收藏特点。特别值得注意的是，该馆收藏历代奏疏、政书、地方志较多。另外，还有商代甲骨片3600多件，石刻拓本1万余种，中国各地地图5000余件、地理和民俗照片5万余件，以及世界各地所藏敦煌、吐鲁番文书缩微胶卷和青铜器、陶瓷器等。编有《京都大学人文科学研究所汉籍分类目录》[昭和三十八年至四十年（1963—1965）]。

---

① 李桂兰、冀元主编：《世界出版业　日本卷》（第2版），北京：世界图书出版公司，1997年，第39页。

② 王桂平：《清代江南藏书家刻书研究》，南京：凤凰出版社，2008年，第227页。

图17　京都大学人文科学研究所图书馆馆舍外景

足利学校遗迹图书馆

足利学校遗迹图书馆位于日本足利市，是日本最古老的学校图书馆之一。它藏有日本古抄写本、朝鲜古籍，以及中国宋元明珍贵书籍2000余册。该馆所藏中国古籍中，最早版本是宋版《周易注疏》十三册，刊于南宋瑞平元年（1234）十二月至翌年一月之间。上有南宋诗人陆游之子陆子遹（yù）的亲笔题识[①]。是书在我国久已失藏。编有《足利学校秘本书目》[长泽规矩也编，昭和八年（1933）]、《足利学校贵重特别书目解题》[长泽规矩也、川濑一马合编，昭和十二年（1937）]、《足利校遗迹图书馆古书分类目录》[长泽规矩也编，昭和四十一年（1966）]。

图18　足利学校大门的史迹碑

① 严绍璗：《汉籍在日本的流布研究》，南京：江苏古籍出版社，1992年，第257页。

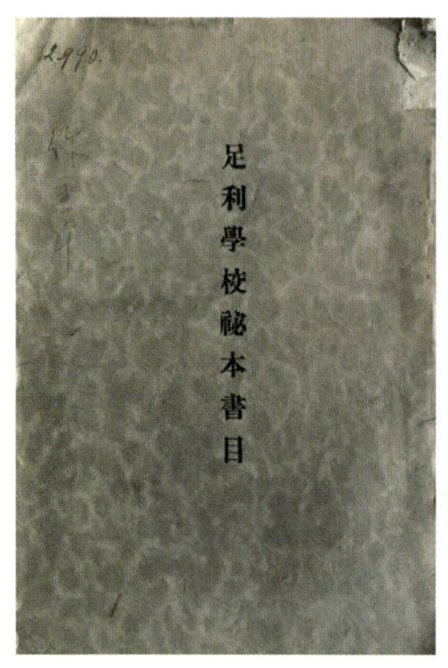

图19 《足利学校秘本书目》书影。长泽规矩也编著，内容全中文，有大量善本书影。1933年6月一版一印。

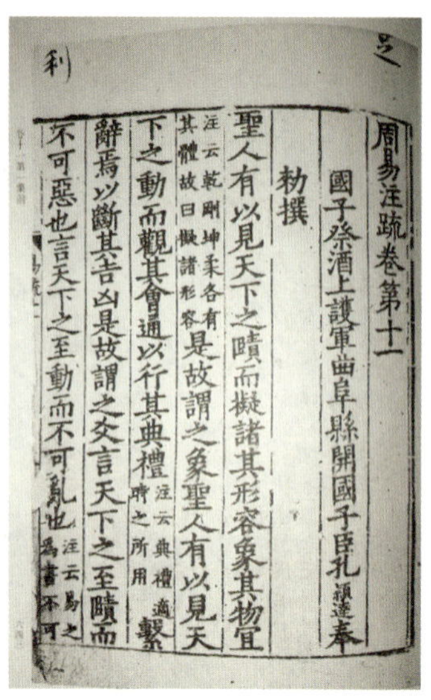
周易注疏卷第十一
國子祭酒上護軍曲阜縣開國子臣孔穎達奉
勑撰
聖人有以見天下之賾而擬諸其形容象其物宜注云乾剛坤柔各有其體故曰擬諸形容是故謂之象聖人有以見天下之動而觀其會通以行其典禮注云典禮適時之所用繫辭焉以斷其吉凶是故謂之爻言天下之至賾而不可惡也言天下之至動而不可亂也注云易之爲書不可

图20 该馆所藏最古文献宋版《周易注疏》影印版

二、日本藏汉籍再版丛书目录

在海内外有识之士携手努力下，日本汉籍的分布及存绪情况日渐清晰，大批日本藏汉籍正以编制书目、影印出版、数字化等方式加速回流中国。本节辑录笔者所知见日藏汉籍影印丛书目录，可为检索日藏汉籍文本提供线索。

1.舜水遗书[①]，（明）朱之瑜撰，日本刻本，1712年

2.佚存丛书，（日）林衡辑，刻本，1789—1817年

3.张氏医书七种，（清）张璐、张登撰，日本刻本，1803年

4.伤寒大成，（清）张璐等撰，日本思德堂刻本，1812年

5.八史经籍志，（日）佚名辑，日本刻本，1825年

6.施氏七书讲义，（宋）施子美撰，日本刻本，1863年

7.佚存丛书，（日）林衡辑，沪上黄氏木活字排印本，1882年

① 朱之瑜（1600—1682），字楚屿，又字鲁屿，浙江余姚人。晚年到日本江户（今东京）后，号舜水。定居日本，讲学22年。卒后，日本学者私谥其文恭先生，著作由门人辑集，刊印名为《舜水遗书》。

8. 古逸丛书，（清）黎庶昌辑，遵义黎氏日本东京使署影刊本[①]，1882—1884年

9. 八史经籍志，（日）佚名辑，镇海张寿荣印本，1883年

10. 满蒙丛书，（日）内藤虎次郎辑，日本东京满蒙丛书刊行会排印本，1912—1926年

11. 京都帝国大学文学部景印唐钞本，同部辑，同部影印本，1912—1989年

12. 舜水遗书[②]，（明）朱之瑜撰，世界书局排印本，1913年

13. 古今杂剧，（元）佚名辑，日本东京都帝国大学文科大学据元本影印，1914年

14. 容安轩旧书四种，（日）神田信畅辑，日本京都神田氏据唐写本影印，1919年

15. 京都帝国大学文学部景印旧抄本（第一集），同部编印，1922年

16. 佚存丛书，（日）林衡辑，上海商务印书馆影印日本版本，1924年

17. 敦煌遗书（第一集），（日）羽田亨辑，日本上海东亚攻究会据唐写本影印，1926年

18. 古代铭刻汇考四种，郭沫若撰，日本东京文求堂石印本，1933年

19. 京都帝国大学文学部景印旧抄本（第二集），同部编印，1935年

20. 京都帝国大学文学部景印旧抄本（第三集），同部编印，1935年

21. 京都帝国大学文学部景印旧抄本（第四集），同部编印，1935年

22. 拜经堂丛书，（清）臧琳、臧庸撰，日本东方文化学院京都研究所据清乾隆嘉庆间臧氏刻本影印，1935年

23. 京都帝国大学文学部景印旧抄本（第五集），同部编印，1936年

24. 京都帝国大学文学部景印旧抄本（第六集），同部编印，1936年

25. 京都帝国大学文学部景印旧抄本（第七集），同部编印，1936年

26. 京都帝国大学文学部景印旧抄本（第八集），同部编印，1936年

27. 京都帝国大学文学部景印旧抄本（第九集），同部编印，1942年

28. 京都帝国大学文学部景印旧抄本（第十集），同部编印，1942年

---

① 书在日本影刻，有日本东京初印美浓纸本，版片后归江苏书局。

② 马一浮根据日本水户本《朱舜水先生文集》重新整理而成。

29.邱黄二先生遗稿合刊，施海樵辑，日本台中东亚书局株式会社排印本，1942年

30.天理图书馆善本丛书汉籍之部，同馆编集委员会编，八木书店，1982年

31.日本藏元刊本古今杂剧30种，（元）佚名编，北京：北京图书馆，1988年

32.日本藏中国罕见地方志丛刊，殷梦霞选编，北京：书目文献出版社，1990—2002年

33.日本藏元刊本古今杂剧三十种，京都文科大学支那文学研究室辑，北京：北京图书馆出版社，1998年

34.日本宫内厅书陵部藏宋元版汉籍影印丛书（第一辑），全国高校古籍整理研究工作委员会编，北京：线装书局，2000—2002年

35.燕行录全集：（韩）林基中编，韩国东国大学校出版部，2001年

36.日本宫内厅书陵部藏宋元版汉籍影印丛书（第二辑），全国高校古籍整理研究工作委员会编，北京：线装书局，2003年

37.日本藏中国罕见地方志丛刊续编，殷梦霞选编，北京：书目文献出版社，2003年

38.日本所藏稀见中国戏曲文献丛刊（第一辑），（中）黄仕忠、（日）金文京，（日）乔秀岩编，桂林：广西师范大学出版社，2006年

39.日本宫内厅书陵部藏宋元版汉籍选刊，该书编委会编，上海：上海古籍出版社，2012年

40.域外汉籍珍本文库·日本五山版汉籍善本集刊，中国社科院历史研究所主持编纂，重庆：西南师范大学出版社，北京：人民出版社，2012年

41.日本东京大学东洋文化研究所双红堂文库藏稀见中国钞本曲本汇刊，（中）黄仕忠、（日）大木康主编，桂林：广西师范大学出版社，2013年

42.日本国会图书馆藏宋元本汉籍选刊，（中）刘玉才、（日）稻畑耕一郎编，南京：凤凰出版社，2013年

43.日本国立公文书馆藏宋元本汉籍选刊，（中）杨忠、（日）稻畑耕一郎编，南京：凤凰出版社，2013年

44. 日藏珍稀中文古籍书影丛刊，南江涛选编，北京：国家图书馆出版社，2014年

45. 日藏诗经古写本刻本汇编（第一辑），王晓平编著，北京：中华书局，2016年

46. 子海珍本编　海外卷　日本　静嘉堂文库，（日）西山尚志、（中）王震主编，南京：凤凰出版社，2016年

47. 子海珍本编　海外卷　日本　内阁文库，（中）刘心明、（日）西山尚志、（中）王震主编，南京：凤凰出版社，2016年

48. 子海珍本编　海外卷　日本　蓬左文库，（日）西山尚志、（中）王震、刘心明主编，南京：凤凰出版社，2016年

49. 子海珍本编　海外卷　日本　东京大学图书馆　早稻田大学图书馆，（中）刘心明、（日）西山尚志主编；（中）王震分卷主编，南京：凤凰出版社，2016年

50. 子海珍本编　海外卷　日本　宫内厅书陵部，（中）刘心明、（日）西山尚志、（中）王震主编，南京：凤凰出版社，2016年

51. 日本所藏稀见中国戏曲文献丛刊（第二辑），（中）黄仕忠、（日）金文京、（日）真柳诚、（中）朱鹏、（日）冈崎由美、（日）芳村弘道合编，桂林：广西师范大学出版社，2016年

52. 日本京都大学藏中国历代文字碑刻拓本，乌鲁木齐：新疆美术摄影出版社、新疆电子音像出版社，2016年

53. 域外汉籍珍本文库·日藏明人别集珍本丛刊（第一辑），刘心明主编，（日）西山尚志、（中）王震分册主编　该书编纂出版委员会编，重庆：西南师范大学出版社，北京：人民出版社，2017年

54. 日本藏巴蜀稀见地方志集成，李勇先整理，成都：巴蜀书社，2017年

55. 日本藏巴蜀珍稀文献汇刊（第一辑至第二辑），李勇先、高志刚主编，成都：巴蜀书社，2017年

56. 日本藏中国山水祠庙志珍本汇刊，李勇先、王强主编，扬州：广陵书社，2017年

57. 日本藏山海经穆天子传珍本汇刊，李勇先、王强主编，成都：四川大学出版社，2017年

58. 日本藏中国地理总志珍本汇刊，李勇先、王强主编，扬州：广陵书社，2017年

59. 日本藏中国水利文献珍本汇刊，李勇先、王强主编，成都：四川大学出版社，2017年

60. 日本藏汉籍地理文献珍本丛书，李勇先、王强主编，扬州：广陵书社，2018年

61. 日本藏中国西北地理文献珍本汇刊，李勇先、王强主编，成都：巴蜀书社，2018年

62. 日藏汉诗文丛刊（第一辑），李杰玲编，合肥：黄山书社，2018年

图21 《日本藏汉籍古抄本丛刊》（第1—3辑）书影

63. 日本藏稀见浙江方志丛刊，徐林平、江庆柏编，上海科学技术文献出版社，2019年

64. 日本藏中国西南地理文献珍本汇刊，李勇先、王强主编，成都：巴蜀书社，2019年

65. 日本藏明清中国珍稀方志，李勇先、王强主编，北京：北京燕山出版社，2019年

66. 日本关西大学长泽规矩也文库藏稀见中国戏曲俗曲汇刊，（中）黄仕忠、（日）内田庆市主编，桂林：广西师范大学出版社，2019年

67. 日本所藏清人诗歌总集善本丛刊（第一辑），王卓华等编，桂林：广西师范大学出版社，2019年

68. 日本所藏稀见明人诗文总集汇刊，桂林：广西师范大学出版社，2019年

69. 日本所藏清人诗歌总集善本丛刊（第二辑），王卓华等编，桂林：广西师范大学出版社，2020年

70. 日藏汉诗文丛刊（第二辑），李杰玲编著，合肥：黄山书社，2020年

71. 日本所藏稀见明清科举文献汇刊，陈维昭、侯荣川主编，桂林：广西师范大学出版社，2020年

72.域外汉籍稿钞校本选刊，京都大学文学部影印旧钞本全12册，日本京都大学文学部编，天津：天津古籍出版社，2020年

73.日本藏汉籍古钞本丛刊（第一至第三辑），吴滨冰等主编，上海：华东师范大学出版社，2020年

74.日藏珍本湖北方志丛编，湖北省图书馆编，武汉：崇文书局，2021年

75.日本所藏稀见明人别集汇刊（第一辑），陈广宏、侯荣川编，桂林：广西师范大学出版社，2021年

76.日本内阁文库藏稀见明人别集汇刊，侯荣川编，桂林：广西师范大学出版社，2021年

（罗志欢，广东新丰人，暨南大学图书馆古籍部原主任、研究馆员，硕士生导师。研究领域涉及古籍整理、历史文献学、岭南文化史与学术史。主持全国古籍整理规划项目、国家社科基金项目等多项，出版编著多部，发表学术论文若干）

西雅图艺术博物馆藏《大通方广经》写本残卷

〔美国〕罗叶

西雅图艺术博物馆（Seattle Art Museum，简称SAM）是全美各大城市艺术博物馆中比较年轻的一位，成立于1933年6月，位于义工公园（Volunteer Park），1991年12月搬迁至西雅图市中心第一大道（1st Ave.）和大学街（University St.）西北角的一栋大厦，原来的馆址改建为西雅图亚洲艺术博物馆（Seattle Asian Art Museum）。2007年，该馆又在市中心濒临艾略特海湾（Elliott Bay）运营一座奥林匹克雕塑公园（Olypic Sculpture Park），故该馆现有三个馆区。市中心馆区展厅位于二楼和三楼，最具特色的收藏是20余幅15—16世纪的欧洲油画，它们大多数来自法国和西班牙，尽管历经数百年，但油彩依然鲜亮如初，观众可以从中领略欧洲绘画艺术精湛绝伦的魅力。本文涉及到的写经残卷《大通方广忏悔灭罪庄严成佛经》（以下简称“《大通方广经》”）亦收藏于此。

《大通方广经》写经残卷，收藏于市中心馆区展厅二楼南侧的亚洲艺术品展区。因为已有独立的亚洲艺术馆，故该馆区的亚洲区，除了陈列有为数不多的几件中国文物和清代台湾地图和越南青瓷，主要就是这件《大通方广经》写本残卷[①]，以及另外的敦煌飞天摹本和新疆克

① 该藏品检索网址：https://art.seattleartmuseum.org/objects/46440/manuscript-fragment-of-datong-fangguang-chanhui-miezui-zhuan;jsessionid=3B890461CD4141E5EBDDA9C8A64FD67E。下文引用有关该藏品的相关信息皆来源于此，不再出注。检索日期：2024年4月2日。

孜尔千佛洞壁画残片。因为此前这段残经一直辗转流传于私人之手，直到2017年才被收藏于西雅图艺术博物馆，故知者甚少，历来论敦煌经卷者，亦少提及。故本文仅就所见，考索如下：

这块写经残片以墨笔书写于染色桑皮纸上，经卷高27厘米、宽49厘米，存27行206字，其文曰：

>……皆因大乘自庄严。若有人能行大乘，是则不断三宝种。若有趣向大乘者，是人即得无量福。能到十方诸世界，供养十方无量佛。如是大乘方广经，世间诸乘无能胜，具足威德破生死。是故大乘难思议，得色得力得自在，具足成就常法身。若有乘此大乘者，是人受于无上乐，舍身自拖修慈悲。是故得此无上乘，持戒精进修梵行。能以神通鄣日月，皆由久修大乘行。自心懃修常精进，是人则得于大乘。应有无量苦恼鄣，修习大乘即除灭。若能安住大乘典，长受快乐如诸佛。是足正念懃精进，获四如意神通力。依止正法及真义，皆由久修大乘典。具足十力无所畏，相好庄严三十二。金刚三昧一切智，皆由久修于大乘。
>
>善男子若有持此大乘经一字一句乃至一偈。
>
>若持此经者，永脱诸苦难，终不堕恶道。得道安隐处，于后恶世时。若得是经者，我皆与授记，究竟成佛道。佛常近是人，是人常近佛。是人护佛法，诸佛护是人。获大神通慧，能转大法轮。度诸生死趣，能破坏魔军。我于定光佛，闻此方广经。住忍得授记，号为释迦牟。于我灭度后，若有学是经。我亦与授记，当得成佛道。若人未来世，能解此经义。为诸愚者说，不断三宝种。虽佛不在世，亦如佛现在……

西雅图艺术博物馆认为此段残经约写成于8世纪的晚唐时期，其著录如下：

>Manuscript fragment of Datong fangguang chanhui miezui zhuangyan chengfo jing (*Sutra on solemn attainment of Buddhahood*

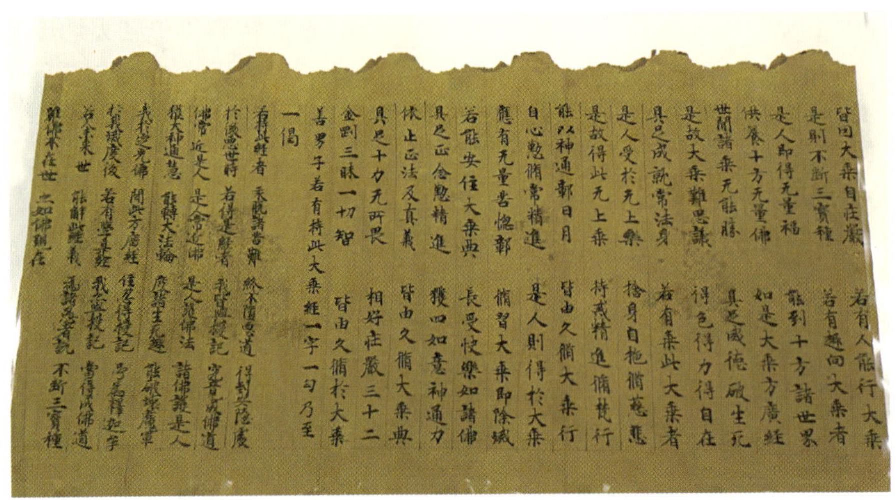

图1 西雅图艺术博物馆藏《大通方广经》写本残卷

by means of repentance to extinguish sins in a great, thorough, and broad way)(译文:《大通方广忏悔灭罪庄严成佛经》)

This Buddhist sutra (scripture) can be dated by its elegant calligraphic style to around the 7th–8th century and appears to come from the ancient desert city of Dunhuang in western China. The text provides long lists of the Buddha's names, recited as confessional rites to wipe away one's sins. The high-quality paper has even, horizontally laid lines that are impressions from the papermaking sieve. Its dark yellow color comes from dye that is repellent to insects, and the scalloped edges are from water damage that occurred when the work was rolled up. Laboratory analysis confirms that the paper's fibers are from the mulberry family and consistent with other Dunhuang manuscripts in the Aurel Stein Collection at the British Museum. Approximately nine other fragments of this sutra's text survive, three of which were discovered at Dunhuang in the early 20th century.

译文:此经残卷书法风格优雅,可追溯至7—8世纪隋唐之际,应系中国西部沙漠古城敦煌之物。经文中胪列的一系列佛陀圣名,为忏悔仪轨之祝祷文,以消除个人罪孽。此写经用纸优良,细察其纸,可见线条匀整的帘纹。纸以黄檗染色,此为防蠹之法。纸张边缘残损若扇叶,因经卷卷起时遭水渍蚀而成。据科学仪器检测，该纸原料出自桑科植物，与大英博物馆藏奥雷尔·斯坦因发现之其他敦煌文献一致。该经幸存残片共9页，20世纪初在敦煌发现的有3页。

有关该经卷之递藏次序，该馆介绍如下：

Library Cave (Cave 17), Mogao, Dunhuang, Gansu province, June 1900; Rao Yingqi (1837–1903), Governor of Xinjiang and Gansu provinces, Urumqi, Xinjiang province, 1900–1903; {possibly to his wife, Mrs. Rao Yingqi (née Wang, d. 1914), Enshi, Hubei province, 1903–1914}; to their son, Dr. Rao Fenghuang (1876–1953), Enshi, Hubei and Beijing, China, ca. 1914–ca. 1932; to his daughter, Rao Yu'ai (1912–1981), Beijing, China, ca. 1932; to her English professor, Anna Matilda Bille (1879–1942), Beijing, China, and Honolulu, Hawaii, 1932–1942; to her friend and colleague at Tsinghua University, Fook–Tan Ching (Chen Futian)(1897–1956), Honolulu, Hawaii, 1942–1956; to his son, Yi–chuan Ching, Honolulu, Hawaii, 1956–2017; to Seattle Art Museum, Seattle, Washington, 2017.

译文：甘肃敦煌莫高窟藏经洞第17号窟藏经，1900年6月；饶应祺（1837—1903），甘肃、新疆巡抚，新疆乌鲁木齐，1900—1903年；［可能是饶的妻子王氏（卒于1914年），湖北恩施，1903—1914年］；他们的儿子饶凤璜医生（1876—1953），湖北恩施、中国北京。1914年左右到1932年；饶凤璜的女儿饶毓菱（1912—1981），中国北京，约1932年；饶毓菱的英文老师安娜·玛蒂尔达·比尔（Anna Matilda Bille，1879—1942），中国北京和夏威夷檀香山，1932—1942年；比尔教授在清华大学的朋友兼同事陈福田（Fook–Tan Ching，1897—1956），夏威夷檀香山，1942—1956年；他的儿子，Yi–chuan Ching（笔者按，中文名不详），夏威夷檀香山，1956—2017年；西雅图艺术博物馆，西雅图，华盛顿州，2017年。

2021年10月14日新冠疫情期间，大英图书馆（The British Library）国际敦煌项目（International Dunhuang Programme）邀请西雅图艺术博物馆亚洲艺术部主管Ping Foong博士做了一个小时的在线讲座，题目是“敦煌在西雅图”（Dunhuang in Seattle）。[①]在这期节目中，Ping Foong博士分别提及上述克孜尔壁画残块和这段写经残片，其中尤以她本人考索此写经残片的传藏过程为主。上引西雅图艺术博物馆介绍此段残经的递藏信息，与Ping Foong博士讲解的基本相同。

为Ping Foong博士提供考查依据的一条重要线索，是随同这段残经一起入藏该馆的一封信。此信写于1932年5月15日，全信内容如下：

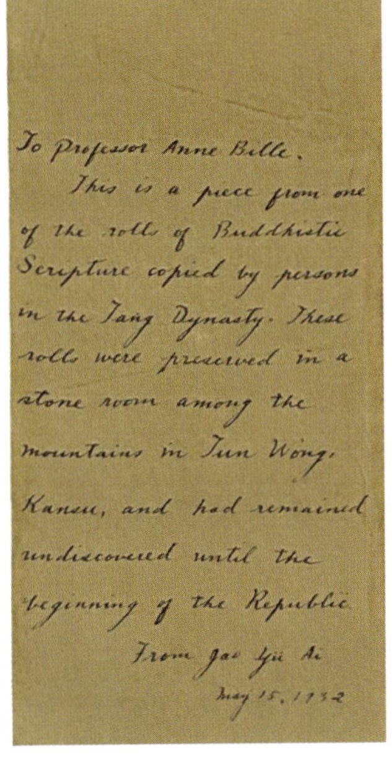

To Professor Anne Bille.
This is a piece from one of the rolls of Buddhistic Scripture copied by persons in the Tang Dynasty. These rolls were preserved in a stone room among the mountains in Tun Wong, Kansu, and had remained undiscovered until the beginning of the Republic.
From Jao Yü Ai
May 15, 1932

图2　饶毓蓌致安娜·贝尔教授的英文信函（1932年5月12日）

To Professor Anna Bille,

This is a piece from one of the rolls of Buddhistic Scripture copied by persons in the Tang Dynasty. These rolls were preserved in a stone room among the mountains in Tun Wong, Kansu, and had remained undiscovered until the beginning of the Republic.

From Jao Yü Ai

May 15, 1932

译文：安娜·贝尔教授：此唐代释氏写经残片，初封存于甘省敦煌的一间山中石室，迨民国初年面世。饶毓蓌[②]/1932年5月15日。

根据这条线索，Foong博士认为，此经残卷最早的收藏者是饶毓

① 该讲座现在仍可在线检索，网址：https://www.youtube.com/watch?v=MZS_rYtkhxE。检索日期：2024年4月2日。

② 唐师曾《能海法师》开篇云：“我爷爷的七姐嫁给湖北饶聘卿，连生饶毓蓌、饶毓苏、饶毓萼三个女儿……”见https://read01.com/dAQPn3.html。检索日期：2024年3月30日。Foong博士是通过比对英文拼音和汉字国际标准编码推论“ai”对应“蓌”。

蓤的祖父、新疆巡抚饶应祺（1837—1903）[①]。饶应祺于光绪二十二年（1896）至光绪二十八年（1902）出任新疆巡抚，《清史稿》列传第二百三十五有其传记。饶是如何得到这段残经，Foong博士没有详述，西雅图艺术博物馆亦未提及。如果这段残经最初由饶收藏，那么应该是饶氏在担任甘新两省巡抚后期所获。饶氏于斯坦因（Stain）在1900—1901年第一次新疆考古探险时，曾接受清政府总理衙门命令，作为新疆地方官接待斯坦因，并密切关注斯氏行踪。[②]据西雅图艺术博物馆的著录，饶氏去世后，这段残经可能（possibly）由其妻王氏从新疆带回湖北恩施老家。1914年王氏过世，此经卷由其子饶凤璜（1876.8.21—1953.10.29）收藏。饶凤璜是饶应祺季子[③]，曾出任湖北荆宜施鹤观察使（1913）、内务部秘书处办事（1917）、湖北政务厅厅长（1925）、振务委员会秘书（1936）等职务。[④]笃好佛学，在佛教杂志《海潮音》上发表过数篇诗文。[⑤]此外，饶凤璜通晓中医，著有《伤寒金匮标目提纲》《医经精义便读》等。1953年病逝于北京。

---

① 西雅图艺术博物馆展厅的该经残卷介绍词误将饶应祺描述为敦煌地区当时的行政长官：“...the fortuitous identification of the author, twenty-years old university student “Rao Yü Ai,” led to the fragment’s original owner, her gradfather Rao Yingqi（1837-1903）, governor of the Dunhuang region when Mogao’s “Libarary Cave” was rediscovered in 1900...”［译文：……作者线索来自于一位二十岁的大学生饶毓蓤，她的祖父是饶应祺，饶在敦煌藏经被发现的时候担任敦煌地区行政长官……］实际上新疆是在光绪十年（1884）建省，饶是新疆建省后的第五位巡抚（行政长官），同时兼管甘肃政务，合署为“甘肃新疆巡抚”。

② 参见王冀青《饶应祺与斯坦因之交往——兼及斯坦因著作的第一个中译本》，《西域研究》2022年第4期，第120-127页。

③ 见哈佛大学中国人名数据库“饶应祺”条。https://cbdb.fas.harvard.edu/cbdbapi/person.php?id=57835。检索日期：2024年4月2日。

④ 中华民国政府官职数据库https://gpost.lib.nccu.edu.tw/view_career.php?name=%E9%A5%92%E9%B3%B3%E7%92%9C。检索日期：2024年3月31日。

⑤ “民国佛教期刊文献集成及补编数据库”著录饶凤璜署名的文章一共有四篇：《武昌佛乘修学会函》（与熊世玉、张荣楣、宗彝、阮毓崧、徐福田等人合署）、《中国佛教对美国罗斯福总统逝世祈祷诵经电函：吊罗斯福总统（诗）》、《中国佛教对美国罗斯福总统逝世祈祷诵经电函：挽联》、《日本无条件投降》。http://buddhistinformatics.dila.edu.tw/minguofojiaoqikan/search.php?paperAuthor=%E9%A5%92%E9%B3%B3%E7%92%9C。检索日期：2024年4月2日。

以上这段关于唐代敦煌写经的递藏历史，不管是西雅图艺术博物馆的著录，还是Ping Foong博士的讲座，笔者都没有查到确切可信的书面证据，所以姑且作为一种推测。直到1932年的5月饶毓蓤女士这封信的出现，才使我们确认这段残经的流传经过。

饶毓蓤是清华大学外国语文系1929级学生，与钱钟书是同班同学。1933年6月26日《国立清华大学校刊》发表的139人毕业生名单，饶、钱并列。由此可知，饶送此段残经给其导师Anna时，她还是一名在读的大三本科生。饶为何要送此经给Anna？除了Anna是其老师，还有没有其他原因？1931年，在北平出现了一本薄薄的只有几十页的私印英译本《碎瓷砖：中国诗选》（*Broken Tiles: poems of China*），署名Anna Matilda Bille，中文名《诗》署“毕莲著”。如果毕莲与饶毓蓤的英文老师Anna是同一人，那么Anna还是一位热衷中国文学的美国人，所以她的学生才会把这件珍贵的唐代写经残片送给这位老师。美国加州非盈利组织富勒顿文化遗产会（Fullerton Heritage）关于富勒顿学院（Fullerton College）第一任院长Anna Matilda Bille所作简介云：Anna Matilda Bille出生于内布拉斯加的荷马，1907年毕业于斯坦福大学，1908年获得英文文学硕士学位，并任教于富勒顿联合高中（Fullerton Union High School）。1913年富勒顿学院成立时，她出任第一任院长。

离开富勒顿学院后，Anna任教于夏威夷檀香山的米尔斯男校，该校是一所基督教教会学校，为来自中国、日本和韩国的移民后代提供教育。美国人口普查数据显示，1920年Anna与其丈夫多萝西·斯坦德尔（Dorothy Stendel）仍住在檀香山。[①]富勒顿文化遗产会的介绍，没有提及这位院长是否曾经任教于中国，但她在檀香山任教的学校和东亚移民有密切关系，所以这位院长极有可能熟悉中国文化。据西雅图美术博物馆介绍，Anna身后将此经赠送其“同事”陈福田。Ping Foong博士认为，这位富勒顿学院的女院长与接受饶毓蓤馈赠者、《碎瓷砖》诗选的作者毕莲为同一人，但没有出示更多证据。据笔者所见证据，可

① 参见Fullerton Heritage为Anna所作小传：https://www.facebook.com/permalink.php?story_fbid=5218251341563380&id=173587419363156&_rdr。检索日期，2024年3月30日。

以推测：富勒顿学院的女院长Anna很可能与陈福田（Fook-Tan Ching，1897.12.20—1956.10.18）[①]有交集。陈福田1897年出生于夏威夷，任教于北京清华大学、西南联大，编著有《西南联大英文课》。1948年，陈氏离开中国返回夏威夷。根据《檀香山星报》(*Honolulu Star-Bulletin*）的报道，陈氏自1923年获得哈佛大学硕士学位之后，即任教于北京清华大学，1930年11月和Clara Chung（中文名不详）订婚，当时陈已是檀香山本地明伦中文学堂的教员，同时还在哈佛大学攻读博士学位。1931年8月他们在檀香山结婚，婚后夫妇二人即返回北京，陈继续出任清华大学教职[②]。既然西雅图的此段残经是得自陈福田之子Yi-chuan Ching（中文名不详）之手，则陈福田在檀香山就很可能认识富勒顿学院第一任院长Anna Matilda Bille，陈后来任教于清华大学和西南联大，那么他与《碎瓷砖》诗选的作者毕莲也可能是同事。这样一来，富勒顿学院第一任院长、毕莲，以及接受饶毓蓤所赠残经者，很可能就是同

ANNA MATILDA BILLE, A. M.
College English

图3　富勒顿学院第一任院长安娜·贝尔（Anna Matilda Bille）

① 据墓碑碑铭。

② Miss *Clara Chung and Fook Tan Ching of China Engaged*: "…Miss Clara Chung…is engaged to Fook Tan Ching, former Honolulan and professor at Tsing-hua University in Peiking, now taking graduate work at Harvard University…Ching is also a graduate of the local university, having secured his M. A. degree from Harvard some years ago, and is working for his Ph.D. in the later institution…Ching has been a faculty member of Mun Lun Chinese school in Honolulu." *Honolulu Star-Bulletin*, Honolulu, Hawaii · Wed, Nov 12, 1930 Page 21（《檀香山星报》，1930年11月12日，第21页. Clara Chung is Married on Thursday: "…The couple left on the empress of Japan Friday for Peiking, China, where Mr. Ching will teach at Tsinghua college…Professor Ching received his bachelor's degree from the local university in 1921 and his master's from Harvard University in 1923. Since that time he has been teaching at Tsinghua University, Peiking, and is now professor of English."

Honolulu Star-Bulletin, *Honolulu*, Hawaii · Sat, Aug 22, 1931 Page 20（《檀香山星报》1931年8月22日，第20页）.

图4　署名“毕莲”的《诗》1931年北平自印本

一个人Anna Matilda Bille（1879.2.16—1942）。

毕莲于1942年逝世，离世前她将此经赠送给了同事陈福田；陈福田离世后，此经卷归其子Yi-chuan Ching收藏。2017年，此经入藏西雅图艺术博物馆。

将此佛经残片与大英图书馆馆藏编号Or.821/S.1847《大通方广经》[①]进行比对后，Ping Foong博士认为此经是来自《大通方广经》中的一部分。检索大英图书馆Or.821/S.1847编号下著录者，为“大通方广忏悔灭罪庄严成佛经卷下”，系散文，韵文部分也与西雅图艺术博物馆所藏者不合。但该馆“国际敦煌项目”所收录之台北台湾图书馆藏《大通方广经》残卷一纸[②]，却包含了西雅图艺术博物馆藏残卷的全部内容（有部分文字略有出入）。台北台湾图书馆著录此经：“六朝人写卷子本”“每纸全幅26×42公分”“首尾缺损，核其经文，知为《大通方广经》之文。纸极薄色浅黄，片状纤维束多，纸面多起毛。每纸25行，行17字，凡存6纸半。上下无边栏，行间无界格。字形方整细小，结构紧密。撇捺之笔略带隶意。”[③]据此，才可考知西雅图所藏残经标题为《大通方广经》。

西雅图艺术博物馆藏《大通方广经》残经片段，经过Ping Foong博士的缜密考证，其流传次序基本上得到确认。但是，在她的考证中，

---

① 检索网址：https://idp.bl.uk/collection/248D2E9659C4490B9AC032641E66FACD/?return=%2Fcollection%2F%3Fterm%3DOr.8210%252FS.1847

② 编号08821，检索网址：https://idp.bl.uk/collection/5339B655D57D49D99EFA1A46B7F77482/?return=%2Fcollection%2F%3Fterm%3D%25E5%25A4%25A7%25E6%2596%25B9%25E5%25BB%25A3

③ 该书系统编号000534030，检索网址：https://aleweb.ncl.edu.tw/F/2842F9HG2RGXBUMSUKENC9GNFYQ3TY69I2RLSQS22SF2K78FFM-01668?func=full-set-set&set_number=002708&set_entry=000008&format=999

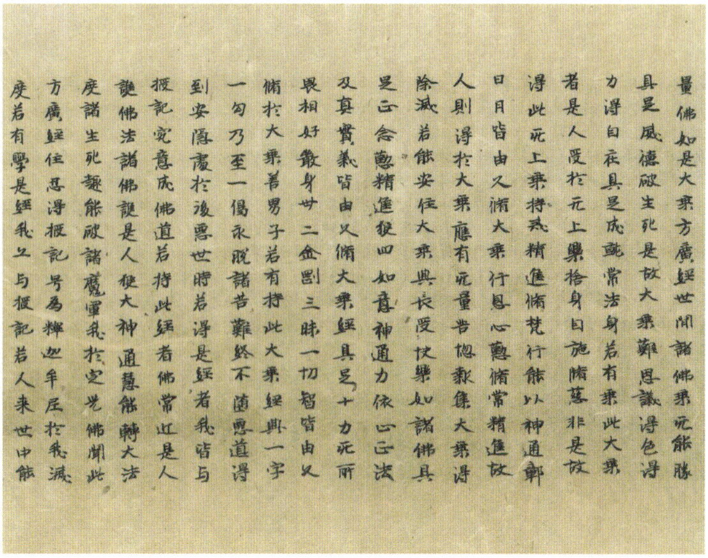

图5　台北台湾图书馆藏《大通方广经》写本残卷(部分)

基于书面记载数据的缺失，仍然有以下几个问题有待确定：一是，接受饶毓蓤馈赠的安娜·贝尔(Anna Bille)教授、担任富勒顿学院第一任院长的Anna Matilda Bille和《诗》的作者毕莲，是否为同一人。二是，这段写经残卷在饶毓蓤和陈福田及他们之后的传藏都是可信的，但是在饶毓蓤之前的收藏情况如何，还需进一步考证。三是，敦煌藏经洞写经被发现后不久，市面上就开始有商贾伪造赝品牟利。尽管西雅图艺术博物馆已经运用实验室检测，确定该馆所藏经卷与大英图书馆所藏斯坦因收集的同类文物纸张分析数据接近，但晚近中国文物市场的造假技术，并非完全可以依靠实验仪器的证实而去伪。因此，当我们尚不清楚饶毓蓤之前此残经来历的情况下，对西雅图艺术博物馆宿藏的这段残经，仍需要作多角度的考据研究，才能确定其价值与意义。本文仅为抛砖之作，期待方家继续对其跟踪研究。

（罗叶，文学博士。研究兴趣为中、西书史，整理出版有周采泉《浙东访书记》等。现居美国费城，业余以访书淘书为乐。近年以中文撰写西文旧书的相关文章，散见于《藏书报》等国内报刊）

编后絮语

——《藏书家》前25辑盘点

傅光中

书籍是人类文明的结晶，是人类进步的阶梯。读书必藏书，人们的藏书活动使古今中外的学术文化成果得以保存和流传。而迄今为止，传统纸质图书依然是中外学术文化尤其是中华优秀传统文化的重要载体，研究古今中外尤其是中华古籍文献所蕴含的学术文化价值，推进我国藏书文化和书籍文化的学术研究，发掘藏书文化对传承中华优秀传统文化的价值和作用，对传承弘扬中华优秀传统文化，具有重要意义。

《藏书家》是齐鲁书社创办的以研究、交流藏书文化为主旨的集刊性的连续出版物，首辑于1999年4月出版，迄今已经走过了近26个春秋，总共出版了26辑。作为国内第一种以藏书文化为专题的高品位出版物，其创意的提出，立即得到了学术界、藏书界的高度关注，著名的版本文献学家顾廷龙、王绍曾、程千帆、黄永年、来新夏、吴小如、黄裳等，纷纷为创刊号题词或赐稿以示祝贺、勉励；顾廷龙先生还亲自为刊名题签。《藏书家》面世后，得到了海内外著名学者、藏书家的持续关心与鼎力支持，始终保持着高水准、高质量组编标准和出版宗旨，成为海内外中文藏书文化最重要、最具影响力的专业集刊。

一、被学术界引用情况

由于《藏书家》定位为集研究性和普及性于一体的期刊性的连续出版物，所以自问世以来，其刊载的文章就被学术界广泛征引，体现了其独特而重要的学术价值和文献价值。在已出版上市的《藏书家》第1—

25辑中，除了6辑由于特殊原因，在知网上没有查到相关征引数据，其他18辑均有或多或少的文章被学者们的研究论文所征引。其中，创刊号第1辑和第2辑刊载文章被征引最多，都是8篇8次。下表为编辑部从中国知网检索到的《藏书家》被学术界征引文章的统计。

被引文献作者	被引文献篇名	被引文献所在辑数	被引次数	引用文献
卞孝萱	日本官板《平山堂图志》跋——中日文化交流史上的一件实物	2002年，第5辑	2	[1]吴晓扬.《平山堂图志》研究[D].北方民族大学.2018. [2]陆宁，马建民.清代宁夏籍两淮盐运使赵之壁生平与事迹考述[J].宁夏社会科学.2017(02):196-201.
黄永年	记近年新得的清刻本	2005年，第10辑	1	[1]郭霞丽.近现代藏书家藏书归属问题研究[D].东北师范大学.2020.
周景良	观弢翁遗书四跋	2009年，第16辑	1	[1]付明易.民国时期线装书“高丽纸”印本述略[J].图书馆杂志.2023(01):110-118.
淮茗	结缘网络淘旧书	2005年，第10辑	1	[1]钱进宝.网上拍卖竞买者的竞价行为及其影响因素研究[D].西安理工大学.2008.
顾诤	明清古籍试印本两例	2015年，第10辑	1	[1]王笃堃.明代《尚书》学与科举考试之研究[D].山东大学.2021.
杜泽逊	蓬莱慕湘藏书楼观书记	2003年，第8辑	1	[1]罗燕.试析慕湘的文献研究贡献[J].山东图书馆学刊.2023(04):52-57.
任中奇	古书价格漫谈	2000年，第2辑	5	[1]金雷磊.宋代闽本图书传播研究[D].华中师范大学.2017. [2]李啸非.书商的面具:《人镜阳秋》与汪廷讷的出版事业[J].美术研究.2016(04):62-70. [3]张孜颖.宋明雕刻本字体演变研究——宋体字发展探寻[D].湖南师范大学.2015. [4]李啸非.晚明环翠堂版画研究[D].中央美术学院.2013.

续表

被引文献作者	被引文献篇名	被引文献所在辑数	被引次数	引用文献
任中奇	古书价格漫谈	2000年，第2辑	5	[5]周博.字体家国——汉文正楷与现代中文字体设计中的民族国家意识[J].美术研究.2013(01):16-27.
王振良	天津的藏书楼	2008年，第14辑	1	[1]郭霞丽.近现代藏书家藏书归属问题研究[D].东北师范大学.2020.
黄寿成	父亲黄永年的书趣	2007年，第12辑	1	[1]孙博.黄永年序跋研究[D].河北大学.2016.
贾二强	清顺治朝的御制御注书与内府刻本	1999年，第1辑	2	[1]杨春君.清顺治帝亲政后之"御制"书考释[J].福建师范大学学报(哲学社会科学版).2014(02):97-106. [2]罗志.明清政治文化与内府刻书[D].陕西师范大学.2012.
李国庆	弢翁藏书资料捃拾	2006年，第11辑	1	[1]付明易.民国时期线装书"高丽纸"印本述略[J].图书馆杂志.2023(01):110-118.
张景栻	济南书肆记	2000年，第2辑	1	[1]赖大邃.民国藏书家王宷廷藏书题跋考辨[J].山东图书馆学刊.2023(02):114-120.
高洪钧	藏书家姒兼山生平事迹辨正	2015年，第19辑	1	[1]王子凡.姒兼山藏书研究[D].天津师范大学.2023.
陶峙	记徐积馀先生	2009年，第15辑	1	[1]郭霞丽.近现代藏书家藏书归属问题研究[D].东北师范大学.2020.
谢其章	拨开迷雾说《杂志》(上)	2014年，第11辑	1	[1]宋嘉俳.上海沦陷区文学与隐蔽战线文化斗争[D].华东师范大学.2020.
田涛	中国最早的科技杂志——从"中西闻见录"到"格致汇编"	1999年，第1辑	1	[1]田涛，李祝环.清末翻译外国法学书籍评述.中外法学.2000(03):355-371.
李国庆	漫谈古书的刻工	1999年，第1辑	2	[1]田智忠.《诸儒鸣道》原刻年代考[J].中国社会科学院研究生院学报.2010(02):38-43.

续表

被引文献作者	被引文献篇名	被引文献所在辑数	被引次数	引用文献
李国庆	漫谈古书的刻工	1999年，第1辑	2	[2] 郭平兴.近代早期(1840-1919)湖南图书出版业研究[D].湖南师范大学.2007.
周绍良	出相本佛经宝卷四种跋	2007年，第12辑	1	[1] 李振聚.从古典小说内部寻求中国出版史的轨迹——以《金瓶梅词话》、《儒林外史》为例[J].明清小说研究.2012(03):28-35.
李国庆	弢翁标注《汲古阁珍藏秘本书目》	2007年，第12辑	1	[1] 郭霞丽.近现代藏书家藏书归属问题研究[D].东北师范大学.2020.
时永乐	两宜轩本《说文解字注》	2013年，第17辑	1	[1] 潘素雅.段玉裁《说文解字注》版本考[D].山东大学.2017.
朱元曙	朱希祖的郦亭藏书	2008年，第13辑	1	[1] 马志立.余嘉锡致徐行可书信考释[J].图书情报论坛.2010(02):59-61.
曹培根	翁同龢与常熟藏书家	2003年，第7辑	1	[1] 曹培根.常熟赵氏文献世家第宅及藏书流变考[J].常熟理工学院学报.2005(01):114-119.
贾二强	共续藏书纪事诗——漫记黄永年先生的访书藏书	2000年，第2辑	1	[1] 孙博.黄永年序跋研究[D].河北大学.2016.
范景中	清代活字套印本书录	1999年，第1辑	1	[1] 简文辉，叶锦青.浅谈古籍伪书的编撰意图及其价值挖掘[J].古籍整理研究学刊.2004(03):90-93.
杜泽逊	蓬莱慕湘藏书楼观书续记	2004年，第9辑	3	[1] 邵涵.黄孝纾词研究[D].鲁东大学.2023. [2] 孙文婷.黄孝纾《碧虑簃词话》的价值[J].青岛文化研究.2023(00):158-164. [3] 李振聚.黄孝纾家世、生平及著述考[J].满族研究.2019(02):89-96.

续表

被引文献作者	被引文献篇名	被引文献所在辑数	被引次数	引用文献
黄永年	记寒斋的几部李商隐诗集	2004年，第9辑	1	[1] 李国庆.《醒世姻缘传》版本新探(下)[J].明清小说研究.2006(03):169-183+204.
骆伟	齐鲁访书挹录	2005年，第10辑	1	[1] 郭霞丽.近现代藏书家藏书归属问题研究[D].东北师范大学.2020.
柳向春	《梅花喜神谱》版本经眼录	2008年，第14辑	1	[1] 华蕾.《梅花喜神谱》版本考[D].复旦大学.2010.
杜泽逊	四库存目标注	2000年，第2辑	1	[1] 简文辉，叶锦青.浅谈古籍伪书的编撰意图及其价值挖掘[J].古籍整理研究学刊.2004(03):90-93.
杜泽逊	蓬莱慕湘藏书楼观书记	2003年，第8辑	1	[1] 冯先思.吴梅致王立承论曲书札五通笺释[J].文献.2020(02):171-192.
沈迦	蒲坂藏书的前世今生	2009年，第15辑	1	[1] 刘静.不列颠哥伦比亚大学的中文特藏[J].天禄论丛.2013(00):38-45.
曲振明	藏书家李滂事辑	2019年，第23辑	1	[1] 孙天琪.国家图书馆藏李盛铎题跋辑释[J].图书馆研究.2023(05):103-110.
姚一鸣	旧时上海书林三记	2015年，第19辑	1	[1] 丁小明/李世鹏.新文化出版的微观记录——胡适致汪原放、章希吕信札四通考释.现代中文学刊.2020(06):11-17.
李际宁	发现《赵城金藏》的前前后后(上)	2009年，第15辑	1	[1] 柳向春.徐森玉先生与北平图书馆[J].文献.2019,(1):3-12.
李际宁	发现《赵城金藏》的前前后后(下)	2009年，第16辑	1	[1] 柳向春.徐森玉先生与北平图书馆[J].文献.2019,(1):3-12.
李国庆	续补《藏书纪事诗》——记《清藏书纪事补遗》稿本	2003年，第8辑	1	[1] 萧晓阳.《桐城文学渊源考》宋学旨趣溯源[J].苏州大学学报(哲学社会科学版).2023,44(5):141-151.

需要说明的是，因为涉及版权等问题，《藏书家》至今没有授权任何一家互联网平台或自媒体，发表其每辑的全部内容。只是为了宣介和营销的需要，后期出版的各辑曾在当当、京东等网络书店刊登过有关书目和编后记，今年才开始以新书信息发布和试读页的形式，在当当网、京东商城及一些公众号上传每辑文章目录和其中一两篇文章样稿。由于主体内容没有上网，也没有进行数字出版，所以《藏书家》所刊登的图文内容，被学术界引用的频次和受社会公众关注的程度，都受到了较大的局限，其社会效益或者说社会影响力、传播力和受众面等，相应地也受到了较大制约。一个时期以来，有专业评估机构和不少热心人士，建议《藏书家》创新出版和营销模式，比如将全部内容上网或做数字出版，本刊编辑部对此建议会审慎考虑。

二、读者评价情况

中国最大网络书店当当网和最大古旧图书网店孔夫子旧书网，均上架有《藏书家》前25辑所有图书。顾客和读者对本刊给予很高的评价，认为本刊学术性和可读性较强、内容专业扎实、经典文章不少。当当网自营店关于《藏书家》各辑的买家购书评论，一般都有二三百条，好评率均在90%以上，许多买家甚至给出了满分的好评。

当当网的一位无昵称用户在《藏书家》第16辑购书评论区里说："《藏书家》，名字由著名书法家顾廷龙94岁时题写，字体庄重秀美。丛刊内容图文并茂，有见有识。读书界著名人士如吴小如、黄裳、来新夏、龚明德、范用等人的文章，给爱书人留下深刻的印象。"第17辑的一位网名叫"横云草堂"的钻石用户，在购书评论中说："《藏书家》是有关藏书题材的不定期的集刊，出了17期，大约十年前买了前几期，这次发现在电商上有卖该书的，又把能买到的悉数购入，闲来翻翻，可以怡情养性，不错的一本杂志。希望一直办下去，给藏书者提供一份优质的精神食粮！"

当当网的一位无昵称用户读者，在《藏书家》第18辑的购书评论区留言说："书籍彩色印刷，纸张特好，书籍内容大多为国内收藏名家撰写的藏书读书访书淘书及古书肆的情况，可读性很强，值得购买收藏。"一位网名叫"蜗庐梦痕"的当当网用户则留言称："此书是深受藏书界人士喜欢的书籍，文章可读性很强，从上可以学到很多知识，已经将当当网上的不同时期的都购买了，可惜前面还有好几期已经没货，想从创刊号开始收集齐全，看来难度比较大了，也不知什么时候能收集齐全！期待中！强烈推荐！”第18辑的读者程岩峰评价《藏书家》：“专业的藏书杂志，爱书人的精神家园。”《藏书家》第20辑读者、网名为“三文鱼王”一位读者评论说：“非常喜欢的一本杂志，每一辑都买的。其中的文章也都很耐读，既能从中学到不少文献学的知识，也能从各类书事中体味人生百味。”

当当网第21辑的一名无昵称用户读者留言认为，《藏书家》“文章风雅闲趣，学术根基深厚。记藏书之得失，彰爱书之本色”。另一位无昵称用户读者给予本刊满分10分的好评，认为：“本书是国内唯一的藏书家专刊，对了解古今藏书家的活动和版本文献有用。”网名叫“篁涧幽鲵”的读者评价《藏书家》，是“藏书界最好看的书”。第23辑读者、网名叫“不愿鞠躬车”的读者写道：“期期必买，有收藏和阅读价值的书。”豆瓣书友“脉望”写道：“在书城见《藏书家》精装合订本，正春阳若酒昏昏欲眠之际。逢此俊物二卷，睡意立时豁然。有深临快阁倚晚晴，远山如眉树如烟之感……今见此合订本，不禁有空谷传音（之感），竟得回音之乐。遂不计其余，欣然携归。归来坐定，即细细翻阅，果有明山盛景之幽。尤喜诸家访书故事，以其所见者真、所识者深也。数日以来，即以此卷随身，时时展读，只觉心净欢然，无言赞叹。”

《藏书家》创办25年来，走过的道路十分曲折和坎坷（参见本辑第163页周士元《一位爱书人眼里的〈藏书家〉》）。社会效益和经济效益发展不平衡的问题突出，即社会效益明显而经济效益则不尽如人意。因为它不是财政拨款的公益性学术刊物，而是由一家文化企业经办的一份有人文情怀和理想追求的书刊。虽说做到社会效益和经济效益的有机统一不无可能，但也绝非易事。好在齐鲁书社考核《藏书家》的办法比较合理，以社会效益为主，同时鼓励提高经济效益。

私以为，书刊的社会效益不仅要看代表官方认可的金奖和银奖，更要看学术界的评价和读者口碑。《藏书家》的社会效益已经得到学术界和其他普通读者特别是藏书界读者的普遍认可。

2024年8月23日